# 数字法学评论

**DIGITAL JURISPRUDENCE REVIEW**

第 4 辑

主办单位：华东政法大学数字法治研究院
山东科技大学数字法治研究院

**主　编**：马长山

**副主编**：孙法柏　张文龙　韩旭至

## 编委会

**主　任**：何勤华

**副主任**：王　轶　时建中

**委　员**（以姓氏笔画为序）：

丁晓东　马长山　王锡锌　左卫民　龙卫球

申卫星　齐延平　孙法柏　杨建军　张　欣

张凌寒　陆宇峰　陈景辉　周尚君　於兴中

郑智航　胡　铭　彭诚信　程　啸

商务印书馆
The Commercial Press

本书受上海市高水平地方高校（学科）建设项目资助

# 目 录

## 理论前沿

马长山
　　数字治理的法治考量 …………………………………… 3

刘振宇
　　数字法学：一场中国法治话语事件的发生 …………… 26

欧阳天健
　　平台数据资源税的证成与路径 ………………………… 51

张玉洁
　　数据共享的安全保障难题及应急处置机制构建 ……… 70

## 专题研究·AIGC 与数字司法的理论回应

徐　伟　徐涵渊
　　生成式人工智能训练中涉著作权数据利用制度的构建
　　——以"附条件合规利用"为中心 …………………… 93

李菁菁
　　类 ChatGPT 人工智能生成内容的独创性标准认定 …… 123

孙　跃
　　数字正义视角下人工智能的司法应用
　　——以基于大模型的生成式人工智能技术为例 ……… 140

左泽东

  数字司法正义的"可预测性"

    ——兼评《司法裁判过程中的人工智能应用研究》 ……… 163

郑　返

  交往行为理论视角下元宇宙诉讼的建设构想 …………… 203

## 会议实录

《数字法学评论》编辑部

  第三届"数字法学与数字司法"研讨会实录 …………… 237

  稿约 ……………………………………………………… 259

# 理论前沿

# 数字治理的法治考量

马长山*

**摘要**：当今信息革命深刻地改变了人类生活，形成了数字化的生存方式、建模化的日常生活、张力性的关系结构和数字正义的诉求，从而奠定了数字治理的社会基础。然而，由于各种因素的作用和影响，也出现了对价值观的数字塑造、对主体自由的威胁、算法决策的"强制"效应等法治风险，因此，需要确立"人本主义"的法治价值，回应《全球数字契约》倡议，构建人工智能的伦理约束机制，探索"中国式"的数字法治，从而为全球"数字文明共同体"贡献交流互鉴的"中国方案"。

**关键词**：数字治理 数字正义 伦理约束 数字法治

回望历史可以看到，几次关键的社会革命改变了人类命运，决定了人类的发展走向。第一次是农业革命，它使得人类不再依靠采摘和狩猎来维持生存，转向通过种植和养殖来保障稳定的生活，从而走出了动物界的生存方式，获得了真正的人类生活能力。第二次是工业革命，它使得人类不再依靠畜力和自身体力来完成劳动，转向通过机械作业来提升工作效率和实现社会化生产，从而走出了天然自在的生存方式，创造了工商文明的生活模式。第三次就是当今信息革命，它使得人类不再受制于物理时空的阻隔和束缚，转向虚实融合、自动智能的生产生活，从而走出了物理性、生物性的生存方式，开启了数字文明的社会样态。而每一阶段都是人类的一次巨大跨越式发展，并引发颠覆性的制度变迁，在一定意义上呈现出传统法制—现代法治—数字法治的历史演进逻辑。数字治理的法治化，无疑就是其中的关键一环。

---

\* 马长山，华东政法大学教授。

## 一、数字治理的社会基础

信息革命让人类第一次走出了天然给定的物理时空，开启了物理-精神-数字的"三维世界"生活，其中最为重要的乃是生存方式、组织方式、社会结构和价值形态的深刻变革，这些变革形成了对工商社会秩序的颠覆性重建，促生了数字治理机制和数字社会秩序。

### （一）数字化生存的基本方式

在当今数字时代，数据和算法已成为其中的关键性要素。一方面，人们的日常行为越来越多地通过在线方式来实现，每个人都在既有的生物性外，又添赋了数字性；过去这两个空间是分离的，如今已经融为一体，我们每一个人、每时每刻都徜徉于虚实同构的情境之中；从衣食住行到公共生活，每个人都具有自己的数字身份，形成了交互流动的数字行为和数字关系。接下来的世界，"一定是真人与虚人一体化的平行人：平行人＝人+i 人，平行物＝物+i 物，开始是虚实的一对一，然后是一对多，多对一，最后是多对多，形成虚实互动、互生、互存的平行社会"①，进而形成了"数字化双胞胎"，并"与'他'的人如影相随，以确定他的未来，成为他的新命运"②。另一方面，社会生产和服务越来越多地依托数据和算法来完成，数字孪生城市和元宇宙场景越来越多地融入现实生活，从而生成了无所不在的多环信息圈和数字生态环境，人们对这种环境产生了高度的黏性依赖，并在不知不觉中重塑了自己的行为方式、生活和价值观念，人脸识别、数据画像、隐私计算、自动驾驶、算法派单、算法裁员等也成为数字社会的生活日常，从开车到股票交易再到公司人员配置等一系列重大决策权，正

---

① 戴志勇：《"未来一定有多个平行的你"——王飞跃谈正来临的第五次工业革命》，南方周末网，http://www.infzm.com/contents/111120，2024 年 9 月 25 日访问。
② 尤夫娜·霍夫施泰特：《大数据之眼——无所不知的数字幽灵》，陈巍译，浙江文艺出版社 2018 年版，第 194 页。

在"从人手中转移到算法手中"①。这表明,信息革命并不仅仅是一场技术革命,它在更大意义上是一场人类革命——从自然人类转向"数字人类"②,数字生活也成为人类的基本生存方式。于是,"人类变成了制定规则的上帝,所有伴随人类进化历程中的既定经验与认知沉淀将遭遇颠覆性挑战"③。

## (二)建模化的日常生活形态

随着大数据、云计算、区块链、人工智能等新技术的飞速发展,网络化、数字化、智能化将成为社会生产与生活的常态,如今人们已经越来越离不开手机,离不开导航,离不开网约车——"我们塑造了工具,而之后,这些工具又塑造了我们"④。基于此,人们的生活越来越舒适、越来越个性、越来越自动化;但同时思维和行动也越来越数据化、虚拟化。这样一来,"定义我们道德生活的无法量化的部分变得可以量化了,拥有了这样的技术,从我们的决策中获取最大的效用变得太有诱惑力以至无法拒绝。不需要质疑道德窘境、安全地知道我们不会犯错,真是这样我们反而处于危险之中,我们可能失去了作为人类最为珍视的一部分:我们的人性"⑤。而我们的目标应该是"利用当今网络技术的优势来进一步保存我们的文化和价值观,并在保护现有体制和塑造数字世界之间达成平衡"⑥。

事实表明,数字社会的优势就在于场景定制和程序建模,从而形成一套算法来提供智能化的产品和服务,通过采集信息、分析数据、

---

① 克里斯托弗·斯坦纳:《算法帝国》,李筱莹译,人民邮电出版社2017年版,第197页。
② 段伟文:《信息文明的伦理基础》,上海人民出版社2020年版,第8页。
③ 王天一:《人工智能革命——历史、当下与未来》,北京时代华文书局2017年版,第192—193页。
④ 约翰·马尔科夫:《人工智能简史》,郭雪译,浙江人民出版社2017年版,"中文版序",第Ⅶ页。
⑤ 乔治·扎卡达基斯:《人类的终极命运——从旧石器时代到人工智能的未来》,陈朝译,中信出版社2017年版,第298—299页。
⑥ 安德鲁·基恩:《网民的狂欢——关于互联网弊端的反思》,丁德良译,南海出版公司2010年版,第184页。

设计算法来归纳不同人的具体适用模式,进而个性化地"推荐"给特定消费者,其背后则隐藏着算法和商业价值的诱导甚至主导,乃至商业建模对消费者的塑造。这样,人们日渐依赖各种算法,其享受自动化的便捷舒适服务过程,也是一个"只能被动接受结果"的过程,① 使得日常生活走向了建模化。

### (三) 张力性的关系结构

数字时代大大提升了人类的生产力和创造力,它不仅使"我们工作和娱乐的真正本质将会被改变"②,也使得社会关系面临着重大的解组和重构,甚至会形成某种悖反性的张力结构。

其一,大平台与"微时代"双向并存。数字时代也是一个平台时代,其瞬间崛起主要缘于新兴的数字赋权。一是业态赋权,如网约车、短租平台、京东商城、美团外卖等各种新业态、新模式,打破了传统的营销模式和监管框架,形成了平台化的运营生态与治理机制。二是公共赋权,塑造了数字政府、数字检察、数字法院、数字纪检监察等业务形态,形成了平台化的公权力运行模式。三是大众赋权,形成了数字身份、数字空间、数字人格、数字权利、数字参与等共建共治共享机制,成为商业平台和公共平台运行的重要参与方、互动方。这样,就形成了大平台的社会组织架构。公权力平台的中心化自不待言,商业平台则是在"赢者通吃"的网络空间法则下,"为数不多但势力庞大的几家平台主宰了市场"③,这意味着,它突破了以往的商业领域单一性而具有强大的涵摄覆盖能力,具有得天独厚的数据占有和智能"算法"优势,并拥有对平台市场营销秩序的自律监管权,包括制定规则、处罚违规行为、解决纠纷等准"立法""执法"和"司法"权力,因而

---

① 参见皮埃罗·斯加鲁菲:《智能的本质——人工智能与机器人领域的 64 个大问题》,任莉、张建宇译,人民邮电出版社 2017 年版,第 169 页。
② 罗素、诺维格:《人工智能——一种现代的方法》,殷建平等译,清华大学出版社 2013 年版,第 878 页。
③ 克劳斯·施瓦布:《第四次工业革命——转型的力量》,李菁译,中信出版社 2016 年版,第 11 页。

形成了"要么利用平台,要么就被平台淘汰"的发展态势。

然而,随着数字化生存的深入发展,大数据、人工智能也越来越塑造出一个去中心化的"微粒社会"①,产生新型的"微粒社会"和"微粒人"。"在这个过程中,形成了个人主义、新型的从属关系及社群。不同以往的是,现在从属于某个社群的概念更多地由个人行为、价值取向和兴趣决定,而不仅仅由地理位置(当地社区)、职业和家庭决定。"②它消解了工商业时代的那种产业阶层、职业身份和社会结构,呈现出一个扁平化、分布式、"以我为中心"的社会,"我们的身体、我们的社会关系、自然界,以及政治和经济——一切都将以比之前更加精细、精确、透彻的方式被获取、分析和评价"③。于是,形成了布满"微粒人"的微时代。这种双向发展反映了去中心化和再中心化的交互逻辑,难免会形成断层性的数字鸿沟,从而带来系统治理的严峻挑战。

其二,选择多样性与"被迫"接受并存。数字时代带来了空前的扁平化、自由化和分布式发展,在网络价值化、数据资产化、电商垂直化、商业生态数字化、虚拟现实化成为常态生活的背景下,商家为大众消费者提供着花样翻新、刺激好玩的多样性选择。然而,社会大众在各种新技术产品面前变得越来越"无知"和"无能",如QQ、微博、微信、支付宝、百度地图、滴滴打车等,其安装使用(包括升级)"告知"条款所留给公众的基本是概括性同意选项——要么全部接受来"进场游戏",要么选择拒绝这些科技文明成果,回归传统生活,甚至变成孤家寡人。这样,大众消费者的选择在强势技术垄断力量面前成为一种"被迫"接受,"互联网的控制权越来越集中在强大的互联网公司手里,它们受到软件和硬件的限制"④。

---

① 克里斯多夫·库克里克:《微粒社会——数字化时代的社会模式》,黄昆、夏柯译,中信出版社2018年版,"前言",第VII—VIII页。
② 克劳斯·施瓦布:《第四次工业革命——转型的力量》,李菁译,中信出版社2016年版,第96页。
③ 克里斯多夫·库克里克:《微粒社会——数字化时代的社会模式》,黄昆、夏柯译,中信出版社2018年版,"前言",第VI—VII页。
④ 詹姆斯·柯兰等:《互联网的误读》,何道宽译,中国人民大学出版社2014年版,第206页。

其三，"无用"大众与精英垄断并存。互联网带有强大的自我赋权功能，造就了日益扁平化、分散化、自由化的社会大众，但同时，也造就了迅速崛起的技术精英和资本精英——他们为数较少，创造财富的能力和速度却是空前的，并与政治精英共同成为社会的主宰力量。而随着人工智能的进一步发展，大量复杂度不高、重复性的劳动将被智能机器人所取代，必然使众多传统工作岗位受到巨大冲击。工业革命在淘汰旧职业的同时创造了更多新职业，这在很大程度上是体力劳动之间的"平移"；而人工智能带来的替代则是从体力到脑力劳动的"升级"，因此，已经被替代的"体力"劳动者则很难再获更高级的"脑力"岗位。相反，它会导致"只有很少一部分人工作得有价值，这一少部分人的工作足以创造巨大的价值，而大部分人其实很难在现有的经济体系下创造价值"①。这就会深度放大人类社会的歧视与不平等，虽然先进科技可以彻底增强我们的体能和认知能力，但"有权优先获得这些技术成果的群体可能会逐渐跟其他人分道扬镳，变成独立的种群"②，其结果则是制造了普遍性的"无用"大众、被消费的大众，中产阶级和传统的阶层划分将在断层极化中不复存在。虽然说这只是一种预测性的"21世纪最大的风险"③，但这种迹象还是存在的，社会关系也必然发生革命性变迁，极化结构特征日渐明显。

其四，自由与控制同步增长。在互联网兴起之初，人们对互联网寄予了过高的理想主义期待。"网络自由主义者"甚至宣称："我们正在建设的全球社会空间，将独立于你们想对我们进行的专制统治"，"你们的财产、表达、身份、活动和条件的法律概念不适合我们。这些概念建立在物质基础上，而我们这里没有什么物质"，因此，"最终解放我们

---

① 李智勇：《终极复制——人工智能将如何推动社会巨变》，机械工业出版社2016年版，第118页。
② 卡鲁姆·蔡斯：《经济奇点——人工智能时代，我们将如何谋生？》，任小红译，机械工业出版社2017年版，第231—232页。
③ 凤凰网：《〈人类简史〉作者最新演讲：人类将会失去这些力量》，http://news.ifeng.com/a/20170707/51393577_0.shtml，2024年1月29日访问。

的是技术,而不是法律和制度"。① 这无疑带有天真的技术决定论倾向。事实表明,数字化生存确实大大扩展了人们的自由空间和范围,但同时也限缩了近代以来的一些传统自由和权利,甚至出现了穿透性的数字控制,也即人们享受着智能互联网新技术的各种福利,但"世界的新主人向我们许诺的好处太过诱人,而人们失去的自由太多"②。一旦生活中的众多事务都由数据分析、代码编排和外部算法来管理,那么,人们的隐私、自由和权利就会受到限制,数字鸿沟、信息茧房、算法偏见和社会分化等问题便会加剧。也就是说,在这场信息化的数字化革命中,"人们用失去隐私、丧失个人生活和失去批判精神的代价换取可预测性、安全性,以及人类寿命的延长"③。这样,传统自由主义基于物理空间所推崇的"人类生命及人类体验神圣不可侵犯"的自由、平等、人权、公平等信念,将会遭受致命的打击,甚至会出现"崩溃"之势。④ 其间,自我赋权与国家规制,社会大众与精英群体(资本精英、政治精英、技术精英、文化精英),社会自主与政府监管等面临着复杂博弈、深度变革与严峻挑战。

## (四)数字正义的时代诉求

现代化是几个世纪以来的世界性发展潮流,也是后发现代化国家所一直追赶的目标。然而,对于当下正在发生的信息革命,人们则逐渐脱离"现代化"路线上的审视和定位,转而从不同角度冠之以"信息时代""数字时代""人工智能时代""智慧时代""算法时代"之名。这意味着,当今信息革命正在推动着人类社会的新一轮更新换代,"许多

---

① 安德鲁·查德威克:《互联网政治学:国家、公民与新传播技术》,任孟山译,华夏出版社 2010 年版,第 42 页。
② 马尔克·杜甘、克里斯托夫·拉贝:《赤裸裸的人——大数据、隐私与窥视》,杜燕译,上海科学技术出版社 2017 年版,第 147 页。
③ 马尔克·杜甘、克里斯托夫·拉贝:《赤裸裸的人——大数据、隐私与窥视》,杜燕译,上海科学技术出版社 2017 年版,第 144 页。
④ 参见尤瓦尔·赫拉利:《未来简史》,林俊宏译,电子工业出版社 2017 年版,第 294、315 页。

以前我们曾经依赖的东西，正在数字化时代支离破碎"①，而与传统工业社会完全不同的社会结构、行为方式、知识体系和价值观念却正在加速形成。比如在认知方式上，近代以来人类一直秉持着以科学实验和知识经验为主导的认知世界方式。然而，在人类迈进数字时代之后，人们已经摆脱了物理时空中生物性、局域性的自然感知，形成了数字时空中的在线连接，因而形成了全面信息化的数字生态环境，多环信息圈开始在任何空间中弥散。② 这样，数据和计算观念则为人类提供了认识和理解世界的全新方式，并对生产生活关系产生了深刻影响。再如，"对代码的控制就是权力"，它"正成为政治角逐的一个至关重要的焦点。应由谁来编写那些构筑我们日常生活的软件？"③ 同样重要的是，"对于关乎个体权益的自动化决策系统、算法和人工智能，考虑到算法和代码，而非规则，日益决定各种决策工作的结果，人们需要提前构建技术公平规则，通过设计保障公平之实现，并且需要技术正当程序，来加强自动化决策系统中的透明性、可责性以及被写进代码中的规则的准确性"④。可见，数字时代的法律价值革命将是一个深刻的、艰巨的、长期的探索过程。

面对这种时代的重大挑战，并不宜简单套用或者扩展重释既有的正义标准，关键在于对"数字时空"正义观的探求和确立。事实上，人类自古以来一直生活在天然给定的物理时空之中，人们从身份、财富、机会和条件的分配出发，对公平正义进行价值考量和制度安排。但进入数字时代后，人类突破了"上帝"圈定的物理围栏，构建了虚实交融的双重空间；突破了人类与生俱来的生物属性，每个人都形成

---

① 克里斯多夫·库克里克：《微粒社会——数字化时代的社会模式》，黄昆、夏柯译，中信出版社2018年版，"前言"，第XII页。
② 参见卢恰诺·弗洛里迪：《信息伦理学》，薛平译，上海译文出版社2018年版，第426页。
③ 劳伦斯·莱斯格：《代码2.0：网络空间中的法律》，李旭、沈伟伟译，清华大学出版社2009年版，第89页。
④ 曹建峰：《人工智能：机器歧视及应对之策》，《信息安全与通信保密》2016年第12期。

了自己的数字身份和数字人格；突破了人类与工具的传统主客关系，人工智能体能够参与人类决策，形成了人机协同关系。这意味着，千百年来惯常的人类生活发生了空前的颠覆性改变，基于传统人类生活的公平正义观念也不得不进行重建。具言之，"在工业革命中，一切事物都围绕着生产和劳动力控制，而在信息社会中，一切社会行为则围绕着生产与信息控制"①。因此，基于"分配"的"物理时空"正义观，日益转向基于"控制"的"数字时空"正义观，重建数字时代的人类认知，探索数字正义价值体系，进而为数字治理提供必要的价值基准和规制尺度。

综上可见，正是数字化生存的基本方式、建模化的日常生活形态、张力性的关系结构和数字正义的时代诉求等深度变革，改变了工商社会的生活方式和行为规律，塑造了数字社会的运行模式和秩序样态。为此，从地域化、层级化、固态化的社会治理迈向泛在化、节点化、液态化的数字治理，就成为一种必然的趋势。

## 二、数字治理的法治风险

现代社会是一个工商社会，主张人格独立、契约自由和权利保护，然而，这些都发生于物理时空之中，并不存在于现在的虚拟世界中。进入数字时代后，"你在应用互联网连接世界时，互联网实际上重塑了你与世界接触的方式"，这就"急剧地改变了集体行动的成本和能力"。② 然而，人们对它的很多担忧也并非毫无根据，特别是一些风险已经出现，并产生了明显的秩序后果。

---

① 约斯·德·穆尔：《赛博空间的奥德赛——走向虚拟本体论与人类学》，麦永雄译，广西师范大学出版社 2007 年版，第 16 页。
② 弥尔顿·L. 穆勒：《网络与国家——互联网治理的全球政治学》，周程等译，上海交通大学出版社 2015 年版，第 6 页。

## （一）对价值观的数字塑造

在当今数字时代，网络平台、技术公司、商业公司、政府部门等搜集、掌握着大量的个人数据和信息，并利用这些信息资源为社会公众提供着更为便捷、高效、精准的各类智慧化服务，但同时，它们有意将自己的意图嵌入数据处理和算法建模中，却披上数据"客观性"外衣的情况时有发生。具言之，一些程序员在处理数据、设计算法、编写代码的过程中，难免要掺杂一些潜意识的主观偏好，甚至会对一些给定的规则进行调整。如犯罪风险评估算法COMPAS对黑人高犯罪风险概率的评估，误评为白人的两倍。① 而更多的情况也表明，"预测警务技术可以被用于好的方面，也可以致使不公正现象永久存在。使用带有种族偏见数据的算法只会延续警务工作中固有的偏见，导致更多的不公正"②。算法歧视就是十分突出的一个，"在数据集中，杂乱无序的各种相关性暗含着隐秘的规律性，其中很可能就存在某些偏见"③。即便是打着"个性化服务"旗号的精准推送，也难免会带来严重的社会问题，因为"如若长期缺乏对不同产品、视角，甚至于思想的接触，可能会破坏在共享政治与社会生活中所必需的参照点，从而对创造力和宽容态度的形成构成强大的阻碍"④。而且，"大数据的定量分析和结构化信息可以形成新的洞察力，从而能够造成商业歧视和群体歧视。随着群体变小（按地理位置、年龄、性别等因素划分群体），更容易引发歧视问题"⑤。特别是在社交软件、商业交易、广告推送、岗位招聘中不断浮现出对用户的诸多数据歧视和不透明现象，"你可能并不知道

---

① 曹建峰：《人工智能：道德外包与"黑箱"中的算法歧视》，http：//www.tisi.org/4798，2024年1月30日访问。
② 胡文娟：《大数据下的人权保护》，《WTO经济导刊》2018年第2期。
③ 卢克·多梅尔：《算法时代：新经济的新引擎》，胡小锐、钟毅译，中信出版社2016年版，第126、127、138页。
④ 欧洲经济和社会委员会：《大数据伦理——在欧盟政策背景下，实现大数据的经济利益与道德伦理之间的综合平衡》，中国大数据产业观察网，http：//www.cbdio.com/BigData/2017-09/27/content_5607209.htm，2024年1月25日访问。
⑤ 欧洲经济和社会委员会：《大数据伦理——在欧盟政策背景下，实现大数据的经济利益与道德伦理之间的综合平衡》，中国大数据产业观察网，http：//www.cbdio.com/BigData/2017-09/27/content_5607209.htm，2024年1月25日访问。

你为什么没有得到那份工作，你或许永远不会知道，其实是因为数据歧视了你"①。这样，原来人类决策中可能存在的个别化歧视，就随之演变为算法的系统化歧视，出现了算法歧视的泛化倾向。

进一步说，这些算法决策是通过代码指令来完成的，而代码是人类与计算机交互工作的程序语言，它既要符合确定性、标准化、通用性、可扩充性、稳定性等行业通用属性，也体现着程序员的专业理念和对问题求解的目标取向。可见，"编程是一种创造性活动。写代码是无中生有的创造过程，我们大胆地从混沌之中创建秩序"②，其中无疑隐藏着编写者的个人偏好和价值观。它既包括根据不同的应用决定使用不同的编程语言、选择不同的编译转换路径、指令被执行的不同方式等技术性理念，也包括为完成预定任务而确定不同的代码编写方案和问题目标。在这里，"我们可以建造，或构筑，或编制网络空间使之保护我们最基本的价值理念，我们也可以建造，或构筑，或编制网络空间使这些价值理念丧失殆尽。这里没有中间立场"③。而在代码编写商务化和政府规制代码的博弈过程中，"代码就是法规，商界和政府能联手修改代码"④。于是，代码也就时刻编制和塑造着数字时代的社会价值观。为此，开放代码就成为规制秩序的一个重要目标，这就需要确定数据处理原则，"客户的数据信息应该属于客户，应该由客户决定与哪家企业分享哪些客户数据信息"⑤，进而能够"赢得数据"。同时，人机价值对齐也并不是智能体与代码和算法设计开发者的"对齐"，而应与社会的共同价值观"对齐"。

如今，新兴的 ChatGPT 和各类大模型的生成内容也都带有不同的

---

① 互联网数据资讯中心网：《大数据时代喜忧参半，数据发展正面临转折点》，http://www.199it.com/archives/449373.html，2018年1月25日访问。
② Robert C. Martin：《代码整洁之道——程序员的职业素养》，余晟、章显洲译，人民邮电出版社2016年版，第18页。
③ 劳伦斯·莱斯格：《代码2.0：网络空间中的法律》，李旭、沈伟伟译，清华大学出版社2009年版，第6页。
④ 詹姆斯·柯兰等：《互联网的误读》，何道宽译，中国人民大学出版社2014年版，第122页。
⑤ 比约恩·布劳卿等：《智能数据：如何挖掘高价值数据》，王盛男译，中信出版社2017年版，第8页。

价值观，对于相同的问题，不同的大模型会生成不同的甚至截然相反的内容，这里并不仅仅是技术问题，也存在价值对齐问题。由此可见，在算法决策逐渐替代人类决策的数字社会，算法的"客观性"背后难免会有有意或无意植入的价值偏好，使得社会治理问题变得更为复杂和严峻，成为全新的难题。

## （二）对主体自由的双重威胁

自启蒙运动以来，"上帝死了"，人便成为这个世界的主人，自由和理性得到了高度弘扬。然而，当今信息革命的一个重要后果，则是"人类将成为信息体"①，因而，从单一的生物人（自然人）转变为生物-数字的"双面人"。此时，主体自由就面临着内在控制与外在控制的双重威胁。

在内在控制上，谁掌控、处理数据信息，谁就拥有了控制他人行为和思想的能力。在美国的总统大选中，脸书、推特、油管等平台公司通过抓取、分析大量用户信息，进行数据画像和个性化推送，从而操纵选民的意识和行为，"这种影响不会触发用户的意识，而是一种潜意识，使它们成为你思想的一部分，还让你觉得这是自己的主见"②。英国脱欧过程中，也上演了这样的操控大戏，并直接影响了投票结果。这就引起了一场"新政治形态革命"，即"未来操控政治的，将是数据，而不是你的大脑"③。在日常生活中也是这样，平台公司或技术公司拥有技术优势来"透视"客户，在它们面前"个人总是可见的和透明的，即全景开放的"④，甚至被装在"玻璃笼子"里等待数据"投喂"。比如，客户打开一个网络链接，他以为自己所看到的是跟别人一

---

① 卢恰诺·弗洛里迪：《信息伦理学》，薛平译，上海译文出版社2018年版，第23页。
② 腾讯网：《算法操控大选，数据左右美国》，https：//new.qq.com/rain/a/20201015a025hs00，2024年9月28日访问。
③ 搜狐网：《新型政治形态革命，用网络操控你有多简单？》，https：//www.sohu.com/a/300329750_488672，2024年9月26日访问。
④ 卢恰诺·弗洛里迪：《在线生活宣言——超连接时代的人类》，成素梅等译，上海译文出版社2018年版，第307页。

模一样的真实世界,而实际上他所看到的只是推荐算法让他看到的"推送世界"。这乃是"过滤泡"在发挥作用,"在过滤泡里,只有你一个人"①。于是,客户就越来越偏狭,越来越与真实的世界发生分离。人的主体性、自主意识、判断能力和选择能力就会逐渐丧失。这无疑就隐性地剥夺了人的意志自由和行动自由,助长了"数据独裁"。② 因此,在商业交易和生活消费过程中,大数据杀熟、算法歧视等也就不足为奇了。

在外在控制上,人们所熟知的算法控制劳动、弥散化的社会监控等颇受诟病。事实上,大数据和信息技术的飞速发展,把人们带进了"无处不在计算",同时也"无处不在监视"的时代。③ 在经济领域,商业组织都难以抵挡将收集到的个人数据进行整合、分析和利用的巨大诱惑;在行政领域,一些国家的政府也经常以"国家安全"名义和"立法"形式,对个人数据信息进行随时监控和检视。就像"棱镜门"事件那样,不经意间,公民的通话通信记录等个人隐私已为公权力所掌握,"像美国这样的高科技国家,通过收集、整合几个跨国互联网公司的数据,就可以对世界上大多数的人口进行监控"④。最近,欧洲经济和社会委员会已经开始注意到这个问题的严重性,在分析了政府的向下监督、公民的向上监督、社会的平行监督和公司内部的自我监督之后,深刻地指出:"监视贯穿整个社会,且没有方向性,在社会的各个层级,包括层级内部,监视无处不在。"⑤ 它充分利用网络化、数字化和智能化的技术手段,织起一张有形无形并存、虚实空间同在且隐

---

① 伊莱·帕里泽:《过滤泡——互联网对我们的隐秘操纵》,方师师、杨媛译,中国人民大学出版社2020年版,第8—9页。
② 参见维克托·迈尔-舍恩伯格、肯尼斯·库克耶:《大数据时代:生活、工作与思维的大变革》,盛杨燕、周涛译,浙江人民出版社2013年版,第208页。
③ 参见约翰·马尔科夫:《人工智能简史》,郭雪译,浙江人民出版社2017年版,"前言",第XIV页。
④ 刘新年等:《大数据时代下,如何保护隐私权》,《检察日报》2013年8月3日,第5版。
⑤ 欧洲经济和社会委员会:《大数据伦理——在欧盟政策背景下,实现大数据的经济利益与道德伦理之间的综合平衡》,中国大数据产业观察网,http://www.cbdio.com/BigData/2017-09/27/content_5607209.htm,2024年1月25日访问。

蔽无声的监控大网。为此,有西方学者奋力疾呼:国家和个人层面的监控高潮正在悄然到来,"这个监控高潮是在政府机构、军事部门索求更多权力的刺激下产生的。他们要寻求更多的权力,以阻止间谍活动、恐怖主义和犯罪活动对人们的侵害。这波浪潮来得无声无息,根本没有谁注意到"①。这种数字化的无感控制呈现泛化趋势,甚至成为一种日常生活机制。

## (三)算法决策的"强制"效应

事实表明,算法决策在提供便利、效率、客观、安全等进步成果的同时,也存在一定的问题和风险,出现所谓"黑箱"中的算法"霸权",其实质是一种"强制"效应。

首先,能够控制用户行为。随着技术进步和数字经济、数字政府、数字司法、数字社会、数字生态建设等的不断深入与升级,人工智能会获得更加广泛、更高级别的应用,因此,在商业交易、公共政策、司法过程、交通出行以及日常生活中,会越来越多地通过量化和计算来呈现,算法决策随之越来越多地取代人类决策,人类进入了"算法为王"的时代。此时,"算法决定了信息增长的秩序,同时它贯穿了经济系统的所有组成部分和流程,支撑并控制系统中各种经济活动以及所形成的各种经济关系,决定了经济系统的秩序"②。人们认为算法基于海量数据的全样本分析和自动运行,能够避免人类主观性的影响,因此更加客观,更有效率,也更为精准。然而,不容忽视的事实是,或者出于专利保护目的,或者因为技术说明难题,或者出于其他商业目的,成千上万商业实体和政府所设计和运行的算法大都成了并不公开透明的"黑箱",这意味着它们可以规避审查。于是,用户只能接受最终的结果,那么,算法就从预测中衍生出对用户行为的控制了。也

---

① 约翰·帕克:《全民监控——大数据时代的安全与隐私困境》,关立深译,金城出版社2015年版,第3页。
② 徐恪、李沁:《算法统治世界——智能经济的隐形秩序》,清华大学出版社2017年版,"前言",第18页。

就是说，在当今算法时代，被赋予决策权力的算法官僚越来越多地被用来推动、引导、刺激、控制、操纵和约束人类行为。这种情况获得普遍存在和泛化发展，就会形成一个"黑箱"社会，随之出现各种"暗算"，歧视和不公、不当牟利甚至欺诈就在所难免了，权利保护也自然面临着重大的、全面的威胁。

其次，"算法侵害"危及人权。"人类正逐渐将手中的权力交给自由市场、集体智慧和外部算法。"① 而一旦它通过将人们归类为危险的，将人们与不良特征或社会关系相关联，或者将人们与其他危险的或具有不良特征的人归类在一起，就对人的身份和名声形成了"算法侵害"。就目前来看，社交软件、广告推送、量身定制、岗位招聘、警务预测、风险评估等各类商业和公益领域的算法决策，都不同程度地存在着这种控制倾向，其中还包含着"不稳定、不公平和不劳而获的因素"②，也就难免会出现算法歧视、信息控制、侵犯隐私等权利保护风险。同时，"互联网的控制权越来越集中在强大的互联网公司手里"③，由于人工智能在公共治理领域的应用相对滞后，因此，就难免出现算法官僚"权力滥用"的风险。④ 而在很多安全、评估、检验、审查等应用场景下，算法系统也容易成为人类转嫁决策风险、逃避问责的重要手段，既有的权利保护机制必然会受到严重侵蚀。

最后，系统性错误难以救济。由于算法是通过数据传输和赋值、算术运算、逻辑运算、关系运算等方式来完成的，因而，也就存在着正确性、容错性和效率性的优劣之别，其"危险在于没有人能确保该算法设计准确，尤其是当它与众多算法交互时"⑤。如 2015 年谷歌图片

---

① 尤瓦尔·赫拉利：《未来简史》，林俊宏译，电子工业出版社 2017 年版，第 358 页。
② 弗兰克·帕斯奎尔：《黑箱社会——控制金钱和信息的数据法则》，赵亚男译，电子工业出版社 2015 年版，第 294 页。
③ 詹姆斯·柯兰等：《互联网的误读》，何道宽译，中国人民大学出版社 2014 年版，第 206 页。
④ 段哲哲：《控制算法官僚：困境与路径》，《电子政务》2021 年第 12 期。
⑤ 皮埃罗·斯加鲁菲：《智能的本质——人工智能与机器人领域的 64 个大问题》，任莉等译，人民邮电出版社 2017 年版，第 169 页。

软件曾误将黑人的照片标记为"大猩猩";2004—2007年美国科罗拉多州的公共福利系统曾因程序员没有法律背景知识而植入900多条不正确的规则,其"对政策进行错误的编码导致成千上万人遭遇不公正的对待"①;等等。在公共管理上,自动化系统也已经由简单的行政管理工具变成了主要的"决策者",算法做出判断的效率和正确率大幅提高,但"一旦它们做出了错误的决定,其造成的后果就很有可能是骇人听闻的"②。尽管人类对此有事后矫正的渠道和方式,但事实表明,"机器在学习过程中可能会重新建立起我们当前已经修正的隐含在数据中的偏见"③。当这种误差被系统化后,算法秩序就会脱轨。而对这种脱轨所造成的后果既难以纠正,也难以救济。

上述这些数字治理风险并不是简单的技术性风险或者社会性风险,其根本上是一种法治风险,如果不能进行有效防控和抑制,必然会危及社会秩序,数字法治也难以建立起来。因此,这必将是一个重要的时代任务和使命。

## 三、数字治理的法治回应

事实上,无论是现代法治还是数字法治,核心都在于限制权力、保护权利、遵守规则和程序。因此,如何防范和抑制数字治理的法治风险,确立符合时代要求的数字法治理念,构建有效的数字治理法治化机制,就变得重要而紧迫。

### (一)确立"人本主义"的法治价值

当今网络化、数字化、智能化技术的飞速发展,为人类创造了空

---

① 卢克·多梅尔:《算法时代:新经济的新引擎》,胡小锐、钟毅译,中信出版社2016年版,第140页。
② 卢克·多梅尔:《算法时代:新经济的新引擎》,胡小锐、钟毅译,中信出版社2016年版,第136页。
③ 徐恪、李沁:《算法统治世界——智能经济的隐形秩序》,清华大学出版社2017年版,第339页。

前便捷、舒适、智慧的高品质生活，于是，技术主义、数据主义和技术中立获得了更多认同，甚至出现了"经济奇点""技术奇点""法律奇点"等乐观预期，鼓励创新、审慎包容也成为政府监管的主基调。然而，这些新兴技术的负面影响也日渐浮现出来。一方面是新兴技术开发应用中的偏差，如大数据杀熟、数据鸿沟、信息茧房、算法黑箱、算法歧视等，导致了严重的数字不公和数字人权问题；另一方面是技术理性对人文精神的侵蚀，也即如果将人类的所有活动都纳入大数据分析框架，那无疑就会变成一种冷冰冰的、功利主义的计算。而"一旦权力从人类手中交给算法，人文主义的议题就可能惨遭淘汰"[1]，而期待"奇点"到来以替代人类的"非人类中心主义"设想，则更是与人类的本性相冲突，将会引发技术异化和人类异化的重大风险。

事实上，近代以来人类科技开始加速发展和迭代升级，它在不断创造文明进步和提升人类生活品质的同时，与人文之间的张力也日渐凸显，为此，对技术理性的人文反思和批判就逐渐成为一种思潮，并形成了异化劳动理论、物化理论和技术理性批判理论等。当人类的决策越来越依赖算法，人越来越像机器，而机器越来越像人的时候，则更彰显了技术理性的异化——从解放人的力量变成了桎梏人的力量，乃至"技术理性和人类的价值在争夺现代人的灵魂"[2]。而对于信息革命而言，控制论大师维纳早就意识到它是善恶兼具、机遇与风险同在的，[3]因此，在当代技术的加速变迁面前，人类必须做出的终极价值选择是："在创造使得世界不再是过往的世界、我们不复是从前的我们时，如何使人性依然可以框定技术前行的方向，而不是臣服于技术变迁的逻辑。"[4] 因此，我们需要防止数据、代码和算法形成的价值观念和决策机制对人类的主体价值和人文精神产生巨大的冲击。这就需要在数

---

[1] 尤瓦尔·赫拉利：《未来简史》，林俊宏译，电子工业出版社 2017 年版，第 357 页。
[2] 安德鲁·芬伯格：《技术批判理论》，韩连庆等译，北京大学出版社 2005 年版，第 1 页。
[3] 参见诺伯特·维纳：《控制论》，王文浩译，商务印书馆 2020 年版，第 51 页。
[4] 段伟文：《信息文明的伦理基础》，上海人民出版社 2020 年版，第 1 页。

据、代码和算法中嵌入人文价值和道德判断,加强人机价值对齐的法治机制,以保持其正当性与合理性,实现"人本主义"法治价值的规约指引,这无疑是一项紧迫的时代任务。

当然,技术中立论者会争辩说,技术本身并不持有价值立场,而是旨在创新进步和改善人类生活。但事实上,大数据分析、算法决策、区块链等数字技术都是由人来设计、编码和校验的,它既会有客观上的自身局限、技术偏差和技术错误,也会有主观上的价值偏好、权重衡量和目标选择。即便其中有些选择是出于好意,仍会"有许多模型把人类的偏见、误解和偏爱编入了软件系统,而这些系统正日益在更大程度上操控着我们的生活"①。何况,还有相当部分是为了谋取不当利益的嵌入式偏好。因此,大数据杀熟、算法黑箱、算法歧视、数据鸿沟、信息茧房、诱导沉迷、数字人权等问题便凸显出来。而更为深层的严峻问题是,"用算法来处理人类特有的一些活动,有可能使这些活动丧失最根本的人性",那么,"如何在算法时代保持人性?"② 为克服上述风险和问题,框定技术发展的价值方向,塑造数智人文价值③,就成为数字时代必须解决的重大问题。2021年9月25日,国家新一代人工智能治理专业委员会发布的《新一代人工智能伦理规范》即开宗明义,"本规范旨在将伦理道德融入人工智能全生命周期,促进公平、公正、和谐、安全,避免偏见、歧视、隐私和信息泄露等问题",同时,还要求正确行权用权,提倡善意使用,避免误用滥用,禁止违规恶用。④ 同年11月24日,联合国教科文组织(UNESCO)则通过了关于人工智能伦理的首份全球协议《人工智能伦理问题建议书》,在价值观、伦理原则和政策指导上提供了规范指南,并主张发展与治理并行、全

---

① 凯西·奥尼尔:《算法霸权——数学杀伤性武器的威胁》,马青玲译,中信出版社2018年版,"前言",第V页。
② 卢克·多梅尔:《算法时代:新经济的新引擎》,胡小锐、钟毅译,中信出版社2016年版,第223页。
③ 这里并不是指用计算手段来研究社会科学意义上的"数智人文"(Digital-Intelligent Humanities, DIH),而是指数智发展应该具有或者承载的人文价值。
④ 参见科技部官网:《〈新一代人工智能伦理规范〉发布》,http://www.most.gov.cn/kjbgz/202109/t20210926_177063.html,2024年1月26日访问。

流程协同共治。① 这些无疑都是塑造"人本主义"法治价值的重要努力和举措,更需要创新法学理论,进行价值重塑和确立必要的价值框架,进而找回人类的"意义世界"和"价值空间",实现人与技术的"和解"。②

## (二) 回应《全球数字契约》倡议

当今信息社会呈现的既是数字经济,也是分享经济。即尽管占支配地位的仍是自由市场和私有化原则,但其"核心标准层面发挥作用的则是共享协议"③,并实现了对传统"中心化"商业模式的颠覆性创新,使得"劳动者—平台—顾客"的共享模式逐渐成为主流。④ 与此同时,"赢者通吃"和"无用"大众的发展态势也随之而来,数字鸿沟、信息茧房、算法歧视、算法控制、张力结构等倾向也日益凸显,这些共享经济中的"非共享"状况便成为必须予以正视的问题。为此,2024年9月22日,联合国未来峰会通过了《全球数字契约》,它旨在建立一个包容性的全球框架,这对于多方利益攸关方采取必要行动克服数字、数据和创新鸿沟至关重要。预计该契约将概述各项原则、目标和行动,以推动为所有人创造一个开放、自由、安全和以人为本的数字未来,该数字未来以普遍人权为基础并能实现可持续发展目标。⑤ 进

---

① 人工智能的价值观主要包括:尊重、保护和促进人权、基本自由及人的尊严;保护环境和生态系统的蓬勃发展;确保多样性和包容性;在和平、公正与互联的社会中共生。伦理原则主要包括:相称性和不损害、保障安全、公平和非歧视、可持续性、隐私权和数据保护、人类监督和决定、透明度和可解释性、责任与问责、技术认知和素养、多利益攸关方协同治理等。政策指导则涉及伦理影响评估、伦理治理和管理、数据政策、发展与国际合作、环境和生态系统、性别、文化、教育和研究、传播和信息、经济和劳动、健康和社会福祉、监测与评估共12个细分领域。参见澎湃网:《首份人工智能伦理全球协议的两项关键共识》,https://www.thepaper.cn/newsDetail_forward_15783613,2024年1月26日访问。
② 参见徐飞:《新文科建设:"新"从何来,通往何方》,《光明日报》2021年3月20日,第10版。
③ 弥尔顿·L. 穆勒:《网络与国家——互联网治理的全球政治学》,周程等译,上海交通大学出版社2015年版,第325页。
④ 参见蔡雄山:《"互联网+"时代,如何规制分享经济》,载中国信息通信研究院互联网法律研究中心、腾讯研究院法律研究中心编:《网络空间法治化的全球视野与中国实践》,法律出版社2016年版,第615页。
⑤ 参见联合国·未来峰会官网:《全球数字契约》,https://www.un.org/zh/node/219796,2024年10月5日访问。

而要求各国的数字发展以人类尊严为核心,以保障人权作为数字技术的核心,使人权成为开放、安全、可靠的数字未来的基础。联合国秘书长安东尼奥·古特雷斯也强调:"今天,一个新的技术时代正向我们走来——这个时代将给全球和平、稳定和发展注入巨大机遇,但也将带来新的风险。我们必须提出一个关于未来的根本性问题:我们将为我们的孩子留下一个怎样的世界?是只留下一套技术,仅让社会中最富有、享有网络联通的人群受益,却让世界上其他的人无法联网并落得更远?还是留给后代一个尊重人权、促进和平、改善包括最弱势群体在内所有人生活的数字世界?"[①] 这意味着,在数字空间中,将人权和人的自主性置于一切事务的中心,至关重要。

在我国,党的十九大就确定了"共建共治共享"的发展战略,党的二十大进一步提出"中国式现代化"的宏伟蓝图,党的二十届三中全会又通过了《中共中央关于进一步全面深化改革、推进中国式现代化的决定》,要求"推动人的全面发展、全体人民共同富裕取得更为明显的实质性进展","做到改革为了人民、改革依靠人民、改革成果由人民共享"。这就需要把共享发展理念融入信息社会的法律理念中来,加快发展新质生产力,并通过合理的制度设计将共享经济和新质生产力的发展成果转化为社会成员的共享机会和公平权利。

基于此,我们就应立足《中国关于全球数字治理有关问题的立场(就制定"全球数字契约"向联合国提交的意见)》,积极回应《全球数字契约》的各项倡议。具言之,一方面,贯彻"以人为本""共建共治共享"治理原则,抑制数字鸿沟、信息茧房、算法歧视、数字控制等不良倾向,通过建立监督控制和包容共治的数字民主机制,抑制对价值观的数字塑造、对主体自由的双重威胁、算法决策的"强制"效应等数字治理风险,确保科技向善、数字正义和保护数字人权。另一方面,针对公私混合、主体多元化、规则多元化、自由与控制同步增长的治

---

① 联合国秘书长技术事务特使办公室官网:《数字合作路线图》,https://www.un.org/techenvoy/zh/content/roadmap-digital-cooperation,2024年10月5日访问。

理演进方向,积极探索"众创立法"、软硬共治、多元混合的治理机制;① 努力创新司法、行政和平台治理的多元纠纷解决机制,化解各类数字治理风险,保障数字权利和数字人权,从而构建"共建共治共享"的数字治理秩序,推进数字法治建设。

### (三)构建人工智能的伦理约束机制

数字时代的显著特征是数据说话、算法主导,它带来的是一个便捷舒适的智能社会。然而,算法并不会自生道德观,也不会进行理性的自我约束。它是为达到特定目的而人为编写的代码,因此,必然会带有某种局限和风险,而价值偏好则是"算法所固有的"②。为此,就需要将其纳入法治轨道。然而,法律规制毕竟是一个底线的保障,而且,在快速迭代的技术发展和应用面前,必然会带有明显的迟滞性,因此,只能采取包容审慎、保留适度"弹性"的立法策略。这样,适时打造人工智能应用的伦理框架,则能填补规制空间,发挥全方位、及时性的规制效果,从而抑制算法歧视、算法控制、算法误用和算法滥用,促进科技向善和友好人工智能,这也是当下的一种时代要求和全球趋势。2017年美国计算机协会(USACM)发布了算法透明和可责性七项原则,2019年欧盟委员会人工智能高级专家组(AI HLEG)发布了《可信赖AI伦理指南》,2021年11月联合国教科文组织在第41届大会上又通过了全球首份《人工智能伦理问题建议书》。与此同时,相关立法也不断加速,如纽约《关于政府机构使用自动化决策系统的当地法》(2017)、《加州自动化决策系统问责法》(2020)、欧盟《通用数据保护条例》(2016)等。我国也先后颁布了《新一代人工智能伦理规范》(2021)、《关于加强科技伦理治理的意见》(2022)、《个人信息保护法》(2021)、《互联网信息服务算法推荐管理规定》(2021)、《生成式人工

---

① 参见马长山:《智慧社会建设中的"众创"式制度变革》,《中国社会科学》2019年第4期。

② 凯伦·杨、马丁·洛奇编:《驯服算法——数字歧视与算法规制》,林少伟、唐林垚译,上海人民出版社2020年版,第232页。

智能服务管理暂行办法》(2023)等政策文件、法律和规章,从此开启了规范发展、价值指引的人工智能治理新时期。此时,亟须构建与人工智能法律规制相配套的系统伦理框架,它不再仅仅体现工商社会的分配性正义,而是更多表达新时代的共享性正义,从而为人工智能治理确立伦理约束机制和数字正义尺度。

### (四)探索"中国式"的数字法治

网络化、数字化、智能化的融合发展深刻地改变了人类的生活状态和生存方式,全世界都在面临着前所未有的、具有颠覆意义的数字化转型,这也使得"中国式现代化"的建设任务变得日益艰巨和复杂。为此,党和国家先后在2013年和2015年做出了"法治中国""数字中国"的战略部署,2023年中共中央、国务院又印发了《数字中国建设整体布局规划》,提出了数字中国建设的整体框架。基于此,在既有法治国家建设不断加速的同时,数字法治又被纳入了国家治理体系和治理能力现代化的进程,为"中国式"数字法治建设奠定了坚实基础。

近年来,我国的数字法治政府、数字检察、数字法院、数字纪检监察等方面的制度机制不断推陈出新,取得了明显成效,特别是确立了"3+3"互联网审理模式(杭州、北京、广州互联网法院,成都、长春、苏州互联网法庭),并通过数字技术应用而形成了平台运行机制、数据业务机制、算法决策机制、数字论证机制,逐渐探索出"中国式"的数字法治之路,也为全球数字化、法治化进程贡献了"中国方案",推动了"数字文明共同体"变革与发展。

## 结　语

当今信息革命产生了折叠时空的革命性后果:一是突破了人类活动的物理时空,创造出前所未有的虚拟世界,从而击碎了物理空间的构造要素和运行节奏,使其呈现出一种破碎化、流动化、圈层化的全新样态。从互联网、物联网、车联网再到身联网,从网络空间、数字孪生再到元宇宙，彻底改变了自然感知、天然传递的生活方式，塑造了虚实同构的日常交往和生活状态，形成了一种无缝连接、信息交互的新型数字生活环境。二是突破了人类的生物属性，创造出若即若离的数字身份，人们凭借其数字身份来获得数字空间中的主体资格、行动能力和权益保护。这样，就形成了"生物–数字"的复合人性和数字人格，人类由此成为"现实与数字的两栖物种"。① 三是突破了传统经验的工具角色，创造出能动智慧的人工智能体，它们不再是"死"的生产工具，而是"活"的工作"伙伴"。无论是智能合约、智能制造、无人驾驶、智慧医疗，还是自动化行政、智能裁判、智慧执行、司法区块链，人工智能体都能通过算法决策来为人类提供辅助，从而形成人机交互的协同场景。这样，分布式、破碎化、扁平化就成为数字社会秩序的显著特征，推动着生产要素、生产关系、生产方式、生活方式的颠覆性变革，形成了物理世界（世界1）、精神世界（世界2）和数字世界（世界3）的基本格局。② 于是，就形成了新型的数字社会运行逻辑，因此，数字治理就不能简单套用工商社会治理的制度体系和程序机制，而应按照数字社会的生活方式和行为规律来设定规则体系，构建法治机制，防范法治风险，实现数字正义，从而塑造数字法治秩序。

---

① 参见腾讯网：《清华大学：2021元宇宙发展研究报告》，https：//page.om.qq.com/page/OifC58GczUZpedUjNt5B09-g0，2024年10月2日访问。

② 参见董春雨、薛永红：《大数据哲学——从机器崛起到认识方法的变革》，中国社会科学出版社2021年版，第37页。

# 数字法学：一场中国法治话语事件的发生

刘振宇*

**摘要**：数字科技的发展，促成了数字社会的兴起，也推动着法律秩序的革新。"数字法学"，作为中国法治现代化话语之一，应运而生。作为新概念，"数字法学"本身是未设限的，并在多维度、多样化的话语表达中不断建构自身。它宣告着"未来已来"，并以实际行动践行着"未来已来"。凭借于此，数字法学规划了一条"未来已来"的"前现代法学—现代法学—数字法学"三分的法学历史时间轴，并尝试复刻现代法学超越前现代法学的历史经验，实现自身对现代法学的超越。这一超越的过程，展现了数字法学独有的未来性特征，确证了数字法学作为一场存在论事件的现实。

**关键词**：数字法学 存在 历史 未来

## 引子：一次有心栽花的发问

"数字法学是当前法学界热议的学术概念之一。"[①] 这一判断出自《数字法学真的来了吗？》一文，刊发于 2024 年 1 月《现代法学》。

这一判断是真的吗？至少在两个不同的层面，答案可以判定为"真"。其一，这一判断真实地出现在这篇文章中，且是这篇文章的首句，本文在引用时没有采用伪引或假引的情况；其二，这一判断的落脚点并非"唯一"热议的学术概念，而是热议的学术概念"之一"，在

---

\* 刘振宇，上海师范大学哲学与法政学院副教授。
① 宋维志：《数字法学真的来了吗？》，《现代法学》2024 年第 1 期。

真实世界中真实地存在着大量佐证这一判断的例子，比如正在讨论这一判断的本文便是其中微不足道的一次"+1"。

可是，如果将问题换成"这一判断'真的'是真的吗"，那么至少在两个不同的层面，答案的判定变得复杂。其一，这一问句的句式变得复杂了，既可以被理解为设问句，也可以被理解为反问句。如果被理解为反问句，那么这里的第一个"真的"就是肯定的否定，即后一个"真的"是假的。如果被理解为设问句，鉴于第二个"真的"已经真实地存在于现实世界之中，那么则意味着有必要对第一个"真的"再进行一次"真假"的赋值判定。其二，如果将其作为设问句来处理，关于第一个"真的"的赋值判定，就不再是客观事实的真假判定，而是价值规范的真假判定。因为如果是客观事实的真假判定，那么判定为假，就和反问句一致；判定为真，则和第二个"真的"重叠。只有是价值规范的判定，第一个"真的"的表达才是有意义的表达，而非冗余的表达。此时的"真"，不再是"在真实世界存在"，而是"符合判断者的认知判断"。后者意味着，不同的人对于这一问题可以（在逻辑层面也"必然"）给出不同答案，且不存在严格意义上的标准答案。

作出"数字法学是当前法学界热议的学术概念之一"这一判断的文章主标题，遵循着"真的+真的"这一形式结构。数字法学真的来了吗？"来"和"未来"构成一对矛盾概念。遵循排中律，一种真实世界中的存在者（物），或者来或者未来，不存在第三种可能；"如来如去"只属于超出三界外，不在五行中的其他维度。于是，在客观事实层面，既不可能存在一个"真的"来了的数字法学，也不可能存在一个"假的"来了的数字法学；"假的"就是"未来"，"来了"就只可能是"真的"。然而，在价值规范层面，任何人都可以对这一问题给出属于个体的个性化解答，甚至不需要自圆其说。只不过，考虑到发问句自带"悬疑性""非肯定性"的语义特征[①]，"从本质上说，疑惑就是不同程度

---

① 参见史维国、赫子铜：《设问式标题句的句法语义构成、语用功能及信息传播策略》，《语言文字应用》2022年第4期。

的否定,是一种委婉的否定"①。这就意味着,一旦发问,虽然设问句式和反问句式在语用层面存在差异,但在具体语词构成上存在全然一致的可能。恰如《数字法学真的来了吗?》一文的结论:"无论是从问题领域角度,还是从理论建构角度,抑或是从研究范式角度,都无法证明数字法学作为学术概念、学术命题的成立。"② 既然给出的答案是"未来",那么发问形式结构的双层表达好像也就失去了研讨的必要,因为它们在结果上是一致的:如果是反问,那么答案自然是"未来";如果是设问,那么在设问之前就已经设定了"未来"的答案。

不过,恰恰是这一否定性的答案,产生了微妙的悖论,反而消解了内在于发问的委婉否定,呈现出一种似非而是的语用样态。因为正是在这一否定性的答案中,虽然"来了"和"未来"依然构成一对矛盾的概念,但是"来"的含义已经悄然从"来/未来"的行动转化为"来到/未来到"这一"到/没到"的结果。作为行动的"来/未来"和作为结果的"来/未来"截然不同。对于前者来说,只要做出一个具有具体指向的"来"的动作,即可判定为"来";而对于后者来说,只有实施"来"这一行动的存在者(物)处于被"来"这一行动所指向的时空之内,才能被判定为"来"。当甲问已经在聚会现场的乙"丙来了吗?"这一问题的时候,既可以指丙是否已经到了聚会现场,也可以指丙是否已经起身前往聚会现场。当以某一概念或命题的成立作为判定基准的时候,意味着其已经实现了证成(即到场),且因为"真的"这一修辞的加持,这一到场不仅仅是客观事实上的存在,更是一种学术价值规范上合理的存在。于是,即便否定此类到场,即乙回答甲"丙还没来",也并不意味着乙的回答必然暗含着丙连"来"这一行动都尚未开启。同理,如果恰好,数字法学正在来的路上呢? 它当然就是来了。

---

① 邵敬敏:《汉语疑问范畴研究的再思考》,《汉语学习》2022 年第 3 期。
② 宋维志:《数字法学真的来了吗?》,《现代法学》2024 年第 1 期。

# 一、面向"未来已来"的数字法学

## (一)怪盗先生的预告函

日本漫画家青山刚昌设计了一个角色——怪盗基德。怪盗基德黑羽快斗的作案流程(而非具体手法),可以被认为是致敬怪盗绅士亚森·罗宾(Arsène Lupin)。在每次实施偷盗行动之前,怪盗先生都会向法律上拥有该被偷盗宝物所有权的目标人物发出一张预告函,告知其将在何时前往偷盗,然后借助顶级的变装术和极致的手法将宝物据为己有,同时在现场留下象征着怪盗的卡片来宣示行动的成功。只不过,和绅士怪盗会将宝物转交给那位在道义层面应该真正享有所有权的人相比,怪盗基德则是寻求"唯一正确的那一颗宝石"。但对这一宝物处理的差异,并不影响怪盗故事的核心:由一封来自怪盗先生的预告函开启整个事件。这封预告函,是一次张扬的提前宣告;这一张扬的宣告预示着一次必将到来的宝物"易主"。而2018年11月《法制与社会发展》刊发的《迈向科学化现代化的中国法学》一文,便是这样一张预告函。该文首次在公开发表的学术期刊中明确"数字法学"①概念,宣告一场名为"数字法学"的中国法治话语事件必将在未来"来"。

怪盗先生的预告函必将导致一场宝物偷盗事件的发生。这一事件的必然性根基于,一方面这是怪盗先生的行动惯例,另一方面迄今尚未存在破例的情形。二者共同构成了历史叙事的力量,在人群中传唱。当预告函出现时,无论是宝物的持有者、守护者还是旁观者,他们都在这一刻认识到了这一历史叙事的连续性和延展性,归纳逻辑在预告函和事件之间建立起了强关联。只要怪盗一天尚未被警方抓捕成功,盗宝这一行动就必然发生。而"数字法学"作为"法学新范畴新概

---

① 张文显:《迈向科学化现代化的中国法学》,《法制与社会发展》2018年第6期。

念"① 的研究，同样具有历史的必然性。这一必然性，既有经验的历史叙事佐证，又有着更为深刻的历史唯物主义理论作为演绎推理的基础。二者合二为一，论证着"来"之必然。

经验性的历史无须赘述，"在科学演进历程中，学术思想的革命总是同概念、范畴的革命相连的"②。而观念的历史早已为马克思所揭示："人们的社会存在决定人们的意识"③，以及"人们在自己生活的社会生产中发生一定的、必然的、不以他们的意志为转移的关系，即同他们的物质生产力的一定发展阶段相适合的生产关系"④。一方面，社会存在发生了变化。这一变化既直观又符合反思。根据中国互联网络信息中心（CNNIC）发布的第53次《中国互联网络发展状况统计报告》，"截至2023年12月，我国网民规模达10.92亿人……互联网普及率达77.5%"⑤。这意味着，在中国，人与人、人与物（甚至物与物的物联网⑥）之间的数字化连接不再是小范围的小概率事件，而是大规模的盖然性事件。"数字化技术革命……开始深刻地改变人类的生产方式"⑦，产生了一种全新的、不同于农业社会和工业社会的社会交往形态——以数字为媒介的交往形态。这一全新的社会存在，深度介入生活在其中的人的个体意识，影响着他们对时间、空间、事件等事项的理解。法律，作为一种特定的意识反映，不会存在例外。另一方面，生产力发生了变化。这一点同样无须赘述。"物质生活的生产方式制约着整个

---

① 张文显：《迈向科学化现代化的中国法学》，《法制与社会发展》2018年第6期。
② 张文显：《迈向科学化现代化的中国法学》，《法制与社会发展》2018年第6期。
③ 中共中央马克思恩格斯列宁斯大林著作编译局：《马克思恩格斯选集》（第二卷），人民出版社2012年版，第2页。
④ 中共中央马克思恩格斯列宁斯大林著作编译局：《马克思恩格斯选集》（第二卷），人民出版社2012年版，第2页。
⑤ 中国互联网络信息中心：《第53次中国互联网络发展状况统计报告》，第1页。信息来源："中国互联网络信息中心"官网，https：//www.cnnic.net.cn/n4/2024/0322/c88-10964.html，2024年5月10日访问。
⑥ 参见李航、陈后金：《物联网的关键技术及其应用前景》，《中国科技论坛》2011年第1期；陈冬梅、王俐珍、陈安霓：《数字化与战略管理理论——回顾、挑战与展望》，《管理世界》2020年第5期。
⑦ 陈刚、谢佩宏：《信息社会还是数字社会》，《学术界》2020年第5期。

社会生活、政治生活和精神生活的过程"①,"数字时代更具融合性、更体现新内涵的生产力"② 的出现,不可避免地要寻求一种与之相适应的体制表达③来实现自身的再生产。作为上层建筑的法律,不会存在例外。因此,无论在经验层面,还是观念层面,和"数字"相匹配的新的法律之"来",都是一种历史的必然。而以法律现象作为研究对象的法学,在研究对象必然发生变化的前提下,也必然会出现新的回应——被称为"数字法学"的回应。

## (二)未设限的概念

在预告函于2018年发出的时候,"数字法学"概念是未设限的。彼时的未设限,是一种现象层面的未设限,"虽然已被广泛使用,甚至非常流行,但要追问其确切内涵,或试图获得一个定义,回答往往是不得要领,或者含糊其辞,甚至答非所问"④。这一未设限是正常的。因为人对事物的认识需要一个过程,该过程是一个从归纳推理向演绎推理转换的过程:先通过观察和比较,由归纳推理实现具体到抽象的转换,寻求具体事物中的共同特征或属性;再将这一共同的特征或属性予以赋名,使这一存在和另一存在在认知层面有所区别;最后,将这一特征或属性应用于新事物之上,检验这一抽象概括的有效性。当新事物出现的时候,人们的常规思维是将之纳入既有的概念体系中去,只有当既有的概念体系无法有效解读这一新事物的特征或属性时,人们才会考虑"创造"一种新的概念。而"创造"新的概念,绝非"创造"新的语词那样简单,不可能一蹴而就,只能在不断进行归纳和演绎的往复思辨中才能够获得。简言之,在此预告之前,尽管存在"数字法学"这样一个语词,但是,对这一语词的使用尚缺乏必要的学术

---

① 中共中央马克思恩格斯列宁斯大林著作编译局:《马克思恩格斯选集》(第二卷),人民出版社2012年版,第2页。
② 周文、许凌云:《论新质生产力:内涵特征与重要着力点》,《改革》2023年第10期。
③ 参见马长山:《数字社会的治理逻辑及其法治化展开》,《法律科学》2020年第5期。
④ 张文显:《迈向科学化现代化的中国法学》,《法制与社会发展》2018年第6期。

自觉，它不过是某一使用者对某一现象的偶然称谓，散落在不同的文本或场景之中，相互之间不具关联性，因此，也就没有办法为之设定限度，那属于每个人的表达自由。

当预告函于 2018 年发出之后，"数字法学"的概念依然是未设限的。一方面，这是对于先前语词使用"未设限"的自然延续。既有的语词使用已经尝试对新的现象进行表述，而概念的基础来自既有现象的归纳概括，因此不能无视已经在现实经验世界中广泛存在的作为语词的"数字法学"。否则，就无法理解为何"以数字法治及其运行为研究对象的'数字法学'"到 2023 年初已经兴起了 10 年①，那不过是因为作为学术研究的数字法学远早于作为学术概念的数字法学，而作为学术概念的数字法学在作为学术研究的数字法学兴起 5 年后依然未被设限。恰恰是因为 2013 年至 2018 年这 5 年间的有关论述未能达到预期的效果，才发出一张预告函；否则，就是确认书了。

另一方面，"数字法学"这一学术概念本身，尚未设限。作为"契合中国话语的顶层设计"②和"可能为国际法治体系提供中国话语与中国方案"③的概念，作为学术概念的"数字法学"，自预告的那一刻开始，便是中国式的概念。此处的中国式，并不意味着对这一概念的理解只限于中文表达或者这一概念的应用只限于中国境内，而是意指，在法学概念谱系的基本脉络中，这一概念最初诞生于中国，由中国学者予以阐释，进而，它的语词构成在词源学的意义上首先要符合的是中文的表达逻辑，而非其他语言的表达逻辑。中文的每一个字都可以作为单音词而出现，因此在中文构词法中，"数字法学"仅在形式层面就至少存在三种有意义的表达。第一种是"数字+法学"。"××+"构词法，在各类科技创新出现后，屡见不鲜。最广泛的构词运用，莫过于

---

① 参见陈吉栋、刘羿鸣：《数字法治与数字法学兴起十年综述》，《中国信息安全》2023 年第 2 期。
② 胡铭：《数字法学：定位、范畴与方法——兼论面向数智未来的法学教育》，《政法论坛》2022 年第 3 期。
③ 胡铭：《数字法学：定位、范畴与方法——兼论面向数智未来的法学教育》，《政法论坛》2022 年第 3 期。

"互联网+",其明确地将"+"显现出来,以示区别;在2015年便作为一种学术表达出现①,并很快引起了法学研究的关切②。在此类构词法的表达中,"数字"是作为一种背景出现的,其是不可改变的先定条件;法学则表现为一种继受。其最常规的定义便是:"数字法学,属于数字中国的下位概念,与数字经济呈并列关系。"③ 第二种是"数字法+学"。"××法+"构词法,是法学研究内部学科分类常见的构词方式。这一构词法,最初源于部门法学,通过前缀表明该部门法学的专属研究对象,即某种特定的社会关系。而后,领域法学研究④的兴起,进一步拓展了该构词法的适用范围。其最常规的定义便是:"数字法学是新法科的重要学科……是对数字社会的生产生活关系、行为规律和社会秩序的学理阐释和理论表达。"⑤ 第三种是"数字+法+学"。该构词法在"数字"上和第一种构词法共享数字社会这一背景,在"学"上和第二种构词法共享研究对象的可识别性这一属性,同时对"法"这一法学的基础概念范畴给予核心关切。关于"什么是法律"的讨论,并没有随着《法律的概念》(The Concept of Law)一书的出版而终结,反而越发激烈。现阶段,劳伦斯·莱斯格(Lawrence Lessig)提出的"代码即法律"命题仍被公认为是科学论断,对法学研究具有积极意义。⑥

## (三) 我说故我在

基于历史唯物主义的必然性推理,只有当一种法学研究"不仅仅是关注新时代社会矛盾、解决'中国问题'意义上的回应性模式……

---

① 参见张兆安:《实施"互联网+"战略 推动传统产业升级》,《宏观经济管理》2015年第4期;管建文、李黎丹:《"互联网+":重新构造的力量》,《现代传播》2015年第6期。
② 参见吴志攀:《"互联网+"的兴起与法律的滞后性》,《国家行政学院学报》2015年第3期;马长山:《互联网+时代"软法之治"的问题与对策》,《现代法学》2016年第5期。
③ 胡铭:《数字法学:定位、范畴与方法——兼论面向数智未来的法学教育》,《政法论坛》2022年第3期。
④ 参见刘剑文:《论领域法学:一种立足新兴交叉领域的法学研究范式》,《政法论丛》2016年第5期;彭诚信:《领域法学视野下的数字法问题》,《政法论丛》2024年第1期。
⑤ 马长山:《数字法学的理论表达》,《中国法学》2022年第3期。
⑥ 参见张吉豫:《数字法理的基础概念与命题》,《法制与社会发展》2022年第5期。

是反映数字社会规律、表征数字发展逻辑、呈现数字时代价值"① 的时候，我们才能够称之为"真正的"数字法学研究而不是"所谓的"数字法学研究。也只有到了这个时候，我们才能够宣称"数字法学已经到来"或者"一个属于数字法学的时代已经开启"。然而这一判定，是一种关于"过去"的判定，而非一种关于"未来"的判定，即只有当这个反映规律、表征逻辑、呈现价值的法学研究已经出现，我们才能够宣称"数字法学"的存在。这就使得选择此类追问的研究者陷入了一个悖论：如果某一存在者（人事物）在当下是不存在的，那么其就无法被发现或者被研究；如果每一个作为当下的现在都不对某一存在者（人事物）进行研究，那么其在作为当下的现在就永远"不存在"。进而，所有的"新"存在者（人事物），都不可能出现。这不仅违背了人的直觉，同时违背了人类的历史叙事。

之所以会存在这样一个悖论，至少源于以下两个事项上的误判。一是，没有意识到学术研究本身就是由开展学术研究行动的主体建构起来的全新领域。尽管这一领域不能和真实世界截然二分，但是相对于真实世界来说，它构成了一个独立的世界。如果借用当下的热词，可以认为，学术研究的世界是一个"元宇宙"的世界。只不过，"元宇宙是人类通过数字技术构建的各类虚拟空间的统称"②，学术研究宇宙是人类通过学术表达技巧建构的虚拟空间的统称。这就意味着，只要关于何为"数字法学"这一基本概念（乃至于基本范畴）的研讨是存在的，那么这一存在本身便是这一基本概念或者基本范畴存在的一种佐证材料。毕竟，拉康（Jacques Lacan）论证了语言来自他者，而不是来自个人③，既然人的主体性都来自语言建构，何况本身就是被学术研究者的语言建构起来而非自我生成的学术概念（及学术研究）。

---

① 马长山：《为什么是数字法学》，《法律与政治科学》2022 年第 1 辑。
② 王奇才：《元宇宙治理法治化的理论定位与基本框架》，《中国法学》2022 年第 6 期。
③ 参见马元龙：《主体的颠覆：拉康精神分析学中的"自我"》，《华中师范大学学报（人文社会科学版）》2004 年第 6 期。

二是，没有意识到相对于已经确定的过去来说，未来是开放的。在逻辑学的意义上，存在着两种意义上的存在。一种是作为"所是"（is）的存在，一种是作为"实存"（exist）的存在。对于过去来说，所是即为实存；但对于未来来说，只有当未来在当下并投射到过去，它才能够从所是变成实存。所是，是一种可能；实存，也是一种可能。"每一由可能事物所形成的组合——'可共存集'——就是一个可能世界，真实世界是由最丰富的'可能'复合而成的最大'可共存集团'。"① 何种未来的所是能够被转化为未来的实存，在于在追求未来所是的过程中，人们丰富的行动。一个未来发生的事情如果必将发生，必定是在当下就已经满足了在未来发生的充足理由。如果这一充足理由在当下还没有被揭示，那只是说明这一理由尚未被揭示，并不意味着这一理由不存在，更不意味着未来必然到来的所是不存在。2018年预告之后，数字法学概念的形式构成，实际上就是探寻这一充足理由的三种路径。当然，这并不意味着实现数字法学研究的路径只有概念的形式构成，也不意味着这三种形式构成路径必然会实现数字法学的研究，毕竟，它们都还只是所是。

语言符号体系是作为主体的人彰显自身存在的必要方式之一。无论是"为万物赋名的能力"还是"巴别塔的倒塌"，都不过是印证语言承载世界存在这一独一无二特性的故事。而在学术研究中，只有公开发表的语言才是有意义的，因为这个现存的世界中只可能有独白的言语却绝对不会有独白的语言，语言存在的意义即是实现自我和他者的沟通。以文字形式公开发表的语言占据了能够被现代机械复制技术反复传递的强公共领域；而不以文字形式公开发表的语言则退守只具有启发但无法机械复制的弱公共领域。一种学术研究，如果无法从弱公共领域进入强公共领域，就不得不面对"不发表就出局"的命运。毕竟，未经发表的学术研究，无法实现这一语言承载知识的再生产，也

---

① 李熙：《莱布尼茨哲学的一种现代阐释及其对通用人工智能的启示》，《科学技术哲学研究》2020年第4期。

就失去了在学术研究领域获得一席之地所必备的知识权力。而现实的所是(即实存)表明,数字法学的相关研究在法学理论和法学实践两个方面都已经在强公共领域中拥有了一定的"奠基"与"深拓"①,无论是发文比例还是引用率,都已实现了相当程度的再生产。当然,如果这一再生产,只是同一立场语言表达的再生产,那么其依然是独白性的,尚不足以建构自身。好在,一方面,无心插柳,关于数字法学的论证,至少有三条相关但并不一致的进路,它们之间形成了数字法学内部的争锋;另一方面,《数字法学真的来了吗?》一文在强公共领域的发表,为"数字法学"的概念研究提供了反思的维度,即便这一问题是有心栽花。后者的寓意甚至优于前者:如果怪盗先生的预告函发出之后,作为守护的一方无动于衷,那么这一预告也就不会引人关注了。

## 二、数字法学的"未来已来"

### (一) 从天而降的高塔

预告函之所以是预告函,不仅因为它承载着名为"预告"的行动,更为重要的一点是,位于过去设想之中的、理论上将要在未来发生的某一特定事项以文字的形式在当下被记录。以文字作为载体记录之"告"这一形式特征异常重要,因为正是这一被称为"预告"的行动通过这一场事件的发生实现了过去、当下和未来的连接,"过去、当下和未来被'短路',彼此碰撞在一起,它们都不再是连续性时间(过去-现在-未来叙事)中各自独立的部分"②,超越了自然物理意义上时间轴的束缚。此时此刻,恰是彼时彼刻;彼时彼刻,恰是此时此刻。一如《你想活出怎样的人生》(『君たちはどう生きるか』)中那座锁住了时间的塔。有人进

---

① 参见宋保振、赵强:《中国数字法学研究的奠基与深拓(2018—2023)》,《山东大学学报(哲学社会科学版)》2024年第3期。
② 吴冠军:《"我们所拥有的唯一时间"——透析阿甘本的弥赛亚主义》,《山东社会科学》2016年第9期。

入塔中,经历了一系列属于异世界的冒险,但当他们出来的时候,年龄并没有什么变化,真实世界的其他人也没有发现他们的变化。高塔,成为过去和未来的交汇点;在这一交汇点上,人,书写着故事。

面向"未来已来"的数字法学研究,就是这一高塔;而研究数字法学的学者,则是进入这一高塔的人。这塔,一开始并不在此地,它是从天而降的一块原石,没有丝毫的征兆。数字法学,一开始也并不引人注目,但就在预告函给出的那一瞬间,它便拥有了独属于自身的场域。而现在,第一批进入数字法学研究领域的人,便是这一高塔的第一批建设者。生活在真实世界的人都能看到这座已经建成的高塔,但他们却没有办法理解为何这一批人会选择建设这样一座高塔,尤其是当这座高塔拥有锁住时间的功效以及极具魔幻的吸引力的时候。在既有学术脉络中深耕法学研究的学者和不从事法学学术研究的读者,都已经在真实世界中看到了数字法学研究在以公开发表为特征的强公共领域实现再生产,且"基本上以青年学者为主力"①,但是他们依然对此表示不解。姑且不论"'盛名之下,其实难副'的概念附会已经吹起了不少学术泡沫"②这样一种外部视角的批判,仅从数字法学既有的学术论断来说,诸如"伴随'物理时代'转向数字时代的本体重建和代际转型,是前现代法学—现代法学—数字法学的变革发展新阶段"③或者"法律被代码/算法取代,这将是法律'死亡'的前景"④一类极具冲击力的判断,确实很难在短时间内被"非数字法学"的研究者或读者所接受。于是,"数字法学仍然处在等待法律复合体承认的处境中,并且由于这是个社会事实问题,任何特定的推测都无法称得上合理"⑤便形成了村子里的村民或自发或被动做出的针对这一高塔

---

① 马长山:《为什么是数字法学》,《法律与政治科学》2022 年第 1 辑。
② 刘艳红:《人工智能法学研究的反智化批判》,《东方法学》2019 年第 5 期。
③ 马长山:《数字法学的理论表达》,《中国法学》2022 年第 3 期。
④ 余成峰:《法律的"死亡":人工智能时代的法律功能危机》,《华东政法大学学报》2018 年第 2 期。
⑤ 陈景辉:《数字法学与部门法划分:一个旧题新问?》,《法制与社会发展》2023 年第 3 期。

的封印。既然数字法学的高塔曾经不存在于真实世界，那么真实世界的运行也就和它没有现实的关联。真实世界中的人可以进入塔内，并依然维持人的模样，而塔内异世界中那些非人的、独属于异世界的其他主体，一旦进入真实世界，就必然（或不得不）遵守真实世界的法则。

封印清晰地展示了被数字法学归为现代法学的研究立场，这一数字法学意图拒斥的立场。只是，这一封印最终必然归于无效：它实现不了它设计之初所构想的效果。封印所阻却的人，并非已经进入高塔的人，而是尚未进入高塔的人。毕竟，已经进入高塔的人，已经实现并实践了数字法学这一异世界的建构，否则，这个高塔就不会存在于真实世界之中。至于尚未进入之人，无非两类，一是本身对高塔不感兴趣之人，一是本身对高塔感兴趣之人。对于前者来说，他们本身就不具备进入高塔的现实可能性，他们在自己的领域做着属于自己的研究，这一高塔本就不属于他们生活世界的一部分。因此，能够检验封印意义的对象，只剩下了感兴趣的后者。但这一封印依然是没有实效的。只有出现一次某人想要进入高塔却被封印劝退的事件，封印的实效才能够为人所知。少年第一次追逐苍鹭，并没有进入塔中的机会，无法检验封印的实效。只是，一篇想要研究数字法学却不能公开发表的研究，本就无法进入学术研究的公共领域去实现数字法学的再生产，这就意味着它依然不是数字法学的研究，而只是一种关于数字法学的想法。能够被来自塔中异世界的苍鹭引入高塔的、来自真实世界的少年，都是命中注定能够进入高塔的少年，因为苍鹭即少年。

## （二）什么不是数字法学

封印的无效化，不等于封印的无意义。恰恰相反，无效化增进了封印的意义：无效化的源头是属于立场的边界，因此这一封印的存在为"什么不是数字法学"提供了必要的指引。数字法学的起点，是现代法学止步的地方，尽管现代法学止步的地方并不一定能够成为数字法学的起点。于是，虽然"什么是数字法学"这一问题尚悬而未决，毕竟这是一个面向未来已来的问题，但是"什么不是数字法学"的答案却随着这一封印的出现而越发清晰。获得正确答案的方式，并不只有证成那个正确的答案这一种路径，还包括排除那些作为干扰项的错误答案。

首先，这一封印以如此清晰之形式告知人们，高塔内的异世界和高塔外的真实世界不是同一的世界，尽管其中的人可能是同一的人。研究者，可以跨界；但研究，不会跨界。这一界分极为重要，因为它意味着，在真实世界中存在一个既定的事实，既有的被称为"法学研究"的研究和被称为"数字法学研究"的研究实现了共存。即便是不接受"数字法学研究"作为"法学研究"组成部分的人，也仅能基于既有的法学研究的有关标准来确定数字法学研究不属于法学研究，却无法在一般意义上拒斥将数字法学作为一种法学研究的可能世界。高塔依然是高塔，高塔内的建构依然在进行着，依然有人尝试进入高塔，并在高塔的世界中寻找石头来进行高塔内的建构。清晰可见的封印代表着一种默契，这里是真实世界和异世界的边界。而这一边界，虽然由真实世界的人们所传诵，却是以异世界的力量在真实世界之内构建的。因此，它既拒斥着真实世界受到异世界的侵扰，又保护着异世界不受真实世界的介入。何者更为重要，取决于观察者的解读。

其次，这一封印展现了高塔内世界尚未得到高塔外世界的承认。即便是最低限度的承认，少年从塔内的异世界回到塔外的真实世界，也没有必要忘记异世界的经历。这一忘记，是对少年的保护，否则其就会被当作"疯癫"而非"文明"。当谈及数字法学研究的时候，好像是在谈论一种和既有的法学都无甚关联的崭新研究。这导致数字法学研究中的一些概念和既有的研究缺乏学术脉络层面的关联性。"学科"只是现阶段的直接例证之一，"数字人权"[①] 有过之而无不及。凡此种种，都意味着这一由数字法学研究者建构的、定期在强公共领域公开发表的语言表达，还没有实现那个在预告函中宣称的必将到来的未来。

---

① 参见马长山：《智慧社会背景下的"第四代人权"及其保障》，《中国法学》2019年第5期；刘志强：《论"数字人权"不构成第四代人权》，《法学研究》2021年第1期；丁晓东：《论"数字人权"的新型权利特征》，《法律科学》2022年第6期；伍德志：《数字人权再反思：基于功能分化的视角》，《法学家》2024年第2期。

然而，有必要重申，数字法学在其初始阶段，就没有期待获得这种来自既有法学研究的承认。数字法学，在预告函发出的那一刻起，就没有将之视为数字法学研究中所判定的既有法学（古典法学、传统法学、现代法学）①的一部分，而是"现代法学的下一转型升级阶段"②。它所预告的将在未来发生之事，便是将法学研究中最为核心的议题（诸如本体论、价值论、运行论、方法论等）③的解释权从这些既有法学的"手中"取过来，纳入自身的支配之中。一旦数字法学研究获得了既有法学研究的承认，就标志着这一获取行动已经在实际中达成。彼时，数字法学就不仅是现在如此这般来了，而且是已经获得"来到了"的结果。

最后，这一封印明确了真实世界与异世界存在系统沟通的差异。高塔异世界中最多的生物是鹦鹉，但它们和真实世界呈现全然不同的形象，来自两个世界系统各自的判断。而在被称为"数字法学研究"的研究和被称为"法学研究"的研究之间，"学"之概念最能体现两个世界系统有着不同逻辑。无论是三种概念的哪一种，数字法学之"学"都被赋予了"学科"的含义。但是，这一"学科"的含义和约定俗成的作为概念工具的"学科"之间存在着巨大的鸿沟。"法学的传统学科划分方式……基础是部门法划分"④，而数字法学所称"学科"则指向教学⑤或研究⑥的领域。这一鸿沟不仅仅是研究层面的，同时在真实世界中也有着直观的展现：一边是《关于加强新时代法学教育和法学理论研究的意见》中提出加快发展数字法学等新兴学科；一边是《研究生教育学科专业简介及其学位基本要求》"0301 法学"二级学科目录中"数字法学"缺位。如果考虑到同一批次的社会治理法学等也同样未能

---

① 参见马长山：《数字法学的理论表达》，《中国法学》2022 年第 3 期。
② 马长山：《数字法学的理论表达》，《中国法学》2022 年第 3 期。
③ 参见郑智航：《当代中国数字法学的自主性构建》，《法律科学》2024 年第 2 期。
④ 陈景辉：《数字法学与部门法划分：一个旧题新问？》，《法制与社会发展》2023 年第 3 期。
⑤ 参见马长山：《数字法学教育的迭代变革》，《中国人民大学学报》2022 年第 6 期；汪习根、刘佳：《论数字法学课程实验教学体系的构建》，《中国大学教学》2023 年第 12 期。
⑥ 参见姜伟：《数字法学若干概念的思考》，《人民检察》2023 年第 9 期；杨东、高一乘：《建构中国自主知识体系：数字法学范式》，《法学杂志》2023 年第 2 期。

获得学科目录的确认，这是一个可以接受的结果。毕竟，优先级更高的立法学、教育法学等也还没有获得确认。如果没有那块属于异世界中的石头，少年不会记住发生在塔中的事情。但那块石头来自塔内，塔外跟随少年进塔的老人却已经恢复了年轻时的模样。

## （三）以法律为沟通

"数字法学……并不是现代法学之中的所属二级学科意义上的，而是现代法学之后的进阶升级意义上的"① 存在。在这一表达中，虽然"学科"一词的使用不同于既有的概念工具，但是，其已经在第一时间就明确而清晰地给出了设定，告知了此语词概念非彼语词概念。这就如同，一旦进入塔内的异世界，就无须纠结为什么鹦鹉会说话这一在塔外真实世界显著反常识的现象，因为那不过是塔内异世界的初始设定而已。可是，如果不进一步实现塔内和塔外的信息沟通，尤其是达成塔内信息对塔外信息的创造性转化，那么尽管可以维持高耸白塔的现状，实现数字法学研究和既有法学研究的共存，却背离了数字法学的预告函，因为这意味着数字法学"来了，但在来的半路又止步不前了"，永远不会"来到"。

遗憾的是，这一沟通无法借助概念来推进。因为概念不仅是学术研究的基础，更是学术研究的产品。对于数字法学来说，如果它使用的语词所对应的概念和既有法学使用同一语词所对应的概念没有区别，那么数字法学的进阶就是一种伪装。于是，数字法学关于概念的研究大体上有两条路径：一条类似于"学科"的处理方式，更新既有的概念；一条类似于"数字人权"的处理方式，创造专属于数字法学的概念。但是，如果既有法学接受了数字法学的这种更新或创造，那么，既有法学内部法体系的自洽性将会受到挑战。这是既有法学所不能接受的。

只不过，这一问题不是新问题，而是老问题的新展现。尤其是，

---

① 马长山：《数字法学的理论表达》，《中国法学》2022年第3期。

从数字法学而非既有法学的立场出发，历史没有新鲜事。数字法学已经在法学历史的时间轴上进行了一次规划，即"前现代法学—现代法学—数字法学"。在这一规划下，回顾历史，现代法学已经完成了对于前现代法学的替代，并且获得了"毋容置疑"的胜利。韦伯作为最为重要的"现代"建构者之一，甚至为这次替代安置了专门的理想类型来强调这一事件的重要性。这一替代，是概念的替代吗？答案是否定的。既有法学在这一点上，常常追溯到罗马法，而罗马法理论在数字法学研究的历史线上属于前现代法学。这一替代，是被称为"现代法律"的法律对被称为"前现代法律"的法律的替代。而且，这一替代，不是一蹴而就的替代，而是在一个长周期中，在不同的国家、地区基于法律演化缓慢完成的。从英国的《大宪章》到德国的《民法典》，跨越680余年，只是基于专属于"现代"而非"前现代"的理由，它们才被判定为"现代法律"。

这一理由便是，"在功能分化社会中，现代法以效力为内部的动态衔接机制，形成了全面实证化的自创生系统"①。在此基础上，一方面，"法体系"只能被理解为"实在法体系"，这构成了现代法学中部门法学的基础；另一方面，现代法学的理论法学或者和特定部门法理论直接相关，或者和整个实在法体系直接相关。② 现代法学以实在法作为自身的核心研究对象。任何没有实在法为基础的研究，虽然可以成为法学研究的对象，但不可避免地被归为边缘地带。这是现代法学研究建构的200余年的壁垒——如果将整个世界的现代开端归为美国革命和法国革命的话。③ 数字法学如果想要如其预告函一样成为现代法学的进阶版本，就需要从边缘进入中心，去应对现代法律"系统如何处理差

---

① 陆宇峰：《"自创生"系统论法学：一种理解现代法律的新思路》，《政法论坛》2014年第4期。
② 参见陈景辉：《数字法学与部门法划分：一个旧题新问？》，《法制与社会发展》2023年第3期。
③ 参见刘擎：《大革命与现代政治的正当性：施米特与阿伦特的竞争性阐释》，《学术月刊》2006年第9期。

异并启动演化,以及系统与环境的关系在此间起到的作用"① 的问题。对于现代法学这一建构在现代法律子系统之上的法学来说,数字法学仅仅是它的环境,而且是被封印在外、不直接接触的环境。但是,只要有一部基于数字法学的规律、逻辑或价值的实在法出现,就意味着,这一法律不仅是符合数字法学的,同时也是符合现代法律自创生的。此时,数字法学的规律、逻辑或价值,就从法律系统的环境,变成了法律系统的一部分,进而实现了数字法学和现代法学的有效沟通。于是,我们可以看到,2023 年之后,关于数字社会的密集立法在世界范围内展开,而诸如"中国需要一部怎样的《人工智能法》"② 这类问题不仅是现代法学中立法学的研究对象,同时也是数字法学的研究对象。"语言用法只是法律实践的一个重要的外在表现形式。"③ 如果没有塔中的苍鹭,那么少年无法进塔;如果没有塔外的少年,塔中也不会有苍鹭。塔中,只有这一只苍鹭;塔外,也只有一位少年。因为少年即苍鹭。真实存在的法律,就这样为信息的双向沟通提供了道路。

## 三、作为存在论事件的数字法学

### (一)数字法学的场域

作为概念的"人工智能"和"数字"不是一个概念,作为概念的"人工智能法学"也和"数字法学"概念不同。于是可能存在如下一种主张:人工智能领域的立法和数字法学没有关联,毕竟,这一法律是现代立法的产物,将人工智能立法的事件纳入数字法学的话语叙事中是"数字法学"概念的泛化以及数字法学研究的自我标榜。但这一预

---

① 康宁:《法律演化的系统论阐释》,《北京航空航天大学学报(社会科学版)》2021年第 1 期。
② 参见张凌寒:《中国需要一部怎样的〈人工智能法〉?——中国人工智能立法的基本逻辑与制度架构》,《法律科学》2024 年第 3 期。
③ 朱振:《什么是分析法学的概念分析?》,《法制与社会发展》2016 年第 1 期。

想中的反驳并不成立。数字法学所指向是作为数字社会中一个独立子系统的数字科技系统，其本身是抽象的概念而非具体对应某类(些)科学技术的概念。"在数字社会，无论人机互动、脑机接口还是人工智能、智能合约，法律调整的始终是其背后人与人之间的关系"①，"只有数字法学才能更好地涵盖互联网、数据信息、人工智能、算法和区块链等等相关的研究领域，也才能实现更高、更准、更统一的命题提炼"②。这些科学技术引发的"并非具有独立性的问题，这些问题都可以在现有的法学研究中找到解决、解释路径"③。但正是基于这一原因，数字法学非但不是"不能被证成为一个真命题"④，反而拥有了属于自身的场域，实现了从"不存在"到"存在"的超越。它只不过是在借鉴现代法学在替代前现代法学时的行动。

这一点，在现代法学和前现代法学的更替中有着诸多例证。最为直观的例证便是，在作为现代法学研究对象的现代法出现的那一刻，从来没有一部名为"现代法"的法律，有的不过是各种在前现代已经被作为研究对象的法律。比如，作为现代法学典范研究对象的民法(典)。"现代法典是启蒙思想的产物"⑤，"通过特别民法或民法典本身保护弱势群体，而民法本不应以职业、身份为依据区分当事人的权利义务关系"⑥。在真实世界中，众多国家的民法典都或直接或间接地受到罗马法的影响⑦，民法学研究的强公共领域的许多发表也显明或隐微地指向罗马法学家民法理论的论证，但是，哪怕是法学院的法律史学和历史学系的法律史学的二分⑧，也不会将这些借助罗马法研究现阶段依然具有效力的实在法的发表归入前现代法学研究，尽管这些现阶段

---

① 彭诚信：《数字法学的前提性命题与核心范式》，《中国法学》2023年第1期。
② 马长山：《数字法学的理论表达》，《中国法学》2022年第3期。
③ 宋维志：《数字法学真的来了吗?》，《现代法学》2024年第1期。
④ 宋维志：《数字法学真的来了吗?》，《现代法学》2024年第1期。
⑤ 易继明：《历史视域中的私法统一与民法典的未来》，《中国社会科学》2014年第5期。
⑥ 谢鸿飞：《中国民法典的生活世界、价值体系与立法表达》，《清华法学》2014年第6期。
⑦ 参见陈卫佐：《现代民法典编纂的沿革、困境与出路》，《中国法学》2014年第5期。
⑧ 参见陈景辉：《数字法学与部门法划分：一个旧题新问?》，《法制与社会发展》2023年第3期。

的研究命题和曾经作为前现代法律的罗马法所尝试回应的问题具有一致性。同一个命题，不同的答案。命题的一致性，不影响答案的跨代性。答案的跨代性，不在于命题本身，而在于答案背后所蕴含的规律、逻辑或价值。面对数字社会的诸多纠纷，既有的解决、解释路径并非毫无作为，也不可能毫无作为。毕竟数字社会不是从天而降的高塔，它本身就孕育于现代社会之中，一如现代社会本就孕育于前现代社会之中。"传统—现代"的二分，是历史观叙事的二分，而非真实历史叙事的二分。"现代—数字"的二分，异曲同工。

另一典范例证，"是历史最为长久的宪法性文件，一直以来被视为现代宪治和法治的渊源"① 的英国《大宪章》。这一现阶段法学研究无须反思即可接受的现代法律文本，签署于 1215 年，远远早于"现代性"这一语词的出现②，随着 19 世纪现代历史学学科的发展才逐渐从英国民族国家现代性中无关紧要的一环变成了现代转型的关键一环。③ 这意味着，在真实历史叙事层面，《大宪章》无论如何都不可能是现代法律文本，但是，在历史观叙事层面，《大宪章》在现代社会兴起之后，被解读成了现代法学不可或缺的一环。对于生活在 13 世纪并进行彼时"当下"法学研究的学者来说，他们与生活在 19 世纪并进行彼时"历史"法学研究的学者共享着同一份文本，但并不共同解读这一文本的知识体系。对于一部前现代的法律，前现代法学有前现代法学的解读、解释进路，现代法学有现代法学的解读、解释进路，在现代法学对其进行解读时甚至还存在着理论的争鸣和判定的反复，但这依然不影响它已经构成了现代世界法体系的组成部分，而非前现代世界法体系的组成部分。因为"宪法"（包括宪法性文件）是一个典型的现代词汇，并不存在于前现代的法体系之中。这就如同近年来，全世

---

① 王栋：《"〈大宪章〉连续性神话"的知识考古》，《华东政法大学学报》2024 年第 1 期。
② 参见谢立中：《"现代性"及其相关概念词义辨析》，《北京大学学报（哲学社会科学版）》2001 年第 5 期。
③ 参见王栋：《建构大宪章的现代性：学科分立视野下的 19 世纪大宪章研究》，《杭州师范大学学报（社会科学版）》2016 年第 2 期。

界范围内的一系列关于个人信息、人工智能的法律，它们当然是经由现代社会的立法机关所承认的，但是如果没有数字社会的出现，它们就不会是现今这般出现。

## （二）"未来性"的涌现

人工智能领域的立法，为数字法学研究提供了一个现阶段典范的样本。在这一领域，有着"世界各国和多边组织普遍接受的'以人为本'伦理原则"①。"以人为本"是马克思主义理论的价值取向、唯物史观的导向原则②，是中国优秀传统文化的文化底色③，是现代化的宗旨之一④。中国特色社会主义法治更进一步地将之提升为"以人民为中心"的法治。⑤ 于是，这是一个纯正的现代法学的命题。然而，同时，它也是数字法学的命题。这并非因为人工智能法学应用了新型的数字技术，可以被归于数字法学研究的领域，所以人工智能法学"以人为本"的伦理原则就可以被数字法学接受为自身的命题。而是因为，数字法学在这个命题上给出了属于自己的答案："在价值上申言数字科技必须以人为本，必须把实现人的权利和尊严作为数字科技研发运用发展的最高目的。"⑥

乍听起来，数字法学的答案和现代法学没有什么区别。之所以会有这种感觉，是因为它们都来自超越内在于人的类本质的自然法的指引，"人类自愿行善避恶，一个人应该选择而且只能选择那些与整体人类繁荣相适应的意愿和行为"⑦。在现代法学的知识体系下，尤其是

---

① 张凌寒：《中国需要一部怎样的〈人工智能法〉？——中国人工智能立法的基本逻辑与制度架构》，《法律科学》2024 年第 3 期。
② 参见赵敦华：《西方人本主义的传统与马克思的"以人为本"思想》，《北京大学学报（哲学社会科学版）》2004 年第 11 期。
③ 参加叶小文：《论中华优秀传统文化之"优"》，《人民论坛》2023 年第 14 期。
④ 参见吴忠民：《论现代化的新趋向》，《北京大学学报（哲学社会科学版）》2022 年第 6 期。
⑤ 参见李晓辉：《论以人民为中心的法治》，《法制与社会发展》2023 年第 3 期。
⑥ 张吉豫：《数字法理的基础概念与命题》，《法制与社会发展》2022 年第 5 期。
⑦ John Finnis, Joseph M. Boyle, German Grisez, *Nuclear Deterrence, Morality and Realism*, Oxford University Press, 1988, p. 283.

《世界人权宣言》之后，在法学领域，人的权利和尊严已经演化成了每个研究者的前理解。然而，有必要意识到，数字法学给出的解读、解释进路是全然不同的。在现代法学和前现代法学之间，人的权利和尊严的减损，是由神造成的。神的位阶高于人。在前现代的时空中，人的法律秩序由神来规定。尽管这并不必然意味着在法律秩序中，神的位阶一定在人之上，但是，它必然意味着，在人类生活秩序中，神的位阶一定在人之上。在神面前，人不具备主体性，是被降格的存在，神为人立法。"现代"之于"前现代"的胜利，核心即在于确认了"人为人的秩序立法"。与之在历史逻辑上具有相关性，但在实践逻辑上不同。在数字法学和现代法学之间，人的权利和尊严的减损，是由数字科技造成的。数字科技的位阶低于人。人在为人的秩序立法的同时，也在为数字科技的秩序立法。在数字科技面前，人是主体。但是，随着人工智能等数字科技实现了质的提升，在功能主义层面，诸如人工智能等数字科技变得越来越像人，甚至已经在具体的事项上超越了人的限度。数字法学为了实现人的权利和尊严，就必须在法律层面拒绝将作为客体的数字科技直接或间接地承认为主体，以避免减损人自身的主体性。①

  这一转变是实质性的。在前现代社会，神和自然同在。神的位阶高于人，不仅仅是能力高于人，还在于，神在人的存在之前便已经存在。神以神的秩序约束人的秩序，也是源于神的秩序在人的秩序存在之前便已经存在。因此，无论是人主动根据既有的秩序设定新的秩序，还是人被动地接受既有秩序，实在法作为维护人类秩序的一种存在，都指向既存的一种秩序。这便是法律保守性的根源所在。现代法学替代了前现代法学，但是在这一时间维度层面，它并没有替代前现代法学。即便现代的"法律—理性"的权威秩序不同于将权威建构在过去的传统秩序，但"法律—理性"的权威秩序也同样拒斥着未来，因为

---

① 参见刘振宇：《生成式人工智能的法律规制：承认还是再分配》，《地方立法研究》2023年第4期。

那属于魅力型的权威秩序。而理性，是基于既有的存在实现逻辑的推演，从过去指向现在，再借助现在约束未来，主时间观依然是过去的，现在不过是确定的结果。数字法学，则开启了另一条时间轴，指向未来的时间轴。它从现在出发，指向未来，意图避免过去的错误。虽然数字社会，未来已来，但人工智能已经像人一样拥有了主体地位吗？答案显然是否定的。在未来，人工智能可能拥有这样的主体地位吗？答案是有可能，但并非必然。可是，数字法学所指引的法律，就是要将这一种可能排除，因为它要确保现在这个当下已经达成共识的"以人为本"。由此，一个和既有法学不同而属于数字法学的新规律诞生了：数字法学的法律，不再是保守的象征，而是面向未来的可能性，且必然面向未来。未来性在此涌现。"历史的意义落点……在未来，如失去未来，历史在实质上就死了。"① 当然，未来的可能之所是依然无穷大，法律只能给出充足的理由，却无法将之限定成唯一的收束。

### （三）创世界

"历史的意义在于未来性。"② 2024年3月4日，"人类世"的提案被人类否决。③ 这一看似无关的事件，实际上蕴藏了收束线的玄机。"人类世"这一概念在2000年被提出，与之相匹配的是人类主义的启蒙，而权利就是其中授予正当性的核心话语。④ 如果人类世这一概念得以证立，那么就意味着，人类不仅仅是地球上的一种自然生物，"自然界……是人的无机的身体"⑤，同时人类"有意识的生命活动"⑥ 深刻地改造了作为整体的地球自然界。这是存在于未来的一种可能。在表

---

① 赵汀阳：《历史性与存在论事件》，《中国社会科学》2023年第7期。
② 赵汀阳：《历史性与存在论事件》，《中国社会科学》2023年第7期。
③ 参见王方：《"人类世"被判"死刑"》，《中国科学报》2024年3月7日，第2版。
④ 参见吴冠军：《从人类世到元宇宙——当代资本主义演化逻辑及其行星效应》，《当代世界与社会主义》2022年第5期。
⑤ 中共中央马克思恩格斯列宁斯大林著作编译局：《马克思恩格斯选集》（第一卷），人民出版社2012年版，第55页。
⑥ 中共中央马克思恩格斯列宁斯大林著作编译局：《马克思恩格斯选集》（第一卷），人民出版社2012年版，第56页。

面上看，否决的便是这样一种未来的可能，进而实现了一种关于未来的收束。但实际上，这一选择绝非如此简单，因为这一问题的提出正是由数字技术、生物技术和智能技术的发展带来的，隐藏在"尚未进入便要走出"这样一种"未来已来"的修辞之下。①

数字法学揭示了一种具有意义的未来性，进而具备了进入真实经验历史的可能性。这一未来性，不是现代法学所宣称的"未来性"。现代法学宣称的未来性，是指既有的法律规范对于人在未来实施过去已经存在的行为具有约束力。此时的法律规范，是在过去的行为和未来的行为之间建立了关联。这一未来性，在本质上，是一种非未来的未来性。该行为确实发生在未来，但其在过去已经存在。行为是过去的行为，只有行为发生的时空是未来的时空。仅从行为的角度出发，它只能被称为具备一种过去性。"往事的在场只是意向性的在场。"② 而数字法学的未来性，则是一种基于未来在场的未来性，"明确数字科技的风险……可规范性"③。针对风险的规范，是典型的面向未来的规范。风险属于现在，风险转化成危险属于未来，规范是为了避免风险转化成危险，而不是为了避免风险的产生，因为风险内在于现在，不可能被消解，而只能被转移。与此同时，数字法学又为这一未来的展开设置了属于自身的实践场域。信息法④、数据法⑤等法体系建构，概莫能外。而现阶段最为典范的代表，莫过于世界范围内人工智能法学领域的相关立法都致力于诉求容纳并适应人工智能技术发展的这种高度的不确定性。⑥ "如果没有世界性，历史就只是地方故事。"⑦ 这些法律法

---

① 参见蓝江：《走出人类世：人文主义的终结和后人类的降临》，《内蒙古社会科学》2021年第1期。
② 赵汀阳：《历史性与存在论事件》，《中国社会科学》2023年第7期。
③ 张吉豫：《数字法理的基础概念与命题》，《法制与社会发展》2022年第5期。
④ 参见赵精武：《个人信息匿名化的理论基础与制度建构》，《中外法学》2024年第2期。
⑤ 参见翟志勇：《数据安全法的体系定位》，《苏州大学学报（哲学社会科学版）》2021年第1期。
⑥ 参见张凌寒：《中国需要一部怎样的〈人工智能法〉？——中国人工智能立法的基本逻辑与制度架构》，《法律科学》2024年第3期。
⑦ 赵汀阳：《历史性与存在论事件》，《中国社会科学》2023年第7期。

规乃至技术性规则的具体规范可能存在差异,在未来性上,却出奇地一致。

对于历史而言,"最具决定性的存在论事件是科学和现代技术的发明"①。立基于这一历史上最具决定性的存在论事件的数字法学,已经同时拥有了时间维度的未来性和空间维度的信息、数据、人工智能领域,对于中国法学而言,即便是最弱的立场,也足以作为一件存在论事件而存在。前现代的神已经不在,失去外界庇护的人类建构了现代法体系这一杀毒软件。遗憾的是,"病毒"越来越多,人类社会负载越来越大,但人类世依然没有获得承认。于是,数字法学在杀毒软件的代码基础上,启动了防火墙,致力于未来时间线上风险转化的可控性。现阶段,这一防火墙还比较粗糙。但是,未来性这一特定逻辑,使得基于既有法学学科划分基础的部门法划分②不足以解析数字法学,一如前现代社会或者诸法合一或者城市法/庄园法/宗教法的归类框架,同样无法理解现代法学的部门法划分方式。当然,在这个意义上,也对数字法学提出了一个新的命题,那就是,数字法学"真正地"来到,除了规律、价值、逻辑,还离不开一套与数字社会匹配的全新的法体系。一如现代法学,可以将前现代法学中的法体系纳入自身的法体系之中。这一全新的法体系,对于现代法学所研究的以部门法为划分基础的法体系拥有着解释力。这是不同于《创世记》的新时代——创世界③。一个不再是人吃了一口神种植的苹果,在神的指引下于地球建立秩序的时代,而是人吃着自己种出来的苹果,在人生活的世界中建立秩序的时代。

---

① 赵汀阳:《历史性与存在论事件》,《中国社会科学》2023 年第 7 期。
② 参见陈景辉:《数字法学与部门法划分:一个旧题新问?》,《法制与社会发展》2023 年第 3 期。
③ 参见夏邦:《创世界》,四川文艺出版社 2024 年版。

# 平台数据资源税的证成与路径

欧阳天健[*]

**摘要**：数据是平台经济发展的核心要素，在规制平台经济的大背景下，数字税的课征就提上了议事日程。数据资源目前呈现出平台持有、国家所有的两权分离态势，而对数据资源课税就成了国家所有权的体现。在明确数据资源课税法定性、谦抑性、公平性原则的基础上，设置独立税种，以平台企业存量数据为征税对象，对数据资源从量按累进税率课征。同时为彰显税收调控职能，合理配置税收优惠与税收重课措施。在配套措施上，注重数据资源税与企业所得税、增值税的协调，并利用"数据入表"的契机，强化数据资源税的反避税职能设置，让制度设计落到实处。

**关键词**：平台经济 数据资源税 税收调控 反避税 数据入表

2022年末，中共中央、国务院出台《关于构建数据基础制度更好发挥数据要素作用的意见》（以下简称"数据二十条"）明确："数据作为新型生产要素，是数字化、网络化、智能化的基础，已快速融入生产、分配、流通、消费和社会服务管理等各环节，深刻改变着生产方式、生活方式和社会治理方式。"至此数据成为继劳动力、劳动资料、劳动对象、科学技术之后的又一新型生产要素。数据要素是平台经济发展的核心驱动力量，国家发展改革委等部门在《关于推动平台经济规范健康持续发展的若干意见》（发改高技〔2021〕1872号）中即指出："平台经济是以互联网平台为主要载体，以数据为关键生产要素，以新一代信

---

[*] 欧阳天健，华东政法大学经济法学院副教授。本文系2022年度国家社会科学基金青年项目"平台经济发展的税法规制研究"（22CFX031）的阶段性成果。

息技术为核心驱动力、以网络信息基础设施为重要支撑的新型经济形态。"可以这么说,平台因数据而产生,也正是在现今的平台经济模式下,平台成为最为重要的数据持有者。

伴随着数据的重要性日益提升,数据也成为影响税收的重要因素。2023年末,财政部出台《企业数据资源相关会计处理暂行规定》,正式宣布从2024年起"数据入表",同时也正式给数据赋予了"资源"属性。因此有学者指出,数据除了作为一种资产进入流转税、所得税的课税范围,同样具备资源的属性,进入广义资源税的课税范围之中。① 当然,机械地套用现有税制不利于推动数据要素的作用发挥,而完全将之置于税收调控手段的射程之外也不利于平台经济的健康稳定发展。本文提出,应当为其"量身定税",促成数据要素市场发展的良性机制。本文将围绕平台所持有的数据资源是否应当课税、应如何课税展开研究,为平台数据要素课税提供理论基础,促进平台高效、合规利用数据资源。

## 一、平台数据资源课税的法理证成

新一轮财税体制改革的一大内涵是保障宏观税负水平稳定,因此在不具备非常充足的合法性与合理性的情况下,不宜轻易开征新税或对既有税种的征税对象扩围。故当立法者要把平台所持有的数据资源纳入征税范围之时,须有坚实的理论基础,方可推动制度落地,使纳税人遵从。正如日本学者所说,除了迄今为止的应对资源分配过程中的"市场经济的失误",税收的再分配职能和稳定经济职能也被纳入政治体系职能的范畴。② 可以这么说,对数据资源课税不仅仅是经济问题、法律问题,更是站在经济社会发展的宏观层面所要考虑的问题。

---

① 参见谢波峰:《税收现代化服务中国式现代化:基于国家治理视角的认识》,《国际税收》2023年第4期。
② 参见神野直彦:《体制改革的政治经济学》,王美平译,社会科学文献出版社2013年版,第55页。

## (一) 两权分离：平台数据课税的制度基础

数据法学研究的核心命题之一是数据资源的所有权究竟归属于谁？这一问题应当分类回答，通常可将平台经济相关的数据进行三分，即公民的个人信息数据、平台原始数据和公共集合数据。其中，公共集合数据是指由网络平台搜集、存储、传输和加工处理的各种非平台原始数据，这类数据通过数字平台搜集得来，是一种"非隐私类公共集合数据"[1]。这类数据的所有权在实践当中面临的争议最大，这是因为，这些数据的基础性来源是个人信息数据，在无数用户参与平台运行的过程中，他们的个人数据为平台所获取，但平台在此基础上又对这些数据进行脱敏、加密等一系列处理，因此平台在占有这些数据的过程中也天然地可以分享这些数据带来的收益。但此时也不能说平台对这些数据拥有了所有权，也正是因此，在"数据二十条"中，顶层设计者提出了平台对数据的"持有权"这一说法。持有权概念的提出肯定了平台对数据的权益，是数据民事法律关系上的一次创新，但这依然无法解决公共集合数据的所有权问题。

当前，数据资源对经济社会发展至关重要，但公共集合数据的权属尚有较多争议且难以达成共识，这一问题如不解决，不仅在税收领域无法理顺法律关系，更无法为平台经济的平稳有序发展奠定制度基础。数字企业占据市场主体地位，且过强的私益目的使得数据资源使用过程中缺乏公共保护意识。基于此，有学者提出，有必要在共有产权之下将公共集合数据作为国家所有，但同时认可平台企业对数据资源的持有权，在行政主导、市场辅助的模式之下合理配置和使用数据资源。[2] 笔者认为这种制度设计是现阶段切实可行的。

---

[1] 张玉洁：《国家所有：数据资源权属的中国方案与制度展开》，《政治与法律》2020年第8期。
[2] 参见宋亦明：《国家维护能源安全手段的选择逻辑：产权制度的视角》，《国际安全研究》2020年第1期。

## （二）再分配与调控：国家对数据资源课税的制度意蕴

既然公共集合数据的国有属性得以证成，那么国家就应当参与此类数据所获收益之分配。申言之，公共集合数据是平台收益的主要来源基础，在充分保障平台企业对数据资源使用、收益的情况下，平台企业作为"持有者"独享数据利益肯定是不妥的，国家作为真正意义上的所有人也自应分享部分收益。数据资源税的概念也就因此而提出。

国家参与分配的形式主要有三种：租、税、费。① 所谓租，是指国家作为生产资料的所有者让渡生产资料所有权或使用权而收取的对价，其中最典型的就是土地出让金；税是指国家向人民提供公共产品所收取的对价，具有较强的调控属性；而费通常是指民众为交换公共部门所提供的特别物品和服务而进行的支付，即我国法律框架下的"行政事业性收费"。此时数据资源税的概念应当兼具"租"与狭义的"税"两重含义。② 从租的角度来看，公共集合数据作为国家所有的数据资源，基于市场运作的需要允许平台企业持有，国家自应对相关收益进行分享。且公民作为这些数据的原始权利来源者，也应当分享部分数据收益，这种分享也可以通过数据资源税收的课征及税款的再分配来实现。而且从企业经营角度来看，数据资源所有权虽归属国家，但通过有偿使用的方式将数据资源使用权交还给市场，在保障市场秩序的同时又不会过多干预企业经营自由，能够有效保障市场效率。③ 还应当看到的是，随着设备的改进、产品的转化、算法的提升，"数据黑箱""数据孤岛"现象愈演愈烈，头部平台企业宁可使数据库存过时、丧

---

① 参见陈少英、赵菁：《水资源税改革的法学思考——以租、税、费的辨析为视角》，《晋阳学刊》2018 年第 6 期。

② 其实从传统资源税的角度来讲，也是兼具"租"与"税"双重内涵，一方面国家作为矿产资源的所有者，向自然资源的开发者收取对价，另一方面也存在级差调节的职能，这种双重内涵的税种在我国现行税法体系中并非个案。参见陈少英、赵菁：《水资源税改革的法学思考——以租、税、费的辨析为视角》，《晋阳学刊》2018 年第 6 期。

③ 参见褚睿刚：《数据资源税：一种数据税立法模式的体系考察》，《税务研究》2023 年第 9 期。

失使用价值,也不愿意将其投入公共领域共享,造成了严重的低效率。因此,"对存量课税"在数字经济迅猛发展的今天更具有现实意义。

申言之,平台掌握大量的数据,随着互联网链接设备数量的增加,以及用来处理分析数据的尖端技术越来越多,相应收集数据的能力也越来越强。① 从税法的角度来说,我们可以这么认为:平台因数据而所得,且这种所得是不匀质的。相比于传统经济业态而言,平台经济中"头部效应"更加明显,因此而形成的差异化分配格局远胜于传统经济,截至 2022 年 12 月底,我国市场价值超十亿美元的互联网平台企业共 167 家,价值规模为 2.37 万亿美元,其中,腾讯、阿里巴巴、抖音、美团、蚂蚁金服等五家头部平台企业的价值规模总计约 1.3 万亿美元,② 在数量与体量间形成倒挂,在客观上形成了一种"平台资本主义"。这种情势下,平台资本主义就内隐着一种稳定而持久的数字剥削和"数据化殖民"③,此时就需要税收发挥其级差调节的功能以实现平抑资本的功能。而我国目前并无针对资本利得的专门税收,且企业所得税出于税收效率之考量采用的是比例税率,无法起到有效的级差调节作用,因此对平台企业的核心驱动资源——数据资源课税,也是落实税收新发展理念,助力协调发展的题中应有之义。

## 二、数据资源课税的原则锚定

在对数据资源课税的正当性进行证成后,就要对未来的制度设计展开研究。此时首要任务就是对数据资源课税所应遵循的原则展开宏

---

① 参见克雷格·埃利夫:《课税数字经济》,赵冉冉译,上海人民出版社 2022 年版,第 259 页。
② 中国信息通信研究院政策与经济研究所:《平台经济发展观察(2023 年)》,http://www.caict.ac.cn/kxyj/qwfb/ztbg/202309/t20230927_462941.htm,2024 年 2 月 2 日访问。
③ 马云志、王寅:《平台资本主义批判和社会主义平台经济建构》,《福建论坛(人文社会科学版)》2021 年第 11 期。

观设计。正所谓法律原则既非具象存在，也绝非空中楼阁，其居于事理与法律理念之中，任何一种事物回归本体，莫不是形式、实质与技术的合体。① 对于数据课税这一"新生事物"，若不在制度设定之初以原则锚定发展方向，则立法之本意不达，税法之理念不彰，反而不利于行业的发展与税制的统一。

## （一）数据资源课税的法定性原则

税收法定原则是税法领域的"帝王原则"，各税种中法律制度的设定均应遵守之，这不仅是《立法法》和《税收征收管理法》的基本要求，更是落实全过程人民民主中所蕴含的科学理念。之所以在数据资源课税问题上再度强调这一原则，主要是为了在充分保障立法科学性的基础上给予市场明确的期待。前文已提及，在新一轮财税体制改革的大背景下开征新税，应当极为慎重，这就对数据资源课税的形式正义提出了更高的要求。尤其是对平台经济这样的新兴行业以及涉及新技术领域前沿的税收课征，更应强调立法的科学性问题。为保证草案的科学性，要针对社会主体特别是数字企业进行实证调研，包括我国数字经济的发展情况，平台企业的生存状态与对数据资源税的态度，数据存储、测算和监督的技术水平等，在进行充分研究与论证的基础之上，进行税收构成要件设计和条款的起草。② 同时，为贯彻全过程人民民主之基本要求，应当在数据资源税收的立法阶段不仅发挥行政机关的专业优势，还要广泛听取纳税人及行业的意见和建议，确保以促进行业健康发展为立法基点，在充分听证调研的基础上完成立法工作。同时借助目前公平竞争审查以及合宪性审查的制度框架，以在最大程度上确保立法的科学性。申言之，制度的贯彻落实有赖于民众的税收遵从，此种遵从则是建立在民众对科学性税收立法的充分理解认可的基础之

---

① 参见叶金育：《税法建制原则立体化构造——一种方法论的视角》，北京大学出版社 2021 年版，第 27 页。

② 参见褚睿刚：《数据资源税：一种数据税立法模式的体系考察》，《税务研究》2023 年第 9 期。

上的，如果在立法过程中缺乏基础的程序正义，则纳税人对税法的遵从感将大为降低。

## （二）数据资源课税的谦抑性原则

前文提及了民众的税收遵从度问题，经济学中"拉弗曲线"的原理告诉我们，过高的边际税率或过宽的征税对象显然会影响民众的遵从度，可能都会起到适得其反的立法效果。正如马克思在《政治经济学批判》序言中所指出的："法的关系正像国家的形式一样，既不能从它们本身来理解，也不能从所谓人类精神的一般发展来理解，相反，它们根源于物质的生活关系。"① 申言之，税法作为法律的一部分，表面上是调整税收关系，归根到底必须为经济基础服务。因为税收收入水平只有适应经济发展水平才能有可靠的经济增长基础。如果财税负担过重，税收收入增长过快，必然影响正常的国民收入比例关系，加重人民的负担，影响经济增长，反过来又制约税收收入持续增长；而税收收入水平过低，增长太慢，也会导致政府可用财力不足，影响政府宏观调控能力的有效发挥。

且平台经济作为一种新生事物，数据作为新兴的生产资料，税法确应在其面前保持充分的谦抑性，尤其是考虑到平台经济在"六稳六保"中所发挥的社会性作用，税法更应秉持监管与发展并重的思路。从财税法的功能构造来看，其本身就蕴含规范理财行为的政治功能、促进社会公平的社会功能、保障经济发展的经济功能，同时从创新发展的角度来看，降低创新创业企业的税收负担，在税制层面缓释创新发展所面临的障碍，② 也是税法发展属性的题中应有之义。这就要求构建分级分类的数据资源课税模式：一方面，设置科学合理的免征额，对初创阶段的中小规模平台所持有的数据减征或不征数据资源税；另一方面，通过累进税率的设置，将头部企业所掌握的核心数据列为征

---

① 卡尔·马克思：《政治经济学批判》，中央编译出版社 2022 年版，第 3 页。
② 参见刘剑文、侯卓：《发展型财税法的理念跃迁与制度构造》，《中国社会科学》2023 年第 5 期。

税的重点对象。具体制度设计将在后文详述。

## （三）数据资源课税的公平性原则

数据资源课税的公平性实际上强调实质课税的问题。这实际上是上部分提到的分级分类制定课税规则的延伸。从量能课税的原理来看，每个纳税人从不同的公共产品中获得的利益不同，导致纳税人之间的福利水平不同，因此，每个纳税人就应该按其从公共服务中获得的利益大小来负担政府的税收，受益大者多纳税，受益小者少纳税，这才是公平的。① 无论中外，对于超级平台而言，它们的诞生离不开政府的支持。之所以在杭州、深圳等城市会出现互联网平台的聚集，这与地方政府的大力扶持是分不开的。从更大的层面来看，我国共享经济与平台经济能够走在世界前列，也与党中央和国务院自 2015 年起就持续在重要文件中的明确表态紧密有关，并得到了相关部门及时出台具体指导意见的大力支持。相比之下，德法英等欧洲经济强国的平台经济发展滞后，与这些国家政府对平台经济漠视乃至抑制的态度及政策不无关系。② 无疑，越大规模的平台企业，其所受政府的支持和享受到的公共服务是越多的，且经济体量庞大的企业在客观上也具有税收负担能力，故科学设置累进级距，实现量能课税是未来数据资源课税体系中应当予以体现的。当然这种政府对行业的支持绝不能凌驾于全国统一大市场建设的总体要求之上，尤其在清理地方性税收优惠的大背景下，要严格防止地方政府借招商引资之名，对平台企业在法律规定的范围之外给予数据资源课税上的税收优惠或财政返还，以避免造成行业间、区域间的税收不公。

---

① 参见王鸿貌主编：《税法学的立场与理论》，中国税务出版社 2008 年版，第 154 页。

② 参见赵昌文等：《平台经济的发展与规制研究》，中国发展出版社 2019 年版，第 38 页。

## 三、数据资源课税的路径选择

### （一）税种：独立模式之选择

在税种设置上，目前有资源税扩围与开征新税种两种观点。从发展的角度来看，人们对资源的认识并非一成不变，随着社会的变化和经济的变化，人们对资源的认识也不断变化。传统的资源观倾向于将有形物体作为资源，认为资源是固定的、静止的，例如铁、木头、煤等。而现代的资源观则认为资源既包括有形物，也包括无形物，例如人力资源、智力成果等，认为资源是变化的、动态的。但结合到我国的税制结构体系，我国现行资源税仍是生态驱动型的税种，这也是世界主要经济体所采用的主流模式。所以从税法理论来说，一般资源税中所指的资源是森林、水流、海洋等自然资源，我国现行《资源税法》所规定的征税范围更窄，仅包括矿产资源和盐。可资佐证的是，联合国环境规划署（UNEP）对资源所下的定义是，"所谓资源……是指在一定时间、地点的条件下，能够产生经济价值的、以提高人类现今的和未来的福祉的自然环境因素和条件"[1]。再者，如果在改革过程中将资源税的征收范围从自然资源扩展到非自然资源，那么人力资源、智力成果等其他"资源"是否也应被纳入？这一问题恐在短时间内难以达成共识。因此，从维护税制稳定性的角度来看，确以开征新税种较为合适。

### （二）纳税人：企业主体性之明确

就数据资源课税的纳税人而言，应明确纳税人的企业主体性，尤其应强化对平台企业的数据资源税课征。其课税范围可确定为"企业以经营为目的收集、存储数据资源的行为"，纳税人是以经营为目的进

---

[1] https://www.unep.org/zh-hans/resources/Global-Resource-Outlook-2024，2024年7月14日访问。

行自营或以交易为目的收集、存储数据资源的企业。① 除企业外，笔者不建议将个人作为数据资源税的纳税人。一方面，从税收效率的角度而言，由于自然人人数众多且本身无会计建账，税务机关无法及时有效地确定自然人所持有的数据数量和价值。另一方面，从税收的谦抑性来看，通常个人所持有的数据数量较小，且不以经营为目的，故不存在课税的价值。因此在未来制度设计时，谈及纳税人问题应强调其"经营"属性。当然，为防止纳税人利用自然人免税待遇规避纳税义务，还应当在立法中配套以相应的反避税制度，这一问题将在下文详述。

### （三）征税对象：存量从价之设置

就征税对象而言，笔者认为国家应对企业所持有的公共集合数据存量课税，而非对这些数据所产生的收益课税，如要对这些数据产生的收益课税，则直接改造所得税制度即可，无须另外开征数据资源类的税收。而且，对数据资源课税的一个重要原因是增加平台企业的数据持有成本，以税收手段加速数据资源流转频率，合理优化数据资源的配置。

此时可能面临的一个难题是税务机关如何掌握企业拥有多少数据资源以及它们的价值几何？这一难题在当前"数据入表"的大背景下或能迎来较好的解决方案。2024年初，伴随着《企业数据资源相关会计处理暂行规定》的正式施行，"数据入表"从理论走向实践，根据该规定，数据将以"无形资产"和"存货"的属性计入企业的会计报表。② 虽然目前绝大部分数据交易仍为场外交易，但随着各地数据交易所的建立，数据的价值评估机制逐步完善，对平台企业的存量数据课

---

① 参见褚睿刚:《数据资源税：一种数据税立法模式的体系考察》，《税务研究》2023年第9期。
② 《企业数据资源相关会计处理暂行规定》明确："企业使用的数据资源，符合《企业会计准则第6号——无形资产》（财会〔2006〕3号）规定的定义和确认条件的，应当确认为无形资产。""企业日常活动中持有、最终目的用于出售的数据资源，符合《企业会计准则第1号——存货》（财会〔2006〕3号）规定的定义和确认条件的，应当确认为存货。"

税也日渐成为可能。其实从历史来看，当知识产权等无形资产进入经济视野时，人们也曾对其价值评估等问题提出疑问，但伴随着市场的逐渐成熟，相应的资产评估体系等也就搭建起来，并形成了明确的资产评估规则。相信伴随着数据资产交易的逐步发展与成熟，其作为税基的课税基础也将逐步明确。

从计税依据的角度来看，通常资源类课税可采用从量课征与从价课征两种模式，但从量课征无法体现征税对象的价值变动，易造成国家税款的损失，传统资源税领域曾长期对煤、铁等矿产资源从量课征，伴随着矿产资源价格的逐步升高，国家无法分享到市场发展的"红利"，导致在很长一段时间里资源税整体税负水平偏低，资源税在调控企业行为方面发挥的作用十分有限，甚至起到了逆向调节的作用。[1] 数据资源更是如此。一方面，数据的时效性极强，这也就意味着数据资源在不同时间段内的价值波动较大，如按数据的存储数量征税，不仅对于企业来讲存在课税不公之隐患，无法体现量能课税原则；对于国家亦有税款流失之前鉴。另一方面，不同类型数据的价值差距甚大。与自然资源价值的可类型化和成熟的市场定价机制不同，无论是记录自然世界信息的数据，还是记录人类活动信息的数据，只要堪称"资源"，就意味着在经济社会中具有广泛用途，但在进行深加工之前，其应用价值是抽象的、不特定的，而且是潜在的，[2] 对于不同需求端而言，不同数据的价值确乎千差万别。从量计征课税模式的精细化属性在此时更为适宜。

## （四）税率：差异化体系之构建

在税率的设置上，理应构建差异化的税率体系。"在社会正义或社会政策之考虑下，矫正市场经济运转，可能造成之资本或财富过度集中或贫穷为现代社会法治国家的共同期待，其在税率设计的要求为：

---

[1] 参见陈少英：《中国财税法的生态化——以路径依赖为切入口》，法律出版社2015年版，第142页。

[2] 参见武腾：《数据资源的合理利用与财产构造》，《清华法学》2023年第1期。

采用累进税率。"① 单纯的单一比例税率不仅无法体现数据资源课税的调控职能，更无法实现中央对平台企业"分离分类监管"的基本要求。在此基础上，笔者认为，应针对数据的不同种类，区分不同的税率结构体系。在对数据进行充分类型化的基础上，对公共属性较强的数据，应适用较低税率；而对于公共属性较弱、私人属性较的数据，它们的稀缺程度较高，适用的税率理应较高。此外亦有学者提出："已加工的数据附加值高，适用的税率可以较高，未加工的数据附加值较低，可以适用较低税率。"② 但笔者认为是否因经过加工而使数据的附加值产生变化，这一问题在数据的价值评估中可以体现，就不用在税率层面予以考量了。申言之，税率层面所考量的因素应更具有社会属性，单纯的经济属性问题本身通过累进税制或浮动比例税率的构建即可解决。甚至考虑到平台经济发展有一定地域属性，可以参照耕地占用税、环境保护税等税种法中的浮动比率税率模式，授权地方政府在一定范围内确定本地区数据资源课税的比例和级距。

### （五）税收特别措施：税收优惠与税收重课之配适

在前文的叙述中，笔者重点论证了数据资源课税的级差调节功能。正是在此功能下，应针对数据价值的不同、功能类型的不同设置差异化的税率。除此以外，为进一步彰显这一级差调节功能，还应当配套设置税收优惠与税收重课并重且以税收优惠为主的税收特别措施。

就税收优惠而言，我国目前已经明确"行业性优惠为主，区域性优惠为辅"的税收优惠政策，对于平台经济而言亦是如此。如前文所述，平台经济除具有企业的营利属性外，还有一般企业所不具备的公共职能，尤其在现今的经济发展过程中，平台企业在拉动经济增长、提供就业机会等方面也起到了相当积极的作用。更重要的是，就数据资源而言，数据是5G、人工智能、云计算、区块链等前沿技术的基础。

---

① 黄茂荣：《税法总论》，植根法学丛书编辑室2008年版，第115页。
② 褚睿刚：《数据资源税：一种数据税立法模式的体系考察》，《税务研究》2023年第9期。

可以说，谁掌握足够多的数据，谁就可能在未来技术竞争中领先。如同农业时代的土地、劳动力，工业时代的技术、资本，数据已经成为信息社会重要的基础性战略资源和关键生产要素。随着大数据、物联网、人工智能以及云计算等技术的不断发展，数字经济进入高速增长的轨道，正在成为推动经济和社会发展的重要力量。① 鉴于此，税收政策更应有所回应。应当看到，无论是高科技的研发还是人力资本的投入，都具有公共物品属性、外部性、风险性、不确定性以及信息不对称等导致市场机制在这一领域失灵的基本特征，而税收优惠对此却有一定的"熨平"功能。② 尤其是税收优惠可以减弱数据制作和数据产品创新中的不确定性和风险性，对自主创新的溢出效应进行补偿，这也是世界各国均采用的制度安排。

在对数据资源课税税收优惠的正当性进行充分论证的基础上，笔者认为，首先，应当设置一定的免税额，即对一定数量或价值规模以内的数据免予课税，以鼓励中小规模及初创型企业的发展。其次，对于公共数据属性较强的数据持有者，或将数据运用于公共服务领域的企业，可使其享受一定的税率折扣。至于数据研发的加计扣除等政策，因已应用于企业所得税领域，故在数据资源课税问题上不再另外规定。当然，对任何一个行业的税收激励而言，都应注意优惠手段的运用不能过于单一，必须坚持激励手段多元化的改革方向，原因在于每一种政策工具都有其自身特点和所适合作用的领域，制度设计者应统筹协调、扬长避短，实现数据资源类税收优惠和其他税种间税收激励的协同融合。

除税收优惠外，立法中还应当对税收重课制度予以规定。《互联网平台分类分级指南(征求意见稿)》的起草表明了分级分类管理的国家政策动向，其中根据用户规模、业务种类以及限制能力等因素，将平台划分为超级平台、大型平台、中小平台三个等级。从现实情况来看，

---

① 参见武长海主编：《数据法学》，法律出版社2022年版，第78页。
② 参见刘海峰、陈占锋：《中国税收优惠制度改革研究》，西南交通大学出版社2007年版，第136页。

超级平台企业和大型平台企业自有价值高、辐射范围广且涉足行业多，若其失序行为无法得到有效规制，对于公平竞争的市场环境所带来的负面效应之大便可想而知。面对大型数字平台，他们基于基本数据、下游主体的依赖性和转换成本等要素形成了资源控制能力，从而拥有很强的经济权力，经济权力结构本身内嵌自我强化的特质，极易形成一种累积效应，这就需要构建累进式的税收重课措施，发挥对数字经济领域纳税人行为的反向激励功能。① 因此，对于数据资源累积到一定体量且不主动将数据运用到公共服务中的平台企业，应就其所持有的数据资源加成征收数据资源税。

## 四、数据资源课税的配套措施

上文对数据资源课税的具体制度展开了设计，本部分将对数据资源课税的配套规则予以进一步明确，将主要从税种间的协调与反避税规则的设定等角度具体展开。

### （一）税种协调

当我们讨论数据资源税时，我们应当跳出税种看税种，即在一个税种新设立的过程中要充分关注其与其他税种之间的协调。尤其是数字经济时代，伴随着企业所得税、增值税等主体税种的数字化改造，更应就不同税种间的关系予以厘定。

#### 1. 数据资源税与企业所得税之协调

当我们讨论数据资源税是否应当开征时，常有学者质疑：既然平台企业因数据资源获利，国家已对其课征了企业所得税，那还有必要再开征数据资源税吗？笔者认为这一答案是肯定的。企业所得税和资源类税收的课税目的是不相同的，企业所得税最为核心的课税目的是

---

① 参见王园鑫：《税收重课规范在防止数字资本无序扩张中的适用及其限度》，《税务与经济》2023年第5期。

财政目的，其调控职能相对较弱，这从企业所得税制采用的比例税率也能看出。而资源类税收则更注重级差调节功能，数据资源课税的核心目标在于合理优化数据资源的配置，助力数据公共服务的均等化，由此可见其与企业所得税的侧重点不同，自有并存之必要。而且，即使在传统的矿产资源领域，矿产开采企业同时缴纳企业所得税和资源税也是惯例，更何况数据资源作为新兴生产资料，更应将其置于税收监管与调控之下。

在此基础上，笔者认为对于平台企业在宏观层面应保持企业所得税制不变，但在数据资源税开征初期为降低企业负担、增强税收遵从度，可以在制度设计上适度打通两类税收，即对因数据而所得课征的企业所得税在一定比率范围内可抵扣企业的数据资源税负担。① 此外，企业在计算企业所得税应纳税额时允许纳税人扣除按税法规定缴纳的消费税、资源税等产品销售税金及附加，以体现"净所得"的课税原理。同样，数字企业在计算企业所得税时也应允许进行数据资源税的税前扣除。

2. 数据资源税与增值税之协调

如前文所述，我国增值税法的起草与设计可以说是在数字经济这一时代图景下进行的，伴随着数字经济的发展，增值税法律制度也在不断地完善进步之中。数据资源税开征过程中，自应注意与增值税的协调。此时的协调研究者认为应主要聚焦于税基的协调。数据资源税和增值税都是以数据资源的作价评估为税基征收的，但在不同语境下，纳税人会对数据价值有不同的"预期"。如在数据资源课税时，纳税人会希望将其价值定低，而对于购进数据资产的纳税人而言，则希望自己的增值税进项较高，这又存在数据价值评估虚高的可能。因此，数据资源税与增值税的衔接主要在于价值评估方面的协同，建议构建数据资源标识与价值确认体系，通过大数据比对实现数据价值的统一性。

---

① 参见欧阳天健：《新经济模式下经营所得课税之优化》，《法学》2023年第5期。

## （二）反避税规则的构建

几个世纪以来，人们对税基的选择相对稳定，主要来源于财富与资源、消费和收入，大多数现代税收制度都包含上述三种税基的组合。① 但现代社会对财富与资源课税的路径逐渐式微，其主要原因在于现代税收更关注财富的增值而非财富本体。故而当我们开征数据资源税时，我们始终要关注"税基的正义性"问题。数据资源税是在传统税制基础上新开征的一类税收，本身税收遵从度不高，加之数据本身的非实体性，使这一税收在开征后很容易成为纳税人规避的对象。因此在制度设计之初，除了要尽可能使税收科学合理，且税负不宜过重以提升纳税人的遵从度，还要设置较为完备的反避税规则体系，以防止避税现象的发生，否则将使税收的公平性大打折扣。

### 1. 明确数据商业逻辑，以合理商业目的为反避税标准

从反避税标准而言，目前无论是已经完成反避税立法的企业所得税、个人所得税法律制度，还是正在立法过程中的消费税、增值税法律制度，均采用"合理商业目的"标准，因此，为追求法际协同与制度的统一性，在未来数据资源税立法过程中亦建议采取合理商业目的标准，即对于不具有合理商业目的的数据交易、存储等行为，由税务机关按照合理方法进行调整。此时的核心在于，税务机关对于数据行业的商业逻辑应当有明确的把握。从目前的反避税实践来看，司法机关的裁判思路主要在于"尊重行政机关长期执法活动中形成的专业判断和行政惯例"，认可行政机关在"具体执法过程中形成的不违反法律原则和精神且符合具体执法规律和特点的惯例"。② 但在尊重行政执法逻辑的基础上，同样也要防止税收权力的任性干预数字经济的发展，因此在税法规则模糊、不明确的情况下，如何防治"税务机关将反避税作为侵犯纳税人经济自由

---

① 参见莫妮卡·班得瑞主编：《税法的哲学基础》，许多奇、程雪军译，商务印书馆2024年版，第221页。

② 参见最高人民法院"广州德发房产建设有限公司与广东省广州市地方税务局第一稽查局再审行政判决书"，(2015)行提字第13号。

权利的利器",深值探究。① 因此,在制度设计上体现数据交易逻辑,并将其贯彻到执法过程中,是反避税规则制定的要点。

根据以上分析,研究者认为应构建特殊+一般的反避税规则,即除了"合理商业目的规则"这一一般反避税规则,还应当对常见的数据避税行为进行类型化处理,提炼出若干特殊反避税规则,这既能给税务机关以明确的执法依据,也可以给纳税人提供明确的向导。具体来说,研究者认为,数据资源税的特殊反避税规则应当包括:第一,对虚报数据价值的反避税规制。虽然数据相比于其他资源,价值的变动性较大,但在"数据入表"的大背景下,依然能产生相对比较公允的市场价格,故应当充分利用税务机关的税基核定权能,落实这一特殊反避税规则。第二,对数据关联交易的反避税规制。一般来说关联交易的反避税规制只存在于所得税领域,但因为在数据资源税的制度设计中,将有可能设置一定的免征额,即对于数据评估价值在一定规模以内的数据免征数据资源税,那么就有可能出现平台企业利用关联交易将自身持有的数据转移至其他关联企业名下进而使数个企业的数据持有规模都在免征额内的情形。因此应将数据交易纳入企业关联交易报送与重点关注范围之内,对于以避税为目的的交易行为应及时调整。第三,"税收洼地"的清理。目前,平台新经济是各地政府所重点扶持发展的行业,在此背景下,部分地方政府在"唯 GDP 论"的错误思想影响下,对平台企业违规采取核定征收等税收优惠措施,造成税制的不公平。② 可以预料,在未来数据资源税开征后,此类地方性税收优惠亦将继续存在。正如 2024 年中央经济工作会议上所提出的:"加快全国统一大市场建设,着力破除各种形式的地方保护和市场分割。"在未来数据资源税收立法过程中,应加强公平竞争审查制度的深化落实,防止地方政府出台地方性税收优惠政策,甚至可以引入涉税公益诉讼制

---

① 参见汤洁茵:《一般反避税制度法律问题探究》,法律出版社 2020 年版,第 258 页。

② 参见欧阳天健:《个人所得税反避税问题研究》,法律出版社 2024 年版,第 80 页。

度，对违规给予地方性数据资源税收优惠者进行司法审查，这在目前税务司法审判专业化的大环境下是有可操作性的。

## 2. 积极推动"数据入表"，以财务合规促进税务合规

除实体层面外，在征管层面也应当进一步完善反避税规则。2024年初，"数据入表"正式从理论走向实践，这也恰是数据资源课税的配套制度基础之一。通过落实"数据入表"制度，以财务合规促进税务合规，以技术赋能税收征管。具体来说，第一，应积极推动企业尤其是平台企业将其所持有的数据资源以无形资产或存货的科目计入企业会计账册，只有数据入表之后，才能为税收征管提供会计上的制度基础。同时考虑到目前数据违法行为高发，平台企业成为刑事合规的规制重点，可将"数据入表"作为平台企业刑事合规的考量指标之一，借助司法部门的力量督促企业落实数据入表。第二，应充分落实入表数据资源的价格评估工作。数据资源因其价值的变动性大，极易成为避税的工具，例如通过虚构数据价值进行利润转移抑或故意估低数据价值以逃避数据资源税纳税义务等。

因此，强化对数据价值的评估监管就成为数据资源税能否课征成功的重要环节。为应对挑战，第一，税务机关应充分整合税务稽查力量，形成专业的涉数据执法团队，尤其要改变现在以专管员为主导的税务管理体系，真正落实中央提出的"双随机、一公开"执法要求；第二，应打通财、税之间的界限，实现税务机关对平台企业账务管理的主体责任制，将纳税人的纳税申报表与其财务报表进行智能化比对，加强税收监管，① 同时加强税务与金融、海关等部门的信息共享，充分搜集掌握平台企业数据质押融资等业务的具体情况，进行数据权属与价值的分析比对，从而实现体系化监管。

## 3. 加强大数据分析能力，构筑跨境税收征管平台

前文已提及，跨境数据流动易成为平台企业进行关联交易、转移

---

① 参见董小红、储安琪：《企业数据资源入表后课税问题浅析》，《税务研究》2024年第5期。

利润的孔道,因此加大对平台企业数据的监测分析,就成为防止规避数据资源税的治本之策。税务机关应以数据本身为线索,充分运用区块链技术,对数据从产生到流转再到消灭进行全周期监控,并掌握由此产生的交易、利润分配等应税行为。具体来说,可以采取如下措施:一是建立数据资源交易信息监测系统,包括对数据资源的交易行为、价格变动、所有权转移等信息进行实时监测与记录;二是制定数据资源交易报告和申报制度,要求数据资源交易主体在进行数据资源交易时向税务机关进行报告和申报;① 三是健全税务机关对数据资源的价值评估体系,这需要税务机关与数据交易所实时开展信息共享,在充分掌握数据市场价值变动动向的情况下制作数据估价模型,在妥适的时机联合资产评估行业协会等市场主体出台数据资源定价指导意见;四是加强信息交换,通过双边、多边税收协定,将数据资源跨境交易列入涉税信息共享范畴,并以相关共享信息为启动涉数据税务稽查的起点。

## 结　语

课税数字经济是新时代经济社会发展的关键议题之一,其中又以对数据资源课税为难点。通过本文论述不难看出,数据资源课税不仅仅是一个税种设置的法律问题,更要关注其与数据基础性民事权利的配适以及不同税种间的协调。但面对平台企业迅猛扩张之势以及由其带来的各类经济社会问题,数据资源课税的改革无法等待其他法律部门改革的"尘埃落定",反之,如果其作为新税种的开征先行一步,反而能反哺民法等前置法域并带动其他税种的制度革新。尤其伴随着欧盟及美国等发达经济体对数据课税的讨论正如火如荼地展开,能否在时下国际税收格局重塑的大环境下赢得制度先机就显得尤为关键。因此,借新一轮财税体制改革之东风,乘势而上、顺势而为,为全球所热议的数据税收治理给出中国方案是完全有必要的。

---

① 参见余鹏峰:《数据资源入表对税收征管的挑战与应对》,《税务研究》2024 年第 5 期。

# 数据共享的安全保障难题及应急处置机制构建

张玉洁*

**摘要**：随着数据要素潜在价值的不断提升，数据共享的技术性特征与安全性特征之间的相互影响不断加剧。这也导致以《数据安全法》为主的数据法体系，高度关注数据共享安全保障问题的应急法治建设。当前，数据共享的安全保障难题主要表现为数据共享权利的安全保障难题、数据共享义务的安全履行难题以及数据共享权限的安全管理难题。面对这些难题，我国应当以《数据安全法》的"安全应急法治"为路径，建立同一领域数据互联互通机制，缩减数据安全风险的影响范围；完善数据共享安全保障程序，强化安全保障协商、安全听证、安全等级变更等程序保障机制建设；基于安全性差异设置分类共享机制，通过明确可以共享和禁止共享的法律边界，来降低数据共享的安全风险。

**关键词**：数据共享 应急处置 安全风险 安全保障

# 引　言

随着数据要素在经济社会文化活动中扮演着越来越重要的作用，国家和社会公众均要求加强数据要素的流通，充分发挥数据的潜在价值。由此导致数据共享的安全保障成为当前数据法治领域一项重要的法律机制。特别是随着我国数据要素聚集效应的影响，"大量的数据被

---

\* 张玉洁，广州大学法学院副教授。本文系广州市哲学社会科学规划一般项目"新时代广州公共安全应急框架体系研究——以'公共数据安全'为例"（2023GZYB70）的阶段性成果。

自然人和法人所掌握并在医疗、基础设施建设、科学研究等方面具有巨大的潜力，这些数据完全可以通过一定的方式集中起来为公共服务"①。如何在数据共享过程中推进数据安全的制度化建设，就成为我国当前面临的一项法治难题。所谓"数据共享"，是指国家机关、社会组织以及个人对自身所掌握的数据进行共享的活动。

数据共享的安全保障，是一个直接影响国家、社会组织和个人行为界限的重要问题。它不仅遵循着法律的基本原理，而且按照数字技术的运转规律加以展开。倘若数据共享的范围过大，那么共享主体对数据产出者（即网络用户）的权利影响也就过宽；相反，如果数据共享的范围过小，则不利于共享主体有效发挥数据的潜在价值，无法提升数据共享的公共福祉。所以，数据共享安全保障问题的法律治理，往往同它所涉及的领域息息相关。然而，我国《数据安全法》《电子商务法》《网络安全法》等法律对"数据共享"中安全保障功能的细化规定并不相同，尤其是在数据共享的安全保障事项与具体设定、共享程序以及纠纷解决机制等事项上差异较大，进而影响到我国各行政主管部门、各行业以及公民的数据共享效果，不利于我国科学地开展数据共享活动。尤其是在《数据安全法》第22、23条中，数据共享同数据安全应急处置紧密关联在一起。为此，关于数据共享安全保障的应急机制建设，就成为我国当前的一个核心法律议题。本文试图从数据共享的技术特性与安全特性的双重视角来探明其背后的安全保障难题，进而为我国建立健全数据共享的安全应急处置机制提供智力支持。

## 一、数据共享的"技术与安全"二维审思

通常情况下，安全保障的客观需求源自人们对自身之外的世界所附加的安全风险预防要求。但在数据安全问题上，安全保障逐渐由外

---

① 鞠颖、康宁：《欧盟〈数据治理法〉中数据共享主体的运行逻辑及对我国的启示》，《太原理工大学学报（社会科学版）》2022年第6期。

部安全风险预防逐步扩展到内部安全风险预防。这就在各国数据共享深度、广度不断加大的情况下,对各国安全保障体系提出了全新的要求。这种要求既依赖数据共享自身的技术特征,又同法律体系保持着紧密的联系。因而以安全保障体系的内在运转为视角,重新窥视数据共享的技术特性对于整个国家的安全法治建设的影响,就能够发现其中技术与法治的相互影响、相互作用。

### (一)"数据共享"的技术特性

数据共享属于一个跨领域概念。在学界,人们对"数据共享"的讨论,涉及计算机科学、法学、管理学等多个领域,由此也导致人们在"数据共享"概念的界定上,往往需要优先区分它所适用的不同领域,进而来确定其具体概念。例如,在计算机科学领域,数据共享意味着不同计算机设备内部存储数据的交互与流通,使得人们可以从任何一台计算机上访问其他计算机所存储的数据资料。① 由此观之,计算机科学将"数据共享"作为一种数据存储、传输以及使用的结合体,侧重于数据的存在和使用方式,却不关注数据共享的安全风险预防。而管理学领域则将"数据共享"理解为"具有数据源或需要提供加工服务或数据交换服务的部门与智库信息化平台达成的合作关系"②。可见,在管理学视域下,"数据共享"是不同主体之间联络沟通的一种形态,是一种被部门决策、管理控制、组织管理所包括的管理形式、管理手段。但在法学领域却不相同。法学意义上的"数据共享",更加关注共享中的社会状态、经济秩序以及国家安全等事项,是对数据共享权利的保护、对越权共享行为的约束以及对数据共享活动的规范。因此,法学视角下的"数据共享",应当被明确为一种有关数据共享行为、权利以及秩序的规范。

多维视角下的数据共享,在某种程度上表明了数据的技术限制,

---

① 参见刘申菊主编:《计算机网络》,北京理工大学出版社2019年版,第7页。
② 中国社会科学情报学会:《图书馆、情报与文献学研究的新视野(10)》,中国书籍出版社2018年版,第536页。

以及共享的范围。可以说，数据共享的技术特征不只来自数据本身，还来自社会对数据以及共享的认识。考虑到社会认知对技术的限制性要求，在尚未解决数据共享的技术风险之前，社会认知会成为法律领域认可数据共享的必要限制性要素。由此观之，"数据共享"的技术原理以及社会公众对待该项技术的总体态度，直接限定了数据共享技术的法律定位，并在以下三个方面被法律所接受：一是牵涉数据的行为，只要具备了共享的形式，就应当属于数据共享。换句话说，数据共享是基于数据交互的形式或目的，依法享有数据资源持有权的主体按照法定或者约定程序，将数据要素交互至其他主体的活动。据此来说，不仅公权力机关共享政务数据的活动构成数据共享，甚至是私主体（包括社会组织、企业和个人）共享自己享有持有权的数据，也属于数据共享之类。例如某人将自己的个人信息共享给其他互联网企业或其他个人。这一论断目前在计算机科学、管理学和法学领域，均得到了相当程度的认可，从而为数据共享配套法律制度的建设提供了技术基石。二是只有基于共享目的而使用数据的行为，才能被理解为"数据共享"。数据共享是数据流通的重要体现形式之一，而数据流通兼具公共活动和市场活动双重属性，因而不能简单地将具有"共享"形式的数据流通活动一概理解为"数据共享"，而应当将其限制为基于数据共享目的而形成的数据内部流通活动。广义上来说，数据归集技术本身就是数据的共享，数据流通过程构成一种更为广义的数据共享活动。倘若从数据的独占性使用向数据的公共性使用迈进，一定会出现数据共享、数据流通、数据开放等概念的交叉、混杂，因此在法律层面，立法者必须能够对数据共享做出清晰的界定，从而将数据共享、数据流通与数据开放相互区别开来。这也意味着，数据共享必须做狭义的理解，甚至以"数据共享目的"这一主观性评价标准来区分不同的数据使用技术。三是数据共享是一种不确定性极高的技术。它的不确定性来自共享内容的不确定性、共享结果的不确定性以及共享责任的不确定性。在三种不确定性技术特性的影响下，数据共享活动不再是单纯的技术开发活动或者市场经营活动,而是裹挟着大量公共安全风险的综合性技术应用活动。故此,"数据安全风险治理需要的不是法院事后的合法性审查,而是需要公共管理和服务机构对风险进行预先防范,做到防患于未然"①。这也意味着,国家既需要对这种不确定的数据共享活动进行预先规制,还需要加强事中事后监管,进而防范国家数据安全危机或者公共数据泄露等问题的发生。综上所述,技术层面的数据共享,已然明晰了数据共享的形式性特征,以及它同其他数据活动的主观性差异,但在实践运用上需要高度关注它背后的不确定性风险。

## (二) 数据共享的安全特性

在法学领域,"数据共享"的安全特性展现出了加强法律治理的必然性,以便于国家能够将数据共享安全置于法定秩序之下,也防备数据共享对他人、其他组织带来损害。当前,数据共享的安全需求主要表现在三个方面:

第一,交互安全特性。数据共享的一个显著表现,就是享有数据资源持有权的主体之间均掌握着一定数量的数据,并且为其他主体所需要。倘若以数据买卖合同的形式,也能够解决各自所需。但由于数据本身的可复制性,数据买卖合同无法有效确保数据的完整转移,无法控制原始数据的留存、复制数据的二次转卖。因此,数据共享就成为享有数据资源持有权的主体之间实现数据流通、数据交易的一种重要形式。其优点是享有数据资源持有权的主体之间可以将自己所掌握的数据共享给对方使用,但不影响自己对数据的掌控——类似于"以物易物",但不发生物权转移——从而规避了买卖合同中(无体)物权转移的难题。这也意味着,数据共享中的"交互安全"成为数据共享的一项重要技术特征。但需要注意的是,"交互安全"特征要求数据共享双方或多方均掌握一定数量的数据要素,并且能够为共享关系中的一方或多方提供相对等且充分的数据安全保障。故此,"交互安全"不仅

---

① 郭文涛:《公共数据共享的新行政法基础》,《北方法学》2023年第6期。

仅是数据的交互共享，还包括数据共享法律关系下安全保障关系的交互形成，从而形成安全的数据共享关系。

第二，安全处置特性。从技术上讲，数据共享可以覆盖全部的数据类型，包括个人数据、商业数据、政务数据等。但数据共享活动不得损害国家、他人以及其他组织的合法权益，因而数据共享的处置范围也会受到相应的限制。这表明，数据共享必须满足数据处置的安全性要求。"处置安全"特性一方面要求享有数据资源持有权的主体保证自身的数据共享活动不会损害国家、他人以及其他组织的合法权益；另一方面要求数据共享主体对其所处置的数据享有完整的处置权。倘若该数据的处置权分属于不同的主体(如美团评价数据的处置权分属于美团企业和美团用户)，那么该数据共享活动必须经过所有数据资源持有权的主体共同同意，否则便构成侵权。此外，所共享的数据必须属于可以被共享的数据类型。由于数据安全关涉到国家安全，一部分敏感数据、重要数据的共享活动，有可能损害国家主权安全。因此，这部分数据天然不具备"处置安全"特性，因而不能被纳入数据共享范畴之下加以讨论。由此观之，数据共享的"处置安全"特性，不仅要求有适格的数据处置主体，还要求数据本身具备处置上的安全性。

第三，安全可控特性。数据共享是在有限范围内实现数据流通、使用的方式。它要求数据共享主体能够有效地控制数据的共享对象、共享范围、共享方式等。其中，共享对象的安全可控体现在享有数据资源持有权的主体自主决定将数据共享给哪个主体的问题上。一旦获得数据共享的主体利用该数据造成他人、组织或国家利益受损，数据主体能够及时停止共享，并能够据此明确造成此次损害的主体。而共享范围的安全可控性，体现在数据共享的平台、使用权限等事项上。一般认为，数据共享应当是拥有不同数据的主体以某种方式来实现数据的交换、利用。在不经过数据主体的同意的情况下，接受数据共享的主体不得将该共享数据转共享于他人(或者以其他非法方式处置)。同时，由数据共享的各个主体共同商定采用何种形式来实现数据的交互共享。倘若逾越了该共享方式，要么属于全新的数据共享，要么被界定为违法(或者违约)行为，应当根据事前确定的处罚规则加以制裁。因此，"共享"并非数据共享的结束，它还必须保证共享过程中的数据安全可控性，以防备违约、违法、犯罪活动的发生。

## (三) 技术与安全交叉影响下的"数据共享"

当前的数据共享之所以在市场经济环境中无法广泛地开展，其原因就在于数据共享的技术特性与安全特性的交叉影响。尤其是在《数据安全法》的约束下，安全特性更是成为优先于技术特性的主要影响因素。《数据安全法》在提到"共享"概念时，将"共享"视为数据安全风险的防控机制，而未涉及数据共享活动这一市场化行为。换句话说，《数据安全法》并不是数据市场化共享的法治方案，也无法在技术特性与安全特性之间建立起稳定的平衡关系。因此，在公共数据共享、企业数据共享热情居高不下的情况下，在《数据安全法》之外重新审视数据共享技术与安全之间的关系，就成为法学界不可回避的重要问题。有鉴于此，以数据共享与数据安全的交叉点作为横截面，就可以发现数据共享的技术问题与安全问题共同构筑起一种安全保障难题。而且该难题对传统安全保障措施(理由是事后救济)极其排斥，却对应急处置极度渴求——在传统安全垄断法治框架的语境下，数据共享的应急治理往往被理解为公共安全领域独立负担的事项——在此，借助数据共享与数据安全的交叉分析可以获得一个沟通技术与安全的全新安全保障框架：应急治理机制，并由此揭示出那些公共安全治理尚未探明的"技术治理"路径。这在传统公共安全治理框架下，往往被忽视或荒废了。这也意味着，数据共享安全保障的应急法治建构，是遵循《数据安全法》的制度深化，而非数据市场法律法规的制度构建。特别是在我国数据主权、数据安全尚未能形成稳定治理框架的前提下，不宜草率地引入市场自律机制来解决数据共享中技术与安全的矛盾。

在技术与安全的交叉影响下，数据共享的安全保障就不再是一个单纯的技术难题，更是一个关乎国家安全、市场安全以及公众安全的法治问题。有鉴于此,技术与安全交叉影响下的"数据共享"应当被理解为:以共享为目的,由依法享有数据资源持有权的主体依据法定程序或约定程序实施的,能够在可控范围内产生数据交互效果的活动。为了避免科技安全风险的严重且不可逆转的破坏问题,人们需要面对的不只是科技的外部影响,还包括科技发展的必要限制,更要对数据共享安全风险制定相应的应急处置机制。而且,在数字技术快速变革时期,国家对于数据共享安全风险应急治理的需要远比开发利用更为迫切。因此,数据共享领域的技术与安全相互影响,在安全保障体系之下首先表现为法律对数据共享安全风险的应急治理,其次才关注共享中的权益保障。换句话说,安全风险应急处置机制是数据共享的前提和基础,并且构成数据共享合法化、有序化发展的制度保障;而数据技术本身则深刻影响着数据共享法律法规的创制与发展,其技术原理决定了法治实践的基本路径。鉴于二者之间的相互影响,数据共享安全保障体系应当充分尊重技术价值与安全价值的相互作用,发现其中蕴藏的安全保障难题,搭建基于应急治理的新兴安全保障体系。

## 二、数据共享的安全保障难题

随着数据价值的凸显和数据泄露事件的频发,数据共享中的安全保障问题无疑成为数字法治的核心命题之一。国家公权力机关、社会组织以及社会公众等主体在开展数据共享的过程中,普遍面临着技术与安全的双重挑战,由此在数据共享活动与安全保障体系之间产生了多重冲突与矛盾。尤其是在技术不确定性的影响下,数据共享权利、义务以及范围同样不再明确、具体,由此增加了数据共享安全的应急治理的难度。但综观当前数据共享的实践情况,数据共享与安全保障之间主要形成了以下三重法律难题:数据共享协议中约定权利的安全保障难题,《数据安全法》上安全保障义务的落实难题,以及分级分类下数据共享的安全保障难题。对三者的细化分析,将有助于厘清数共享的应急治理方案。

## （一）数据共享权利的安全保障难题

当前市场层面上的数据共享活动，在一定程度上均反映出两方或多方数据控制者的意定结果。因而，数据共享活动往往是以合意、协议等形式所形成的集合体，应当遵守一般访问、数据最小化和透明度等原则。① 一般认为，数据共享权利，是指两方或多方数据控制者按照意定内容，通过合同或协议形式承诺授予对方的数据权利。这种权利除了遵循《民法典》关于合同订立的权利设定，还可以根据数据控制者之间的约定另行增加相应的权利。但由于国家安全、公共安全以及他人合法权益的保障要求，数据共享活动所产生的合同权利便不能仅按照纯粹意定（或约定）权利的分配方式加以确定，还应当符合公共安全保障的要求。因此，协议约定的数据共享权利在二者的交叉作用下会面临如下安全保障难题。

一是平等共享权的安全保障难题。由于数据共享是数据控制者之间彼此分享数据的活动，一旦数据控制者之间达成数据共享的协议，那么数据控制者在此种数据共享关系中便处于平等地位，由此所产生的数据共享活动应当平等地适用于所有数据控制者，不得在数据共享关系中设置等级化、差别化的共享条件和限制。然而，由于数据共享技术的不确定性特征，平等共享权会面临内部安全保障和外部安全保障两种难题。在内部安全保障上，数据控制者可以基于自身对数据的控制权，隐秘地区别对待数据共享关系的其他参与主体，进而在数据共享中隐藏设置数据访问优先级、优先权，甚至因为滥用共享关系而引发数据泄露风险、数据篡改风险和个人信息识别风险。这样，当一方数据控制者有区别地共享数据时，其他数据共享关系参与主体就无法及时、全面地获得完整的数据，进而损害数据的平等共享权。而在外部安全保障上，数据平等共享权的安全保障难题主要体现为黑客攻

---

① 参见潘雪娇、聂建强：《数据共享法律原则证成》，《学术探索》2023 年第 11 期。

击等技术破坏问题。数据共享打通了各数据主体的数据交互通道，因而使得一方数据遭受黑客攻击时，其他数据主体的数据安全同样遭受了安全风险。也就是说，数据平等共享也使得数据安全风险得以平等分配给各个数据主体。在一定程度上讲，整个数据共享关系的安全保障水平是由其中数据安全保障水平的一方来决定的。因此，当前的数据平等共享权的保障，必须从内部和外部两个方面加以保证。

二是数据知情权的安全保障难题。数据控制者之间的数据共享关系，往往以数据共享方式来实现各自的目的。在数据共享关系中，各方均有权知晓所共享数据的实际情况（如数据来源是否合法、数据内容是否真实完整、数据对外共享的范围等等）。知晓这些情况将直接影响其他数据控制者是否参与数据共享的决策，因而应当成为数据共享关系中各方参与者的一项重要权利，即数据知情权。但是，由于数据共享并非数据交换、数据交易，因而实践中仅要求该数据为共享者实际控制的数据，而不苛求其证明数据的合法性。因此常常导致以下三种安全保障难题：首先，用户数据知情权的安全保障难题。在大数据时代，数据收集渠道众多，甚至存在未充分告知用户而超范围收集数据的现象。这一方面侵犯了用户的知情权，另一方面也导致了数据收集行为本身的不合法，进而使得所共享的数据本身存在安全风险。其次，共享参与者数据知情权的安全保障难题。在数据共享过程中，数据提供者和其他共享者之间存在信息不对称的情况，如数据来源、用户授权范围以及数据的完整性等情况。因此，数据共享活动会面临数据来源不可控、数据处理超越授权、数据滥用等安全漏洞，导致数据共享者无法全面了解和评估数据的安全风险，从而难以提供相应的安全保障措施。最后，国家在数据知情权上的安全保障难题。在数据市场环境下，数据共享的范围和数量会超越国家的数据监管能力。特别是在隐蔽共享、跨领域共享、敏感数据共享等情况下，国家很难介入数据共享活动之中，由此导致监管漏洞和安全风险的发生。因此，要实现各方数据共享者之间的知情权，就必须保证内部监督和外部监督的有效开展。

## （二）数据共享义务的安全履行难题

数据共享在数据控制者多方约定以及《数据安全法》规定之下，也对数据共享关系参与者提出了更为严格的共享义务。其旨在保护数据的机密性、完整性和可用性，同时尊重个人隐私和权益，确保数据的合法共享和使用。但受到数据共享的技术特征和安全特征的双重影响，数据共享义务在实践中逐渐演化出两种形态，即内部数据共享义务和外部数据共享义务。其中，内部数据共享义务的典型形态就是数据共享主体之间的安全义务、保密义务、监督义务等。由于数据共享或多或少关涉到国家安全、公共安全以及他人隐私安全等事宜，因此数据共享就不再是一种数据共享关系参与者之间的私意表达——即便是政务数据共享，也面临着国家安全、公共安全以及他人隐私安全等外部安全因素的拷问——而应当在一定程度上对数据共享活动引入"行政监管"，加强数据共享的安全监督。其典型例证就是欧盟的《数据治理法》，该法就要求公共行政部门切实履行保障数据安全义务。① 因此，内部数据共享义务在实践中往往面临共享信任难题。数据共享一般涉及多个参与方，如何建立和维护信任关系、落实内部共享义务就成为一个显见的难题。如果参与方之间缺乏信任，数据共享实际上就造就了一个容易引发数据滥用、数据泄露且缺乏监督的场域，进而使得数据共享的安全性难以得到保证。这就必须加强数据共享主体之间监督义务的履行，以保障数据共享的有序开展。

而外部数据共享义务的安全履行难题，突出表现在数据安全和隐私保护方面。虽然《数据安全法》《电子商务法》《网络安全法》对数据主体的安全履行义务做出了明确要求，但主要是对数据主体与网络用户之间的数据安全关系做出规定，并未涉及"数据共享"领域的安全履行，且存在立法重叠现象。② 因此，外部数据共享义务下的安全履行，

---

① 参见司马航：《欧盟公共数据共享的制度构造和经验借鉴——以欧盟〈数据治理法〉为视角》，《德国研究》2023年第4期。

② 参见梅傲、柯晨亮：《数据共享与数据财产化》，《四川师范大学学报（社会科学版）》2024年第2期。

不仅要求数据共享主体不得泄露、滥用、删除他人的合法数据，还要求数据共享主体对国家安全负有保障义务。数据共享主体不得在数据共享过程中分析、产出那些危害国家安全、公共利益的数据结果，不得损害个人、其他组织的合法权益，否则就可能受到《刑法》《数据安全法》等法律的惩处。此外，外部数据共享义务还面临着数据动态开发利用过程中的安全履行难题。通常认为，数据共享的目的在于打破不同数据控制者之间的数据壁垒，加强多种数据的结合式开发利用。在此意义上，数据共享关系的确立以及数据在共享平台的流通，只是实现了数据共享的第一阶段目标，即打破数据壁垒。而其最终目标——开发利用——同样需要为外部数据共享义务的履行提供安全保障。在此，数据共享主体以数据共享关系为依托，在数据共享平台中对所有已共享数据进行分析、开发、利用、经营等活动，就必须负担共享义务。该义务的履行以数据共享关系为基础，因而其开发利用范围不得超越共享义务的限定。尤其需要注意的是，对于数据开发利用结果的一方负有更重的安全履行义务。这主要是因为，各方参与者无法完全掌握其他参与者究竟分析出多少种结果。倘若以数据共享关系的"孳息"来看待数据分析结果，难免造成大量基于"怀疑"的数据纠纷。因此，面对共享实践中外部共享义务的履行难题，当前应当设定相关法律制度来强化开发利用主体的安全履行义务。

### （三）数据共享权限的安全管理难题

数据共享涉及多方参与主体，因此如何管理各方参与者的数据共享权限就成为数据法领域的一道难题。但数据共享权限同数据共享权利不同，前者更加关注数据共享的管理机制，强调采用何种管理模式来保证数据共享关系的合理性、合法性。倘若权限管理不合理，就有可能导致数据超范围共享、扩大数据泄露等安全防控风险；而权限管理过于严格则可能限制数据的正常共享和使用。因此，如何在保证数据安全的前提下实现数据共享权限的安全管理，就演变为数据共享法治化的一项制度需求。然而在实践中，按照数据共享权限的来源不同，安全管理力度就有了天然的差异。通常情况下，数据共享主体会按照共享权限的来源划分为"法定"共享权限和"约定"共享权限两种类型。

对于"法定"共享而言，一般是由法律专门规定数据共享的各种条件、范围以及限制等。具体来说，因为数据的重要性以及数据共享能够带来社会福祉等，立法机关在法律条款中对如下事项做出明确规定：何种数据应当（不应当）予以共享，应当采用什么方式共享，共享的对象及范围如何确定，等等。例如，《电子商务法》第69条第2款规定，"国家采取措施推动建立公共数据共享机制，促进电子商务经营者依法利用公共数据"。《审计法》第35条规定，"国家政务信息系统和数据共享平台应当按照规定向审计机关开放"。由此来看，电子商务数据和审计数据均被立法机关纳入"法定"共享的范畴之下。这也导致了法定数据共享的管理权限不仅包含公共数据，也包含市场数据，由此使得法定数据共享面临着权限管理主体分散性与管理内容全面性之间的效率冲突、管理权限配置明确与管理责任不匹配之间的权责不统一难题、权限过宽与权限控制不透明之间的监督悖论。特别是随着数据共享领域的产业化发展，数据共享权限之间的交叉、叠加日益复杂，法定数据共享的权限管理方式势必增加共享管理的成本，加剧共享活动违法现象的发生。因此，对于法定数据共享而言，急需根据数据来源和共享功能来做出区别性对待。

而"约定"共享权限，通常是享有数据资源持有权的主体之间，基于商业目的、公益目的等，可以通过自主约定的方式来决定数据共享范围、共享条件以及共享限制因素等权限。这种共享权限类型一般发生在政务数据之外的企业数据和个体数据中。相较于政务数据而言，这些数据的敏感性较低，因而可以通过主体之间约定的方式加以共享。而且，享有数据资源持有权的主体往往将数据要素视为一种非常有价值的优势（包括市场优势和情报优势）。因此，数据共享权限在一定程度上反映出约定双方或多方对数据共享所带来的利处的总体把握。但是，恰是由于企业数据和个体数据可"约定"的范围较大且自主性程度较高，进而对数据安全的挑战与冲击更为明显。一方面，不同数据主体之间可以自主约定数据共享条件和权益，因而将数据安全管理置于市场利益之下加以考量。按照此逻辑，安全管理的意义在于更好地实现市场利益，而非国家和社会公众的数据安全。故此数据共享中的数据泄露以及数据滥用等问题便难得到抑制。另一方面，不同数据主体之间对数据共享的限制动力不足。反映在管理权限上，就是不同数据主体更重视可以数据共享的范围，却忽视了法律上不可共享的事项和范围，并且认为可以共享数据的范围越大越好。在这种市场主义共享理念的影响下，数据共享权限的安全管理难题跃然纸上。因此，我国在数据共享机制建设上，必须建立完善的数据共享权限管理机制。

## 三、数据共享的安全应急处置机制构建

数据共享下技术特征和安全特征的交互影响，在实践中形成了深刻的安全保障难题。为了进一步规范数据共享活动，推进数据共享法治的规范化、体系化，我国有必要沿着《数据安全法》第 22 条和第 23 条的既有立法路径，在安全应急法治路径上推进数据共享的安全应急机制建设。这并不意味着数据共享的法治化只能采用应急法治路径，而是说在"数据市场法""数据共享法"等法律缺失的情况下，《数据安全法》的"安全应急法治路径"就成为我国解决数据共享的安全保障难题、推进数据共享安全水平的必由之路。在此路径下，我国应当率先创设出如下三种机制来"追求在数据产权保护与共享利用之间相对平衡的机制"[1]。

### （一）建立同一领域数据互联互通机制

按照数据共享的领域不同，我国应当确立同一领域数据互联互通、

---

[1] 黄汇、尹鹏旭：《公共领域视野下的数据共享问题研究》，《华东政法大学学报》2023 年第 6 期。

不同领域数据有限共享的数据共享理念,进而建立同一领域数据互联互通机制。同一领域数据的"互联互通"共享,主要关注同一领域内部不同数据主体之间的数据差异性,强调数据的价值体现在使用该数据的主体的数据分析能力上,因此主张同一领域数据相互流通。但这一机制的构建,应当摒除"多领域"数据共享。主要原因在于多领域共享极易引发数据泄露、侵犯个人信息、威胁国家安全等现象,而且超越了单一领域"增加数据量,提升数据分析准确度"的数据共享目的。因此,单一领域的数据互联互通机制除了强化本领域数据的直接分析价值,还要反对多领域数据的交叉结合。相较于各领域"互联互通"型数据共享机制,同一领域数据互联互通机制建设致力于单个领域内部的数据挖潜,试图通过本领域内部主体之间对数据的共享,来推进单一领域的服务提升。而且,不同领域之间掌握的数据有所不同,对公民生活、生产的介入方式、介入范围也不一样。采用"单领域"数据共享,能够在不触及社会公众隐私保护需求的前提下,增进本领域的社会公共福祉。这种平衡化的数据共享类型也值得肯定。

但需要注意的是,政务数据和企业数据的互联互通型共享,初衷都是利用数据的强大分析能力,更好地服务于公共事务和市场经济。但不同领域数据的共享,在一定程度上也造成了社会公众的隐私安全问题,甚至被部分市场主体用来干扰他人的生活。因此要对上述两种数据共享领域作出区别对待。

一方面,应当对政务领域数据互联互通机制进行扩张性理解。无论是上下级政府之间的数据共享,还是同级政府不同部门之间的数据共享,均应当被认定为一个政务服务集合体。对此,国务院发布的《"十四五"数字经济发展规划》就提出,要"加快推动各领域通信协议兼容统一,打破技术和协议壁垒,努力实现互通互操作……深化政务数据跨层级、跨地域、跨部门有序共享……统筹开展境外数字基础设施合作……保障网络基础设施互联互通"。而《数据安全法》第42条也要求"制定政务数据开放目录,构建统一规范、互联互通、安全可控的政务数据开放平台"。除了中央层面，当前我国各省市也在加快推进政务数据的互联互通。例如：长三角示范区推动跨省域公共数据"无差别"共享共用①；"数字工商联平台"实现了浙江省市县三级数据互联互通②。王锡锌认为："在数字行政背景下，机构之间的数据传输不再是个别、零散、偶尔为之的互动，而是呈现为大规模、持续化、自动化的数据共享集聚样态。"③ 这也意味着，行政服务领域的"互联互通"型数据共享已经成为我国政务数据共享的主要方式。

另一方面，要对商业性"互联互通"型数据共享机制做限制性理解。目前，大型互联网企业通过建立合作协议、战略合作等方式，加快了不同领域企业内部数据的互联互通。虽然在商业数据共享领域，这些"互联互通"型数据共享方式也发挥了重要的作用（例如百度联合美团、小红书、顺丰等十余家企业，在流量、技术、服务生态等方面展开数据的互联互通合作，④ 加强数据的分析能力和市场服务能力），但"互联互通"型数据共享在挖掘数据的潜在价值的同时，也或多或少侵犯了网络用户的合法权益，因此也需要在法治轨道上加以规范，不可随意互联互通。因此，"单领域"型共享主张数据共享只能在本领域范围内开展，不可以跨领域"共享"数据。在此基础上，还应当"对数据共享的必要性和可行性进行评估，确定是否需要数据共享、是否有必要进行数据共享，以及明确数据的提供方和需求方"⑤。基于上述限制，同一领域数据互联互通机制建设，在一定程度上放弃了数据

---

① 参见毛丽君：《数据一体化！长三角示范区推动跨省域公共数据"无差别"共享共用》，载百度网，https：//baijiahao.baidu.com/s？id＝1722288780833095026&wfr＝spider&for＝pc，2024年5月19日访问。
② 参见《浙江省数字工商联平台上线 省市县三级数据互联互通》，载浙江网信网，https：//www.zjwx.gov.cn/art/2020/8/31/art_1694817_55829503.html，2024年5月19日访问。
③ 王锡锌：《政务数据汇集的风险及其法律控制》，《华东政法大学学报》2024年第3期。
④ 参见《百度宣布与美团等十余家企业互联互通？互联互通怎么改变互联网？》，载百度网，https：//baijiahao.baidu.com/s？id＝1722214627075915344&wfr＝spider&for＝pc，2024年5月21日访问。
⑤ 宋魏巍、黄璜、高银澜：《企业数据向政府共享：美国实践及其对中国的借鉴》，《中国行政管理》2024年第1期。

分析的潜在价值，致力于数据价值与公民权利保障之间的平衡。

## （二）建立数据共享的安全保障程序

数据共享安全保障程序，是指数据控制者在建立数据共享关系时所需要遵守的一般程序。受制于公共数据与商业数据的划分，数据共享安全保障程序也发生了分化，进而可以划分为公共数据共享安全保障程序和商业数据共享安全保障程序。二者之间的区别主要在于安全保障的严格程度不同以及"法定/约定"范围不同。当然，为了建立一般化的数据共享安全保障程序，数据类型的差异在此被置之度外，仅关注数据共享程序的基本类型。这就意味着，下面关于数据共享安全保障程序的设置，不会根据公共数据和商业数据的差异来设置，而是选取出二者的共通之处，以提出数据共享程序的基本类型。

一是安全保障协商程序。"协商"是平等主体之间为了达成某种共识而形成的一种对话机制。在数据共享领域，不同数据控制者为了能够寻获自己缺少的数据，或者通过增加其他数据来提升自身数据的分析效果，往往需要同其他数据控制者进行协商，以便于双方在数据共享过程中都能获得收益。这样，数据共享的"安全保障协商"程序就成为多方数据控制者寻求数据共享机会、明确数据共享权力（利）义务关系、保障数据共享安全性的重要程序。通过安全保障协商程序，数据控制者可以协调数据共享上的利益分配、风险分担以及冲突化解等事项，这对数据共享关系的稳定性、安全性具有十分重要的作用。

二是安全听证程序。该程序主要适用于公共数据的共享活动。在此，公共数据既包括政务数据，还可以包括商事活动中企业通过网络用户输入形式所归集而成的数据。为了保证公共数据共享的有序展开，首先，数据控制者在建立数据共享关系之前，应当向数据行政主管部门提起公共数据共享听证，以保证该公共数据属于可以共享的范畴，并能够为社会公众所认同。其次，公共数据共享听证程序应当在保证数据安全的前提下，邀请数据实务部门代表、人大代表、专业技术人员共同参与听证活动，保证听证活动的民主性和科学性。再次，由数据行政主管部门对听证代表的各方结果加以汇总，形成听证意见并交由听证会表决。最后，在听证会通过数据共享结果后，由数据行政主管部门对听证结果予以公示。

三是数据共享安全等级变更程序。在数据共享过程中，当数据共享关系的外部主体试图进入该数据共享关系中，或者数据共享关系内部发生变更时，可以启动数据共享安全等级变更程序。其中仍应当区分出以下两种变更类型：一是涉及数据共享关系参与者的主体数量增加的，应当由全体参与者共同决定并一致通过，同时提升该共享关系的安全等级；涉及数据共享关系参与者退出的，则应当按照原有共享关系所建立的协议、承诺，在不损害其他数据共享关系参与者合法利益的情况下，允许其退出并降低其安全等级。倘若因部分主体变更导致数据共享关系无法维系的，则应当启动数据共享终止程序。二是涉及共享数据范围(部分)变更的，应当由全体参与者共同决定并一致通过，并据此确定共享安全等级。若有参与者明确表示不同意数据共享范围变更的，则应当在履行完原有数据共享关系之后，再行变更数据共享范围。因客观情况导致数据共享无法继续的情况除外。在数据共享范围变更造成其他参与人数据权益损失的情况下，当事人应当对此做出赔偿。

### （三）基于安全性差异设置分类共享机制

根据《数据安全法》的规定，并非所有的数据(包括公共数据和个体数据)都可以用于数据共享事项。而"统一的数据分类标准有助于降低数据流通和共享的难度和成本"[1]。因此，在数据共享上，可以按照其共享的安全性与否来设置数据分类共享机制：一类是许可共享机制，另一类是禁止共享机制。

对于许可共享机制而言，主要是明确可以设定数据共享的事项及范围。根据当前的数据共享实践可以发现，许可共享机制在以下三类

---

[1] 李若兰：《企业数据向政府开放共享的价值逻辑和法治路径——以自动驾驶为例》，《行政管理改革》2023年第6期。

事项上可以设定数据共享：(1)公共数据的控制者基于公共利益需要而依法设定的数据共享。这类事项为了获得许可必须满足三个条件。第一，数据共享必须以公共服务为目的；第二，数据共享事项必须有法律依据；第三，数据共享事项不能超越"必要"限度。(2)个体数据所有者基于市场开发需要而约定的数据共享。由于"约定"的自主性，许可共享机制在这类数据的共享上需要同时具备三个要素。一是所共享的数据必须是具有明确物权的数据；二是数据共享事项是经过各方协商、约定而达成的一致结果；三是数据共享不违背国家的禁止性规定和公序良俗。(3)不涉及国家安全、公共安全、市场经济秩序以及他人合法权益的数据共享。这类事项属于"可以设定数据共享"的兜底事项。它意味着，未被纳入公共数据和个体数据之中的其他数据，可以在不发生外部否定性法律效果的情况下，由数据控制者自行决定这类数据的共享。

对于禁止共享机制而言，其主要适用于以下事项：(1)产权不明确的数据，不可以设定数据共享。倘若数据产权尚无法界定清楚，或者数据共享无法获得数据共有人一致同意的，一部分数据控制者不得按照数据的实际控制情况来决定数据共享事宜。这种数据共享的限制性设定，主要用于商业性互联网平台数据的共享。例如，依赖网络用户提供数据的互联网企业，在获得全体用户真实意愿表达之前，不得利用技术优势、数据控制优势等，将数据对外共享。(2)能够通过数据交换、数据买卖、数据开放等形式来实现的数据共享活动，不可以设定数据共享。一般认为，数据共享是用来解决原始数据转移不彻底问题、归属问题所产生的替代方案。一旦数据控制者能够通过数据交换、数据买卖等形式来解决原始数据的转移不彻底问题、归属问题，那么数据共享便不得同数据交换、数据买卖并行使用；而数据控制者倘若采用数据开放的方式，将数据的开发利用权益完全交给其他主体自主决定，那么数据共享便不再具有"共享"的价值。任何人都可以自由地开发使用已经开放的数据，且不需要对此提供可供数据开放者"共享"

的数据。(3)有可能危害国家安全、损害个人或其他组织的合法权益的数据处理活动,不可以设定数据共享。对此,《数据安全法》第 8 条亦有明确规定,应当得到贯彻实施。

## 结　语

作为一种新型的生产要素,数据在其共享过程中展现出了巨大的价值。但它本身兼具技术性和安全性两种特征,因而常常引发数据共享的安全保障难题。对此,《数据安全法》提供了以应急处置机制为主要路径的难题消解方案。然而,数据共享的安全风险不同于传统安全风险,故此在应急处置机制建设上,也应当关注数据共享的技术性和安全性相互交叉、相互影响的特征,统筹传统安全和非传统安全的治理效能。鉴于当前政务数据、企业数据共享和个人数据共享的复杂性,数据共享的应急处置机制应当摆脱传统安全治理的路径,建立同一领域数据互联互通机制,以降低数据安全风险的发生概率,缩减数据安全风险的影响范围,更主要的是保障国家、其他组织和社会公众的合法权益。除此之外,程序性应急处置措施也成为加强数据共享安全保障的必要之举。尤其是数据共享的安全保障协商、安全等级变更两项程序,分别从多元参与、分级管理两个层面提升了数据共享安全应急法治建设水平。最后,基于安全性差异设置分类共享机制则解决了数据共享安全分类治理的问题,确立了可以共享和禁止共享的法律边界。当然,以应急处置机制来消解数据共享安全保障难题只是当前围绕《数据安全法》建设的折中之举,后续仍应当制定专门的《数据市场法》,进一步完善数据共享安全的常态化保障机制。

# 专题研究·AIGC与数字司法的理论回应

# 生成式人工智能训练中涉著作权数据利用制度的构建
## ——以"附条件合规利用"为中心

徐 伟 徐涵渊*

**摘要：** 生成式人工智能训练阶段涉著作权数据的处理规则不明引发了诸多诉讼。在解决进路方面，适用合理使用制度违背了"谁贡献谁受益"的基本原理，不当剥夺了著作权人的正当利益，无法实现利益平衡；授权许可制度则面临可行性上的挑战。基于多元利益平衡的考量、公共利益优位的限度、产业利益优先的反思和差异区分建构的需要，"附条件合规利用"制度的正当性得以证成，其有助于平衡著作权人、人工智能开发者和社会公共利益，是更可取的制度选择。人工智能开发者在履行著作权保护义务、支付合理报酬、尊重著作权人拒绝权、公开用于训练的作品信息的条件下，可以不经著作权人事先许可而将涉著作权数据用于人工智能训练。

**关键词：** 生成式人工智能 涉著作权数据 数据训练 附条件合规利用

## 一、问题的提出

生成式人工智能的出色表现有赖于在训练阶段提供高质量数据，人类创作的作品是高质量数据的重要组成部分之一。为了鼓励人类创

---

\* 徐伟，上海政法学院上海司法研究所佘山学者特聘岗教授、法学博士；徐涵渊，中央财经大学法学院博士研究生。本文系 2024 年度教育部人文社会科学研究青年基金项目"人工智能开发者侵权责任研究"（24YJC820052）成果之一。

作，现行法对作品的创作者赋予了著作权，以保护作品著作权人获得合理的回报。人工智能开发者与著作权人之间的利益冲突与紧张关系由此展开，并引发了诸多诉讼。在美术作品方面，Getty Images（US）诉Stability AI 案①、安德森等人诉 Stability AI 的集体诉讼案②是典型案件。这两个案件中，原告均诉称开发 AI 绘画生成器的被告未经许可抓取和复制了大量原告享有著作权的图像作为训练数据，故侵害其著作权。在文字作品方面，2023 年 11 月《纽约时报》起诉了 OpenAI 公司和微软公司③（以下简称"纽约时报案"），诉称这两家公司未经许可使用原告数百万篇文章用于训练 GPT 模型，开发了包括 ChatGPT 和 Copilot 在内的 AI 产品。原告不仅要求两家公司对非法复制和使用其作品承担数十亿美元的赔偿金，还要求被告销毁所有包含《纽约时报》享有著作权数据的模型和训练数据。2024 年 10 月，美国新闻集团旗下的道琼斯公司（《华尔街日报》的出版商）向美国纽约南区联邦地区法院起诉人工智能搜索科技公司 Perplexity（以下简称"道琼斯案"）④，主张被告侵犯其著作权，请求销毁包含原告新闻内容的任何索引或数据库，并赔偿原告45 万美元。在我国，2024 年 2 月广州互联网法院判决的新创华公司诉 AI 公司案是我国首例涉生成式人工智能侵权案（以下简称"奥特曼案"）⑤，该案法院判决被告 AI 公司构成著作权侵权。尽管该案所涉法律问题聚焦于"生成阶段"，但法院的判决不可避免地会影响到"训练阶段"涉著作权数据的处理，因为若人工智能被禁止生成某一内容，则相关内容被用于人工智能训练的意义也将大打折扣，甚至"有害"。可以说，未来人工智能的应用越广泛，人工智能开发者与著作权人之间的利益冲突将越激烈。法律如何回应相关利益诉求，已成为人工智能发展道路上不可回避且亟待解决的难题。

---

① 参见 Getty Images（US）Inc. v. Stability AI Inc., Case No. 1：23-cv-135。
② 参见 Andersen, et al. v. Stability AI Ltd., et al., Case No. 3：23-cv-00201-WHO。
③ 参见 The New York Times Co. v. Microsoft, OpenAI, Case No. 1：23-cv-11195。
④ 参见 Dow Jones & Company, Inc. v. Perplexity AI, Inc., Case No. 1：24-cv-07984。
⑤ 参见"上海新创华文化发展有限公司诉 AI 公司著作权纠纷案"，广州互联网法院（2024）粤 0192 民初 113 号民事判决书。

为化解人工智能著作权侵权风险，学界作出了诸多尝试，其基本立场可分为三种。一是改革创新派，主张彻底变革相关著作权法规则。① 二是守正创新派，主张根据著作权法的立法目的和公共属性，通过法律解释技术，对"合理使用"进行扩张适用；也有建议在立法上增设"人工智能创作"② 或"数据信息分析"③ 合理使用类型。三是立法保守派，主张恪守《中华人民共和国著作权法》（以下简称《著作权法》）第24条的权利限制情形。④ 总体而言，当前学界对传统著作权制度无法有效应对训练数据合法性问题已基本达成共识，⑤ 但在解决进路上存在分歧。目前主流的进路有二：一是改造和适用合理使用制度⑥，二是探索适用许可制度⑦。但这两种进路都存在不足，无法有效平衡和解决人工智能产业发展和著作权保护问题。本文拟提出并证成"附条件合规利用"制度，以回应人工智能时代人工智能开发者与著作权人之间的利益冲突。

## 二、生成式人工智能训练中涉著作权数据利用的现行方案及其不足

鉴于涉著作权数据对于人工智能开发的不可或缺性和人工智能产

---

① 参见司晓：《奇点来临：ChatGPT时代的著作权法走向何处——兼回应相关论点》，《探索与争鸣》2023年第5期。

② 参见焦和平：《人工智能创作中数据获取与利用的著作权风险及化解路径》，《当代法学》2022年第4期；张金平：《人工智能作品合理使用困境及其解决》，《环球法律评论》2019年第3期。

③ 参见吴汉东：《数据信息分析合理性认定的版权规则》，《中国版权》2024年第3期。

④ 参见熊琦：《著作权合理使用司法认定标准释疑》，《法学》2018年第1期。

⑤ 参见张平：《人工智能生成内容著作权合法性的制度难题及其解决路径》，《法律科学》2024年第3期；赵旭：《生成式人工智能在机器学习中的合理使用问题》，《暨南学报（哲学社会科学版）》2024年第3期。

⑥ 参见万勇：《人工智能时代著作权法合理使用制度的困境与出路》，《社会科学辑刊》2021年第5期；林秀芹：《人工智能时代著作权合理使用制度的重塑》，《法学研究》2021年第6期。

⑦ 参见司晓：《奇点来临：ChatGPT时代的著作权法走向何处——兼回应相关论点》，《探索与争鸣》2023年第5期。

业作为战略产业的重要性,当前学界主流观点支持人工智能开发者可以不经著作权人许可而利用涉著作权数据。唯对于该利用行为的理论和规范依据存在分歧。概言之,现行理论方案主要有二:一是通过合理使用制度来正当化人工智能开发者的处理行为;二是通过许可制度来解决人工智能开发者的权利来源,包括授权许可、法定许可、强制许可等。

## (一) 适用合理使用制度的理论不足

生成式人工智能训练中涉著作权数据的利用行为构成合理使用是学界多数说。[①] 总结而言,采合理使用说的主要理由如下。其一,通过合理使用来合法化数据利用行为,有助于化解人工智能产业发展面临的系统性著作权侵权风险,从而鼓励科技创新,尤其是人工智能产业的发展。其二,维护本国人工智能产业的竞争优势,避免成为制度洼地。当前部分国家和地区已经直接或间接规定了"文本与数据挖掘"(Text and Data Mining, TDM)可成为著作权权利限制与例外,典型如日本和新加坡。[②] 在部分国家合法化涉著作权数据处理行为的情况下,若处理行为在另一国被认定为侵权,将导致人工智能产业流向法律环境更为宽松的国家,长此以往不利于我国参与国际竞争。[③] 上述理由在本质上是为了人工智能产业的发展而"牺牲"著作权人的利益,具有较强的政策属性,难谓有充分的正当性,理由如下。

第一,合理使用制度剥夺了著作权人的正当利益。著作权人应从

---

① 参见张平:《人工智能生成内容著作权合法性的制度难题及其解决路径》,《法律科学》2024年第3期;吴汉东:《人工智能生成作品的著作权法之问》,《中外法学》2020年第3期。国外采合理使用说的文献,参见 Mark A. Lemley & Bryan Casey, "Fair Learning", *Texas Law Review*, Vol. 99, No. 4, 2021, pp. 751 - 754; Matthew Sag, "Copyright Safety for Generative AI", *Houston Law Review*, Vol. 61, No. 2, 2023, pp. 295 - 296; Edward Lee, "Technological Fair Use", *Southern California Law Review*, Vol. 83, 2010, pp. 873-874。

② 参见郑重:《日本著作权法柔性合理使用条款及其启示》,《知识产权》2022年第1期; Sean M. Fiil-Flynn et al., "Legal Reform to Enhance Global Text and Data Mining Research: Outdated Copyright Laws around the World Hinder Research", https://www.science.org/doi/10.1126/science.add6124, accessed Feb 15, 2024。

③ 参见王文敏:《人工智能对著作权限制与例外规则的挑战与应对》,《法律适用》2022年第11期。

人工智能训练环节中获得合理的利益,因为其对人工智能的开发作出了贡献。尽管人工智能开发往往利用了大量数据,某一著作权人的作品数据在海量数据中只是沧海一粟,缺乏某一著作权人的作品数据可能也不会对人工智能生成内容的质量产生明显的影响,但不可否认的是,任一用于训练的著作权人的作品都会对人工智能产生或多或少的影响。一个明显的例证是,人工智能开发者倾向于选择正规出版的"优秀"作品用于人工智能训练,而非选择网络中随处可见的作品用于训练。这已充分表明用于训练的作品质量会影响人工智能的质量,即作品著作权人对人工智能开发作出了实质性贡献,尽管单一作品的贡献可能较小。在人工智能开发者因作品用于训练而获益的情况下,开发者理应向著作权人作出补偿,如此才是妥当的利益平衡。但合理使用制度会直接否定著作权人从人工智能开发者处获取经济补偿的正当性,因为该制度可以成为开发者无须经著作权人许可而使用作品的法定事由。这是对著作权人正当利益的剥夺,尽管其是基于促进人工智能产业发展的考量。

第二,法律应对著作权人的普遍诉求予以尊重。目前因生成式人工智能而引发的诉讼中,著作权人因数据训练行为而提起的诉讼是最多的诉讼类型。例如,特伦布莱等人诉 OpenAI 案①、卡德里诉 Meta Platforms 案②等等。在如此多著作权人感到自身利益受到侵害的情况下,法律应对著作权人的"法感"予以尊重。认为著作权人没有必要从人工智能数据训练中获利的理由之一是,著作权人在创作作品时根本没有想到过可以通过人工智能训练的方式获利,故不对其予以经济补偿也不会抑制人类创作的发展。诚然,人类创作的主要动力来源未必是作品带来的直接经济回报(尤其是在著作权收入标准较低的国家),但认为人工智能数据训练对著作权人利益影响甚微则未免过于武断。从历史经验来看,在互联网普及的初期,也曾出现是否要对作品在互

---

① 参见 Tremblay et al. v. OpenAI, Inc. et al., Case No. 3:23-cv-03223。
② 参见 Kadrey v. Meta Platforms, Inc., Case No. 3:23-cv-03417-VC。

联网上的传播给予著作权人保护的分歧。客观而言，在互联网普及之前，作者在创作作品时，也并没有想过其可通过许可作品在互联网上的传播来获得利益，但这并不影响作者应享有"信息网络传播权"。当前，部分作者已经不再通过传统的出版方式来获得收益，有时网络传播已经成为作者获得收益的主要甚至唯一方式。类似地，未来人类作品用于人工智能训练是否会成为作者获得收益的重要来源，亦不无可能。过早地以合理使用制度来完全否定作者通过人工智能数据训练来获得经济利益的可能性，未免只着眼于当下而无视未来。

第三，合理使用制度"全有"或"全无"的制度安排不利于实现著作权人与人工智能开发者之间妥当的利益平衡。人工智能作为战略性产业，固然要支持其发展，但这并不意味着在法律上应当一味给予人工智能产业优待，乃至可以无视对其他产业，包括作品创作领域的发展。法律应在人工智能产业发展和作品创作之间寻找到一种妥当的平衡。但适用合理使用制度的法律后果只能是构成侵权和不构成侵权这两种"全有"或"全无"的结果，故该制度并非平衡主体利益的良好制度选择。

第四，就现行法层面而言，人工智能数据训练行为不满足我国合理使用的构成要件。《著作权法》第 24 条规定的合理使用情形难以涵盖人工智能数据训练行为。《著作权法》第 24 条明确规定了 12 种合理使用情形，人工智能数据训练行为与这些情形不符。同时，该条还对合理使用的情形进行了兜底规定，但该条款不能直接适用。① 因为现行立法例的兜底条款是半开放式的，无法为"文本与数据挖掘"行为提供直接的适用依据。此外，我国引入的"三步检验法"是对法定权利限制的适用进行再限制，而非允许法院自行创设新的权利限制。② 故无法

---

① 我国当前《著作权法》中尚未规定合理使用的一般性条款。参见易磊：《〈德国著作权法〉自由使用制度研究》，《苏州大学学报（法学版）》2019 年第 3 期。
② 参见王迁：《〈著作权法〉修改：关键条款的解读与分析（上）》，《知识产权》2021 年第 1 期。

通过"三步检验标准"来将人工智能数据训练纳入合理使用。①

第五，人工智能产业国际竞争的制度洼地问题应通过国际合作来解决，而非通过竞相采取对人工智能产业一味优待的方式来解决。新加坡、日本、英国、欧盟等将"文本与数据挖掘"作为著作权的权利限制事由之一，是我国不少学者主张人工智能采合理使用的主要理由之一。但须注意的是，这些比较法上的规定都是在生成式人工智能引发社会普遍关注前制定的，这些条款在立法时的本意并非为了解决生成式人工智能训练引发的问题。故这些"前生成式人工智能"时期制定的规则是否应适用，有待进一步观察和分辨。此外，目前人工智能领域已呈现出国际合作不断强化的趋势，例如，我国《全球人工智能治理倡议》的发布、中美等国家共同签署的《布莱切利宣言》(The Bletchley Declaration)②等，都将对人工智能国际合作治理产生影响。鉴于此，各国立法间的协调（包括制度洼地问题）应通过国际合作来实现。

### （二）许可制度的实践障碍

许可制度是人工智能开发者获取与利用涉著作权数据的潜在路径之一，主要包括授权许可、法定许可、强制许可。目前一些新闻机构已就其新闻报道被用于人工智能训练与人工智能开发者达成了协议。例如，美联社（Associated Press）、德国出版商阿克塞尔·斯普林格（Axel Springer）与OpenAI公司达成了许可协议。③ 也有学者认为："解

---

① 参见林秀芹:《人工智能时代著作权合理使用制度的重塑》,《法学研究》2021年第6期。

② 该宣言指出:"人工智能产生的许多风险本质上是国际性的,因此最好通过国际合作来解决。"参见"The Bletchley Declaration by Countries Attending the AI Safety Summit", https://www.gov.uk/government/publications/ai-safety-summit-2023-the-bletchley-declaration/the-bletchley-declaration-by-countries-attending-the-ai-safety-summit-1-2-november-2023, accessed Feb 18, 2024。

③ 参见 Michael M. Grynbaum et al., "The Times Sues OpenAI and Microsoft Over A. I. Use of Copyrighted Work", https://www.nytimes.com/2023/12/27/business/media/new-york-times-open-ai-microsoft-lawsuit.html, accessed Feb 18, 2024。

决这个问题的一种方法是开发集体许可计划。"① 许可制度至少具有两方面的优势:一是著作权的权利明晰,有利于减少著作权侵权风险;二是许可制度的配套规则相对成熟。例如,《纽约时报》通过版权结算中心(Copyright Clearance Center, CCC)发放 CCC 有限许可(limited license),单篇文章商业化使用大约为几千美金,并允许个人学习、学术、非营利的使用例外。尽管许可制度具有一定的可行性与优势,但是该制度的适用在我国现行法下仍存在以下问题。

第一,授权许可制度成本高,且授权的现实操作性差。在实践中,授权许可制度面临适用障碍。其一,制度交易成本高昂。例如,若需要单个版权人同意,鉴于市场体量,交易成本将激增。其二,"一对一"授权模式不仅效率低,而且可操作性差。大语言模型训练时需要使用海量的作品,涉及数量庞大的著作权人。在许可模式下,人工智能开发者必须与各著作权人单独协商许可条款,费时费力,欠缺效率。此外,当著作权归属不明确时,客观上无法获得许可。其三,许可费用难以达成一致。例如,"纽约时报案"中,双方曾尝试友好协商,但因为费用问题无法达成一致,后纽约时报公司主张销毁与其相关的数据和训练成果。其四,"事前授权"模式与海量学习模式不匹配,已经无法适应现实的需求。②

第二,法定许可和强制许可的正当性不足,并存在利益分配困境。(1)诚然,法定许可具有制度优势,一方面可以简化作品获取和使用步骤,提升作品的授权效率,能较好地平衡作品的保护与技术发展的诉求,平衡各方利益;③另一方面可以使得公众及时获取相关知识和信息。然而,在涉著作权数据利用规则上不宜采取该制度,因为面临涉著作权数据价值评估困难和利益分配困境。(2)在著作权的限制和例外

---

① 小亨利·H. 佩里特:《机器人如海盗》,刘铭鑫、江东译,《上海政法学院学报(法治论丛)》2024 年第 6 期。
② 参见司晓:《奇点来临:ChatGPT 时代的著作权法走向何处——兼回应相关论点》,《探索与争鸣》2023 年第 5 期。
③ 参见卢炳宏:《表达型人工智能版权合理使用制度研究》,《现代出版》2019 年第 4 期。

中,还有一种与法定许可类似的制度是强制许可。强制许可也属于"非自愿许可",但是区别于法律直接规定,强制许可的执行程序较为繁琐,不得径行使用。适用强制许可需要事先向著作权人申请授权使用,在著作权人拒绝后再向政府主管部门申请强制许可,由政府主管部门依照法定程序和条件进行审查,经审查符合法定情形后,由政府主管部门授予申请人使用许可。法定许可和强制许可这两种制度"能够防止以剥夺著作权人为代价促进人工智能产业的发展,平衡著作权人、新兴产业和社会公众的利益"[①]。但高昂的制度实施成本、权利人难以选择退出[②]等弊端无疑限制了该制度在人工智能领域的适用。

## 三、"附条件合规利用"制度的提出

人工智能若缺失了对涉著作权数据的利用,将举步维艰。但为了发展人工智能产业而无视对著作权人正当利益的保护,亦难谓妥当。故法律上须提供一项平衡二者的制度方案。为此,本文拟提出"附条件合规利用"制度。所谓"附条件合规利用",是指在满足特定条件下,人工智能开发者可以不经著作权人许可而将作品用于人工智能训练,著作权人事先申明禁止使用的除外。下文将论证"附条件合规利用"制度的正当性。

### (一)多元利益平衡的考量

多元利益平衡是附条件合规利用制度的理据之一。附条件合规利用制度具有以下优势:(1)纾解合理使用制度下利益分配不均的困境,平衡作品创作和人工智能产业发展,即在满足人工智能领域合法使用涉著作权数据需求的同时,保护著作权人的合法权益。(2)纾解许可使

---

[①] 参见王文敏:《人工智能对著作权限制与例外规则的挑战与应对》,《法律适用》2022年第11期。
[②] 参见孙嘉宇:《数据产权:生成式人工智能训练行为版权争议的规制路径》,《中国编辑》2024年第8期。

用制度下"成本高且效率低"的窘境，在尊重著作权人意愿的前提下，肯定著作权人的经济利益，从而平衡著作权人与人工智能开发者的利益。

第一，著作权人未能从涉著作权数据的利用中获得合理回报已经成为著作权人急难愁盼的问题。著作权人对其作品相关的数据利益应享有一定的收益，若允许人工智能开发者无偿使用涉著作权数据，著作权人则难以获得经济回报，有失公平。在附条件合规利用制度下，人工智能开发者利用涉著作权数据前，需遵守有条件地支付合理报酬规则，符合各方当事人的期待和"法感"。

第二，人工智能开发者使用著作权人的作品并获得实质性利益，需要提供一定的经济补偿，符合"利益平衡"的价值追求。若允许人工智能开发者无条件地使用作品，则会降低作者的收益预期，挫伤创作积极性，进而可能减损社会公共利益。"生成式人工智能系统（GenAI）在训练过程中严重依赖人类的创造（如知识、艺术、写作和思想）。在此过程中，GenAI 系统可能会损害内容创造者和创新者的利益，使人类劳动得不到充分的报酬，同时抑制人类的创造力和创新能力。"[1]

第三，附条件合规利用制度具有经济合理性，对著作权人和人工智能开发者均有利，不会"全有"或"全无"地牺牲一方利益。实践中，著作权人多主张，应就其作品的新型使用方式产生的经济利益获得合理的回报。例如，"纽约时报案"双方曾尝试友好协商以确定利益分配。涉著作权数据的报酬机制将在很大程度上决定双方的合作意愿。此外，需要说明的是，当前无法一揽子解决公平补偿问题，这属于"附条件合规利用"落地方案的技术性问题，而非在法律上否定给予著

---

[1] 参见《域外观察 | G7 发布〈数字竞争公报〉确定 AI 市场公平竞争指导原则》，载微信公众号 CAICT 互联网法律研究中心，https：//mp.weixin.qq.com/s/TduYJCikdiSIFgt1T-cPLA，2024 年 10 月 29 日访问。也参见 "Federal Trade Commission and Justice Department Participate in Summit with G7 Enforcement Partners on Artificial Intelligence Competition Challenges"，https：//www.ftc.gov/news-events/news/press-releases/2024/10/federal-trade-commission-justice-department-participate-summit-g7-enforcement-partners-artificial，accessed Oct 26, 2024。

作权人合理报酬的正当性理由，生成式人工智能公司有义务通过合作等方式建立健全灵活补偿机制。其中，支付合理报酬并不包括开发者或服务提供者事前建立的侵权赔偿基金池，如 OpenAI 的版权盾（copyright shield）①，也不应包括使用者购买的商业保险。

### （二）公共利益优位的限度

公共利益优位的限度是附条件合规利用制度的另一理据。公共性是允许人工智能开发者利用涉著作权数据的有力依据，主要体现在两方面：（1）在价值判断上，公共利益常处于更优越的价值位阶。②（2）在目的正当性上，促进数据资源利用、智慧共享、科学技术进步契合公共目标。例如，生成式人工智能要"服务于著作权法改善公共福祉的最终目的"③。但须注意的是，"公共利益优位"并非"公共利益唯一"。当公共利益与个人利益发生冲突时，应当加以协调，兼顾二者。

第一，在法律与政策制定过程中，公共利益通常是决策的重要依据，但并非唯一标准。公共利益通常被视为高于个人利益，④ 因为其代表着社会整体的福祉，而非个体或特定群体的利益。例如，从鼓励科技创新与产业发展的角度看，公共利益的优位价值可以支持人工智能开发者对涉著作权数据进行正当利用，但该优位价值无法否定著作权人的实质贡献与合理收益。制定者需要权衡不同的利益，以确保决策契合社会的整体利益。因此，出于维护公共利益的需要，个人的权利及利益可能需要受到限制，并作出一定程度的退让，⑤ 但并非被完全剥夺。

---

① 参见 "OpenAI's Copyright Shield Is Business As Usual For Enterprise IT"，https://www.forbes.com/sites/billrosenblatt/2023/11/07/openais-copyright-shield-is-business-as-usual-for-enterprise-it/，accessed June 5, 2024。
② 参见高志宏：《个人信息司法保护的利益衡量》，《当代法学》2024 年第 1 期。
③ 丁文杰：《通用人工智能视野下著作权法的逻辑回归——"工具论"到"贡献论"》，《东方法学》2023 年第 5 期。
④ 参见刘光华：《祛魅公共利益：基于"价值—工具"法律利益分类范式》，《兰州大学学报（社会科学版）》2018 年第 4 期。
⑤ 参见熊琦：《"二次创作"行为著作权合理使用认定的经济分析范式》，《当代法学》2024 年第 1 期。

第二,《著作权法》具有公共政策属性,① 社会公众是使用涉著作权数据进行训练的最终受益者之一,但这不意味着所有利于社会公众和促进知识与文化传播的举措都符合"公共利益"。对"公共利益"的扩张解释将导致著作权人的权利大为受限。此外,从著作权的发展沿革看,"信息网络传播权"的出现恰恰印证了公共利益优位并不总是意味着其应优先于著作权人的正当利益。类似地,"公司法也并未将社会公共利益保护的价值位阶置于股东利益保护之前"②。可见,公共利益优先并非在任何场景下均可适用。

第三,强调公共利益优先,无法比较不同的公共目的之间的优先顺位。以"鼓励作品创作和传播"和"保护著作权及其相关权益"为例,对涉著作权数据的训练适用合理使用制度无疑有利于作品传播,但是会抑制著作权人的创作积极性和潜在经济利益。此时,公共利益优先就陷入僵局。附条件合规利用制度通过一系列规则可以妥善回应涉及不同公共目的的情形,相较于合理使用制度与许可制度,具有制度优势,其在满足社会公众的人工智能需求的同时,回应了著作权人对涉著作权数据的经济利益的渴望。

### (三)产业利益优先的反思

附条件合规利用制度的正当性还建立在反思"产业利益优先"观点之上。不少观点认为,鉴于我国面临追赶国际人工智能先进水平的压力,产业发展应当处于优先地位。③ 附条件合规利用制度并不否认人工智能开发者获取与利用涉著作权数据进行人工智能训练的现实需要和人工智能产业发展的需求。恰恰相反,该制度致力于更好地维护人工智能长期产业利益,在法治轨道上发展人工智能技术,才能行稳

---

① 参见焦和平:《人工智能创作中数据获取与利用的著作权风险及化解路径》,《当代法学》2022年第4期。
② 李燕、肖泽钰:《强制与自愿二元定位下〈证券法〉ESG信息披露制度的体系完善》,《重庆大学学报(社会科学版)》2024年第2期。
③ 参见张凌寒:《中国需要一部怎样的〈人工智能法〉?——中国人工智能立法的基本逻辑与制度架构》,《法律科学》2024年第3期。

致远。

第一，促进人工智能产业发展应通过费用优惠、税收优待、产业政策津贴等举措来实现，而非牺牲著作权人的正当利益。著作权人的作品用于人工智能训练时，提升了人工智能质量，著作权人理应获得合理的报酬，这符合"谁贡献谁受益"的基本原理。为了促进人工智能产业一时的发展而违背这一基本原理，既难以实现人工智能产业行稳致远的良性发展，也破坏了法律的价值体系和可预期性。

第二，从宏观政策视角看，允许附条件合规利用涉著作权数据，可以有效激发著作权人的创作积极性与社会经济活力，进而促进人工智能产业发展。根据预测，用于人工智能训练的高质量文本数据将于2026年耗尽。① 而基于人工智能的技术原理，用于训练的数据质量会显著影响人工智能所能达到的水平。据此，对著作权人利益予以合理保护来鼓励高质量作品的创作，长期来看将有助于未来人工智能所能达到的高度。

第三，现有制度之所以无法解决涉著作权数据的利用问题，在于规则的规范逻辑与市场发展逻辑、产业政策并不完全适配。② 已有研究警告称，进一步尝试扩大著作权原则（copyright doctrine）的解释以适应生成式人工智能的特殊性，可能会使问题恶化，同时无法实现著作权的既定目标，即保护创作者的同意权（right to consent）、权属（attribution）和补偿（compensation）。③ 因此，有必要寻求人工智能开发者利用涉著作权数据的平衡之道，而不是高举人工智能"产业利益优先"的大旗，牺牲本就处于不利地位的著作权人的利益。

---

① 参见 Pablo Villalobos et al., "Will We Run Out of Data? An Analysis of the Limits of Scaling Datasets in Machine Learning", http：//arxiv.org/pdf/2211.04325, accessed May 12, 2024。
② 参见张平：《人工智能生成内容著作权合法性的制度难题及其解决路径》，《法律科学》2024年第3期。
③ 参见 Micaela Mantegna, "ARTificial: Why Copyright Is Not the Right Policy Tool to Deal with Generative AI", https：//www.yalelawjournal.org/forum/artificial-why-copyright-is-not-the-right-policy-tool-to-deal-with-generative-ai, accessed June 5, 2024。

## （四）差异区分建构的需要

附条件合规利用制度可以修正合理使用制度"一刀切"做法的局限性，注重根据具体情境和对象特征进行分类处理，突出差异化策略的必要性和合理性。区别于传统应用场景，生成式人工智能应用的特殊之处在于适用情景更为多元，适用主体多样。这势必会导致难以用单一的标准去衡量制度的合理性，而所谓动态平衡又过于抽象。因此，基于差异区分建构①的需要，附条件合规利用制度的设计需要考虑实践中业务模式的差异性，规则适用也需要考虑具体情境，法律效果评估也需要考虑不同主体的差异化需求。

第一，基于新型业务模式的差异区分建构。生成式人工智能公司的新型业务模式与传统收益分配模式不兼容。人工智能开发者"搭便车"甚至"过河拆桥"式使用涉著作权数据的行为，诱发了新闻出版行业与人工智能公司之间的冲突②，也引发了对合理使用制度的反思。例如，在道琼斯案中，Perplexity声称能为用户提供发布准确、最新新闻和信息的平台，用户可以"跳过链接"进入各类新闻出版商的网站。传统上搜索引擎是一种发现、指向和检索信息的工具，只促进内容的发现，而不寻求替代内容。但是，Perplexity的商业模式并没有将机会留给内容创作者；相反，其剥夺了内容创作者的盈利机会。应当警惕人工智能开发者披着"共享知识"的外衣进行掠夺性利用。在该案中，AI搜索引擎在返回检索结果时提供自动生成的内容摘要，这种做法引发了《纽约时报》等新闻机构的强烈反对。其主要原因在于：当AI生成的摘要能够满足用户信息需求时，用户倾向于直接采用摘要内容而不访问原文链接，这对内容平台的流量及商业模式构成了潜在威胁。当

---

① 差异区分建构的理念在人文社会科学领域被广泛认可和运用，如社会学中皮埃尔·布尔迪厄（Pierre Bourdieu）提出的"场域理论"（Field Theory）、管理学的"情境理论"（Contingency Theory）、政治学的"多元主义理论"（Pluralism）、经济学的"市场细分理论"（Market Segmentation）等。法学领域关于差异区分建构的运用，可参见周佑勇：《企业行政合规的制度定位及其建构路径》，《比较法研究》2024年第3期。

② 参见《纽约时报要求AI新创公司Perplexity停止使用内容》，https://www.worldjournal.com/wj/story/121469/8293849，2024年10月29日访问。

然，并非所有人工智能公司的业务模式都会实质性地与著作权人发生竞争或替代关系，部分传统业务模式可以继续沿用合理使用制度，而对于部分新型业务模式则有必要考虑附条件合规利用制度，这表明了差异区分构建的必要。

第二，基于数据利用场景的差异化建构。我国学理上多数观点认为，并非所有的涉著作权数据的利用行为均可以适用合理使用制度。① 同时，合理使用并非所有场景下的免责事由。根据德国公布的法律意见书显示，欧洲对涉及《数字化单一市场版权指令》（Directive on Copyright in the Digital Single Market）（以下简称《版权指令》）第4条规定的"文本和数据挖掘"（TDM）版权例外在多大程度上允许数据集被汇编并用于训练人工智能系统也尚未达成统一意见。有观点认为："TDM例外以及美国的合理使用原则并不是人工智能模型开发者的通行证，我们必须考虑案件的具体情况，不能完全排除TDM例外的适用性。"② 另外，不同的数据利用场景可能蕴含不同的技术发展风险，并非所有场景下均可允许人工智能开发者对涉著作权数据进行合理使用。例如，美国人工智能政策研究所执行主任丹尼尔·科尔森（Daniel Colson）认为："在人工智能发展进程中构建适当的保护措施，以实现创新和风险控制的平衡，尤为重要。"③ Perplexity公司优先考虑了如何快速创新，而非潜在的法律障碍。这种激进的创业文化虽然对于低风险的技术发展是有效的，但并不适用于强大却具有潜在危险的人工智能系统。

第三，基于主体类型的差异区分构建。一方面体现在权利人上，涉著作权数据的权利人不仅包括纽约时报公司和知名艺人等具有一定议价能力和市场影响力的主体，也包括广大普通内容创作者。若采合

---

① 参见李安：《人工智能训练数据的版权信息披露：理论基础与制度安排》，《比较法研究》2024年第5期。

② 参见《德国法律意见书质疑文本和数据挖掘例外对人工智能训练的适用性》，载中国保护知识产权网，http://ipr.mofcom.gov.cn/article/rgzhn/202410/1988612.html，2024年10月26日访问。

③ 参见"NYT Sends AI Startup Perplexity 'Cease and Desist' Notice over Content Use"，https://www.reuters.com/technology/artificial-intelligence/nyt-sends-ai-startup-perplexity-cease-desist-notice-over-content-use-wsj-reports-2024-10-15/，accessed Oct 26, 2024。

理使用制度，前者也许可以通过和解或合作的方式获得人工智能开发者一定的报酬，但是其他著作权人可能就无法从数据训练中获得应有的补偿。基于此，探索公平对待全部著作权人正当利益的报酬机制尤为重要。另一方面则体现在利用主体上。例如，中小科创企业显然不具备同大型公司一样的合规能力、研发水平、技术标准以及经济能力，"由于缺乏足够竞争，AI 企业对内容创作者作品的使用拥有垄断权，并阻止小型 AI 企业获得相同的资源"[1]。一刀切地适用合理使用制度，看似利于知识共享和科技创新，实则可能激化著作权人和人工智能开发者之间的矛盾，导致因"合理使用"引起更多技术攻防和诉争。而在附条件合规利用制度中，要求大型人工智能公司履行支付合理报酬的义务，并对初创企业予以一定程度或一定期限内的减免，不仅可以缓和著作权人与人工智能开发者的冲突，也可以起到激励初创科技公司的社会效果。

## 四、"附条件合规利用"制度的构建

"附条件合规利用"制度的构建需要明确三方面：一是明确"附条件"的要求，实现利益平衡与多元价值；二是明确"合规"的要求，人工智能开发者应履行一定的合规义务才有资格未经著作权人许可利用涉著作权数据；三是明确"利用"的要求，包括利用主体、利用客体、利用行为以及利用目的等方面。

### （一）"附条件"的要求

在利益平衡的考量上，允许人工智能开发者在一定条件下合规利用涉著作权数据，可以实现著作权人、人工智能开发者、公共利益的多方平衡。如此方能在避免人工智能开发者任意使用涉著作权数据的

---

[1] 参见《域外观察 | G7 发布〈数字竞争公报〉确定 AI 市场公平竞争指导原则》，载微信公众号 CAICT 互联网法律研究中心，https：//mp.weixin.qq.com/s/TduYJCikdiSIFgt1T-cPLA，2024 年 10 月 29 日访问。

同时，通过合规治理与报酬机制保障著作权人的正当利益。一直以来，《著作权法》都是通过了解各方权利主体的利益诉求来合理平衡利益分配的。①"附条件合规利用"将成为人工智能时代新的利益平衡方案。

"附条件合规利用"中的"附条件"主要包括三点：一是人工智能开发者履行相关的著作权保护义务；二是人工智能开发者遵守支付合理报酬规则；三是人工智能开发者尊重著作权人拒绝使用的意愿。

第一，人工智能开发者应当履行相关的著作权保护义务，主要包括人工智能开发者应履行授权寻求义务和著作权过滤义务。《版权指令》②第 17 条要求权利人事先向平台提供作品的相关必要信息。在著作权领域的自动化识别过滤需要存在一个事先的作品库，否则平台无从采取技术手段对用户上传的内容进行比对。③ 基于此，从利益平衡与权利对等角度可知，著作权人若不积极主张自己的著作权利（这与著作权作品自动保护原则不冲突），客观上可能导致人工智能开发者无法从技术上实现著作权过滤义务。事实上，无论是合理使用、授权许可还是法定许可，均应标注作品来源。人工智能开发者履行前述著作权保护义务，有助于实现著作权人的精神权利，给予权利人必要的尊重与认可④，亦有助于后期的合作。因此，附条件合理使用制度应当沿用该规则。有观点认为，若人工智能开发者未能提供充分证据，证实其在模型训练阶段采取了必要措施防止生成内容构成抄袭、避免重复性侵权等合理注意义务的履行情况，则应当对权利人因此遭受的实际损失承担相应的间接侵权责任。⑤ 事实上，开发者违反注意义务并不必然承担

---

① 参见黄薇主编：《〈中华人民共和国著作权法〉导读与释义》，中国民主法制出版社 2021 年版，第 143 页。

② 参见 Directive (EU) 2019/790 of the European Parliament and of the Council of 17 April 2019 on copyright and related rights in the Digital Single Market and amending Directives 96/9/EC and 2001/29/EC, https: //eur-lex. europa. eu/eli/dir/2019/790/oj, accessed May 12, 2024。

③ 参见司晓、曹建峰：《欧盟版权法改革中的大数据与人工智能问题研究》，《西北工业大学学报（社会科学版）》2019 年第 3 期。

④ 参见李安：《人工智能训练数据的版权信息披露：理论基础与制度安排》，《比较法研究》2024 年第 5 期。

⑤ 参见王志文：《AIGC 大模型数据训练版权规制的终端转向》，《北京理工大学学报（社会科学版）》2024 年第 5 期。

侵权责任，但其应履行相关著作权保护义务，否则将不得适用附条件合规利用制度。

第二，人工智能开发者遵守支付合理报酬规则。人工智能开发者应当支付合理报酬的理由如下。（1）利用他人的受《著作权法》保护的作品时，向权利人支付报酬契合《著作权法》的立法精神，也符合社会大众朴素的公平价值观。事实上，尽管人工智能开发者与著作权人存在潜在的经济利益冲突，但双方并无不可调和的观念冲突，甚至在为社会公众提供更优质的作品的目标上二者是一致的。（2）要求人工智能开发者支付合理对价，契合法经济学的激励理论与数据市场要素化的现实需求，也可以克服"市场失灵"。① （3）提供给权利人公平合理报酬，符合境外数字经济立法及政策趋势，适应数字经济发展与保护需要。正如欧盟立法者所言："少数公司赚取巨额资金，但没有适当地（properly）支付他们所依赖的无数创作者和记者的报酬。为改善（correcting）这种情况，《版权指令》迈出了重要一步。"② 例如，《版权指令》第17条新设了针对在线内容分享平台的特殊责任机制③，旨在杜绝原先在线平台从著作权内容中获益却不补偿著作权人的行为。（4）符合司法实践与实务的立场。从"谷歌数字图书馆"一案所达成的和解协议内容来看，谷歌愿意就未经授权的利用行为进行谈判，并愿意同涉著作权数据的权利人分配市场利益。类似地，从"纽约时报案"的诉状来看，其与微软公司、OpenAI公司也尝试过"付费和解"的路径。相较于事后的侵权赔偿和高昂的诉争费用，积极探索灵活补偿机制不失为一种更为积极、经济的合作与和解方式。例如，不同于一次性买断作品的使用权的做法，Perplexity公司在2024年7月份推出"收

---

① 参见王文敏：《人工智能对著作权限制与例外规则的挑战与应对》，《法律适用》2022年第11期；刘禹：《机器利用数据行为构成著作权合理使用的经济分析》，《知识产权》2024年第3期。

② 参见"Agreement Reached on Digital Copyright Rules"，https://www.europarl.europa.eu/news/en/press-room/20190212IPR26152/agreement-reached-on-digital-copyright-rules，accessed May, 2024。

③ 参见Directive on Copyright in the Digital Singles Market, Art. 17。

入共享计划",即在搜索结果中突出显示合作出版社的内容,当 Perplexity 引用出版商的文章,并获得一定的广告收入后与出版商分享该收入。① 加入该计划后,WordPress.com 的内容就可以出现在 Perplexity 发现页面的"继续探索"栏目中,部分收入将转给内容创作者。尽管 Perplexity 公司仍然卷入著作权侵权诉讼中,但是收入共享计划得到了部分出版商的认可,不能否认其探索灵活补偿机制的价值。不同的科技公司根据不同的新型业务和场景,可以针对性地提出补偿方案或利润分配模式。(5)遏制人工智能开发者不支付合理对价的负面影响。对著作权人激励的减少会降低作者的创作动力,作品数量会随之减少。长此以往不利于生成式人工智能训练中利用更多的优质"原料"。因此,为了设立较为合理的报酬机制,人工智能开发者与著作权人需要就支持大模型预训练阶段中附条件利用涉著作权数据达成初步共识,并协力推动解决著作权数据流通问题,尤其是数据估价问题。

在确定涉著作权数据价值时,须考量诸多因素。除了作品通常的市场价值等因素外,生成式人工智能训练场景中须注意两项特别因素。其一,著作权人和人工智能开发者都对涉著作权数据价值的实现作出了贡献。著作权人创作了作品,故其存在贡献自不待言。人工智能开发者对于发掘涉著作权数据价值也付出了可观的成本,若无开发者参与,涉著作权数据价值难以实现。因此,涉著作权数据的价值不宜全部归于著作权人。其二,人工智能开发者利用涉著作权数据的行为及后续商业行为,可能与著作权人的作品形成竞争,甚至形成一定程度的市场替代效应(例如相似的输出可能会影响原作的市场价值)。② 例

---

① 收入分成按每篇文章计算,如果在一个答案中使用了一个出版商的文章,分成比例可能会成倍增加。作为交换,当搜索结果出现这些出版商的内容时,出版商将获得 Perplexity 广告收入的两位数百分比的分成。此外,出版商还将获得 Perplexity API 的访问权限,可用于创建定制的"答案引擎"和"企业专业版"账户,此外,该公司还将为参与该计划的出版商所有员工提供为期一年的企业专业版产品,具有增强型数据隐私和安全功能。《时代》《明镜》《财富》《企业家》《德克萨斯论坛报》和 WordPress.com 媒体及内容平台成为首批加入收入共享计划的公司。
② 参见卢炳宏:《表达型人工智能版权合理使用制度研究》,《现代出版》2019 年第 4 期。

如，在"纽约时报案"中，原告主张"网站Wirecutter上的文章内容被人工智能输出，这远比传统搜索结果中显示的丰富得多。不同于传统的搜索结果，这里并没有包含一个明显的超链接，引导用户访问Wirecutter网站，这严重影响了该网站的流量"。同时，被告试图免费搭乘《纽约时报》在其新闻业务上巨额投资的便车，无偿使用这些成果，使得AI聊天机器人分流了原本集中于《纽约时报》的网络流量，从中"窃取"观众，令该公司损失了广告、许可和订阅收入。① 在具体金额方面，可以考虑由著作权集体管理组织代为协商和受偿，② 即由著作权集体管理组织代议或其他行业自治组织发起倡议标准。

或许有观点会认为，人工智能开发者主要使用的是网络公开数据，其中重要部分之一是网络用户发布的内容，难以确定权利人并付费。该观点具有两个误解。一是网络用户发布的内容未必总是能得到著作权法的保护；二是数据的可用性不等于合法性。例如，根据2024年10月澳大利亚信息专员办公室发布的《关于隐私以及开发和训练生成式人工智能模型的指南》(Guidance on Privacy and Developing and Training Generative AI Models)的警告，数据是公开的或可访问的，并不意味着它可以被合法地用于训练或微调生成式AI模型或系统。③ 还有潜在的疑问是，如何理解部分著作权人因自身原因导致无法获得合理报酬。此时，人工智能开发者能否在履行合规义务的前提下利用相关涉著作权数据？回答是肯定的，原因在于"获取合理报酬"的要求对于权利人而言属于特权(privilege)，这就意味着权利人可以放弃，包括明示放弃或默示以直接的行动放弃。

第三，人工智能开发者应当尊重著作权人拒绝使用的意愿。(1)应

---

① 参见 The New York Times Co. v. Microsoft, OpenAI, Case No. 1：23-cv-11195。
② 通过集体管理组织解决人工智能开发者与著作权人的利益冲突问题，可参见张平：《人工智能生成内容著作权合法性的制度难题及其解决路径》，《法律科学》2024年第3期；Pamela Samuelson, "Thinking About Possible Remedies in the Generative AI Copyright Cases", Communications of the ACM, https：//ssrn.com/abstract=4770671, accessed June 5, 2024。
③ 参见 "Guidance on Privacy and the Use of Commercially Available AI Products", https：//www.oaic.gov.au/privacy/privacy-guidance-for-organisations-and-government-agencies/guidance-on-privacy-and-the-use-of-commercially-available-ai-products, accessed Oct 27, 2024。

以著作权人"默示同意使用"为原则,以"事先声明不可使用"为例外。尊重著作权人事后"选择-退出"(opt-out)的权利,尤其是在商业化使用的场景中。① 例如,美国道琼斯公司曾向 Perplexity 公司发出侵权警告函(cease-and-desist letter),要求该公司立即停止利用其出版物内容作为生成式人工智能模型的训练素材,这应当被视为美国道琼斯公司明确拒绝相关涉著作权数据用于人工智能训练。有观点认为,权利人声明保留不代表涉著作权数据只能获得授权才能使用,而是作为开发者支付一定报酬的前提。② 但该设计不利于尊重著作权人,声明保留应当理解为权利人的明确拒绝意思。具体可以借鉴《版权指令》第 4 条,即商业目的的文本和数据挖掘必须尊重版权人的意愿,否则构成侵权。欧盟《人工智能法案》(Artificial Intelligence Act, AI Act)第 51(1)条规定了训练数据信息披露义务。这也为实现《版权指令》第 4(3)条规定的"权利保留""选择-退出"提供了制度可能。根据一般的权利行使逻辑,除权利人事先预告以外,权利人通常只有在知晓其相关作品被用于数据训练时,才能行使退出权利。类似的退出机制还体现在《关于隐私以及开发和训练生成式人工智能模型的指南》中:"退出机制必须附带足够的信息,以告知个人其个人信息的预期用途,并提供足够的时间来行使退出权。"一种可能的担忧是,若允许著作权人行使拒绝权,可能导致著作权人大规模拒绝或导致大量涉著作权数据被删除。尽管此类顾虑不无道理,但是当前著作权人主张退出或删除主要是因为没有获得人工智能开发者合理的对价。在附条件合规利用制度下,著作权人的经济利益可以得到一定程度的保障,其否定和拒绝人工智能开发者利用其涉著作权数据的情况会减少。

(2)著作权人的拒绝权亦受到一定的限制,需要符合比例原则和考虑经济的不利益与社会效益。例如,若已经被用于人工智能训练的

---

① 反对适用"选择-退出"机制的观点,可参见刘禹:《机器利用数据行为构成著作权合理使用的经济分析》,《知识产权》2024 年第 3 期。
② 参见樊祜玺:《数字环境下文本与数据挖掘版权例外规则构建》,《图书馆工作与研究》2024 年第 9 期。

数据在技术层面无法删除，除非停止整个人工智能的使用，则此时可基于利益衡量而限制拒绝权的行使。① 因为停止成本高昂的人工智能的使用可能阻碍技术发展，造成社会资源浪费等。但这不影响著作权人享有的请求损害赔偿的权利。或有观点质疑，著作权人明确表达拒绝其著作权数据用于训练后，如何实现该"选择-退出"的权利？若允许著作权人仅通过单方声明就排除数据的利用，这是否会成为普遍化趋势，让附条件合规利用制度沦为摆设？该疑虑不可不察，但附条件合规利用制度构建具有积极的体系性影响。一方面，商业逻辑与现实趋势存在多种可能。正如《时代》《明镜》等众多出版商出于资源共享、利益共生的需求加入 Perplexity 收入共享计划一样②，营利性机构的商业嗅觉不会盲目拒绝新的创收模式，也不排除个体著作权人会愿意合作。以此观之，在商业逐利性和合理报酬激励下，并不会发生著作权人浪潮式退出的现象。恰恰相反，从当前的商业实践来看，越来越多的著作权人愿意在取得合理报酬和维持著作权精神权利的前提下同意将涉著作权数据用于人工智能训练。另一方面，生成式人工智能公司或因为法律严格要求，或出于商业发展的需要，逐步意识到尊重著作权人"选择-退出"权利的重要性，并着手渐进式推动相关制度构建。例如，OpenAI 公司计划 2025 年引入媒体管理器（Media Manager），以便内容所有者可以管理著作权作品在人工智能中如何被使用③，并允许内容创作者防止他们的内容被用来训练人工智能模型。④

（3）法律规定的部分专有数据不受此限。出于鼓励创新和科技发展的需要，部分专有数据可以不适用拒绝权。鉴于此类情形对著作权

---

① 参见林北征：《没有删除，只能遗忘：AI 大模型个人信息删除义务的解释与重构》，《西安交通大学学报（社会科学版）》2024 年第 3 期。
② 参见《Perplexity 与出版商启动收入共享计划》，载澎湃网，https://m.thepaper.cn/detail/28271543，2024 年 10 月 26 日访问。
③ 参见 "Our Approach to Data and AI"，https://openai.com/index/approach-to-data-and-ai/，accessed Oct 12, 2024。
④ 参见 "Tech Giants Scramble to Stage AI Competition（with Concept Stocks）"，https://news.futunn.com/en/post/42258381/hong-kong-stock-concept-tracking-the-ai-circuit-ushered-in? level=1&data_ticket=1730015316963084，accessed Oct 12, 2024。

人的权利做了较大限制，应当严格限于法律明文规定的情形。综上，尊重著作权人的意愿，允许其行使拒绝权，并不会明显阻碍生成式人工智能技术与产业发展。相反，这有助于平衡著作权人与人工智能开发者的合法权益。

## （二）"合规"的理解

"附条件合规利用"中的"合规"，指人工智能开发者应履行一定的合规义务才有资格未经著作权人许可便处理涉著作权数据。比较法上，根据英国信息专员办公室（Information Commissioner's Office，ICO）发布的《网络爬取个人数据训练生成式人工智能模型的合法依据》征求意见稿，"若生成式人工智能开发者重视其法律义务，并能在实践中予以落实，则在网络爬取数据上训练生成式人工智能模型具有可行性"。就人工智能数据训练而言，主要的合规义务是披露涉著作权数据的来源，并如实标注著作权信息，因为这是著作权人了解其作品被用于人工智能训练的前提。具体而言，该合规义务表现在以下几个方面。

第一，生成式人工智能服务提供者应公开用于训练的作品信息，包括作品的著作权人信息。涉著作权数据的信息披露，不仅有利于提供作品使用的直接证据，还有利于实现法律问责并促进技术改良。[1] 正如有学者所言，在训练人工智能时，如果没有著作权作品使用的透明度，创作者将永远不会得到公平的补偿，人工智能科技公司将继续窃取词曲作者的作品。要求披露涉著作权数据的来源是确保法律以人为本的重要一步。这也是贯彻人工智能透明度的要求。[2] 比较法上，2024年4月美国《生成式人工智能版权披露法案》（The Generative AI

---

[1] 参见李安：《人工智能训练数据的版权信息披露：理论基础与制度安排》，《比较法研究》2024年第5期。

[2] 参见"Rep. Schiff Introduces Groundbreaking Bill to Create AI Transparency between Creators and Companies"，https：//schiff.house.gov/news/press-releases/rep-schiff-introduces-groundbreaking-bill-to-create-ai-transparency-between-creators-and-companies，accessed April 12, 2024。

Copyright Disclosure Act)①要求确保著作权人意识到自己的工作对人工智能训练数据集(AI training datasets)的贡献。②

通过对人工智能系统提供者施加透明度义务(transparency obligations),欧盟《人工智能法案》可能允许权利人更有效地利用选择-退出机制(the opt-out mechanism)。③ 事实上,欧盟《人工智能法案》中争议较大的规定就是,部署通用人工智能模型的组织必须提供用于训练模型的内容的"详细摘要"。欧洲议会负责监督《人工智能法案》起草工作的立法者之一德拉戈斯·图多拉奇(Dragos Tudorache)认为,应强制人工智能公司公开其数据集。他说:"这些数据集必须足够详细,让斯嘉丽·约翰逊(Scarlett Johansson)、碧昂斯(Beyoncé)或任何人都能知道他们的作品、歌曲、声音、艺术或科学是否被用于训练算法。"④ 欧盟人工智能办公室表示,计划在与利益相关者协商后,于2025年初发布一个信息披露模板供各组织参考。信息披露要求并非域外法独有的问题,我国人工智能发展与监管过程中同样面临透明度问题。当前棘手的问题之一是训练数据披露程度为何,是要求概要式(summary)披露还是清单式(list)⑤披露? 本文认为,不需要像欧盟《人工智能法案》第

---

① 参见 "The Generative AI Copyright Disclosure Act",https://schiff.house.gov/imo/media/doc/the_generative_ai_copyright_disclosure_act.pdf,accessed April 12, 2024。

② 参见 "Rep. Schiff Introduces Groundbreaking Bill to Create AI Transparency between Creators and Companies",https://schiff.house.gov/news/press-releases/rep-schiff-introduces-groundbreaking-bill-to-create-ai-transparency-between-creators-and-companies,accessed April 12, 2024。

③ 参见 Gina Maria Ziaja, "The Text and Data Mining Opt-out in Article 4 (3) CDSMD: Adequate Veto Right for Rightholders or a Suffocating Blanket for European Artificial Intelligence Innovations?", *Journal of Intellectual Property Law & Practice*, Vol. 19, No. 5, 2024, p. 453。

④ 参见《欧盟人工智能新规出炉 引发数据透明度之争》,https://www.moomoo.com/hans/news/post/39443453/eu-ai-new-regulations-released-triggering-a-debate-on-data?level=1&data_ticket=1730017045508910,2024年10月29日访问。

⑤ 例如,《网络数据安全管理条例》第21条第2款第1句规定的网络数据处理者的信息披露方式即要求清单式:"网络数据处理者按照前款规定向个人告知收集和向其他网络数据处理者提供个人信息的目的、方式、种类以及网络数据接收方信息的,应当以清单等形式予以列明。"

53(1)条d项一样要求事无巨细地披露所有相关信息①，但是至少需要披露直接涉及权利人利益的涉著作权数据。②

第二，客观上无法披露来源的情形可以不标记著作权人信息，这主要包括孤儿作品或者权利人未知或难以知晓的场景等。尽管根据我国著作权自动保护原则，著作权自作品创作时产生，无须履行手续；但是，鉴于后期潜在的市场交易行为和侵权维权需求，证明权利归属以及权利来源合法的需要，应鼓励作品在中国版权登记中心登记。

第三，人工智能开发者应当提供便捷的查阅著作权信息的途径，并保留涉著作权数据的著作权管理信息（Copyright Management Information，CMI）以便供著作权人和有关部门检查、监督或侵权溯源使用，并防止因著作权管理信息处理不当而引发诉争。我国人工智能领域相关立法中也注意到保留著作权信息的重要性。根据《人工智能生成合成内容标识办法（征求意见稿）》（以下简称《标识办法》）第5条第3款的规定，作为描述性信息的文件元数据，可以用于记录文件来源、属性、用途、版权等信息内容。该法要求人工智能服务提供者确保生成内容的合规标识和透明性的同时，实际上也对人工智能开发者维护元数据的版权信息做出间接性要求。例如，《标识办法》第8条明确指出，服务提供者必须在生成内容的元数据中加入标识信息，确保其可追溯性。基于类似目的，美国《前沿人工智能模型安全创新法案》（Safe and Secure Innovation for Frontier Artificial Intelligence Models Act，以下简称《加州AI法案》）也要求在生成内容的元数据中包含相关信息，并要求相关信息能够通过AI检测工具识别。③ 据此，亦可打消附条件合规

---

① 人工智能图像编辑公司Photoroom的首席执行官马蒂厄·里乌夫（Matthieu Riouf）认为：“这就像烹饪一样，菜谱中有一部分属于顶级大厨不会共享的秘密，即让菜不同的'秘诀'。"

② 2024年3月，我国网络安全标准化技术委员会发布了《生成式人工智能服务安全基本要求》，该技术文件第5.2条提出人工智能服务提供者应当"公开语料中涉及知识产权部分的摘要信息；在投诉举报渠道中支持第三方就语料使用情况以及相关知识产权情况进行查询"。

③ 参见《中美AI监管差异：中国AIGC内容标识办法与美国加州AI透明法案深度剖析》，载极牛网，https://geeknb.com/27856.html，2024年10月29日访问。

利用制度中对于涉著作权数据披露工作在可操作性层面的疑虑，因为既然对于无法预测的生成内容可以做到过程性管理（透明度要求之标识），对涉著作权数据的过程性管理（透明度要求之信息披露）亦应能实现。

### （三）"利用"的规则

"附条件合规利用"中"利用"的具体规则主要包括利用主体、利用客体、利用行为以及利用目的四个方面。

第一，在利用主体方面，不限于大学、研究所等科研机构，也应包括营利性企业，甚至后者是实践中最主要的主体。①

第二，在利用客体方面，数据处理行为适用于合法接触的涉著作权数据，不限于具体的文本或数据类型。可处理的客体应是"合法接触"（lawful access）获得，因为非法获取的数据可通过反不正当竞争法或侵权法加以规制。关于"合法接触的作品"（lawfully accessed works）的界定，根据欧盟《版权指令》中立法理由的阐述，"合法接触应理解为基于开放获取政策（open access policies）或合同安排（contractual agreements）等取得的合法接触途径"②。这是合法接触的两种重要情形，但不限于这两种。"等"字体现了合法接触情形的开放性。还需注意的是，根据2024年澳大利亚信息专员办公室发布的《关于隐私以及开发和训练生成式人工智能模型的指南》的指导意见，"数据可用性不等于合法性：数据是公开的或可访问的，并不意味着它可以被合法地用于训练或微调生成式AI模型或系统"③。以相关涉著作权数据是否依照合法途径获得可以分为两类：一是禁止性获取，如非法攻击获取、破坏性数据挖掘与利用；二是非禁止性获取，除依著作权人的作品授权外，

---

① 参见焦和平：《人工智能创作中数据获取与利用的著作权风险及化解路径》，《当代法学》2022年第4期。
② 参见 Copyright in the Digital Single Market Directive, Rec. 14。
③ 参见"Guidance on Privacy and the Use of Commercially Available AI Products", https：//www.oaic.gov.au/privacy/privacy-guidance-for-organisations-and-government-agencies/guidance-on-privacy-and-the-use-of-commercially-available-ai-products, accessed 27 Oct, 2024。

主要包括著作权权利限制与例外、爬虫协议获取、作品数字化等。利用涉著作权数据的正当性权源主要包括著作权人授权、著作权集体组织决定。

第三，在利用行为方面，本制度适用于人工智能训练环节对涉著作权数据的处理行为，尤其是获取和利用行为。学界在表达涉著作权数据的处理行为时采用了诸多不同的表达，例如"文本与数据挖掘""数据挖掘"①"网络爬虫/网络抓取""计算机信息分析"② 以及"学习训练行为""预训练行为"等。就计算机学的技术原理而言，数据挖掘、文本与数据挖掘、计算机信息分析是相对独立的概念。有观点认为，将网络爬虫、文本与数据挖掘、数据科学、机器学习等概念笼统作为先进技术混为一谈的方式，不利于讨论是否适用"合理使用"制度，对于相关法律规则的适用也造成了混淆。也有观点认为，多数地区立法实践将"文本与数据挖掘"作为规制重点，但是这与生成式人工智能预训练所涉及的数据提取与整合并不一致。③ 就法律而言，没有必要在计算机技术层面严格区分这些概念，因为法律概念注重的是其规范含义，而非技术含义。故所谓文本与数据挖掘、计算机信息分析、预训练行为等概念并没有严格区分的必要，其都指向人工智能训练环节对涉著作权数据的处理行为。④ 唯不同国家或地区基于其立法例与历史传统，会使用不同的表达习惯，例如欧盟将其表述为"文本与数据挖掘"，日本则称之为"计算机信息分析"。

第四，在利用目的方面，包括商业化利用。这是附条件合规利用与合理使用的差别之一。无论是我国的三步检测法抑或美国的四要素判断标准都涉及对"使用目的"的考量。一般而言，合理使用的"使

---

① 数据挖掘通常都采用 ETL 技术，包括提取（extract）、转换（transform）、加载（load）。须注意，此处的"数据挖掘"为统称，其内涵与外延大于"文本与数据挖掘"，并非指仅对数据进行挖掘，而排除对文本的利用。

② 有观点认为，"计算机信息分析"的概念范围大于"文本与数据挖掘"。参见张金平：《人工智能作品合理使用困境及其解决》，《环球法律评论》2019 年第 3 期。

③ 参见潘香军：《论机器学习训练集的著作权风险化解机制》，《上海法学研究》2023 年第 6 卷。

④ "网络爬虫/网络抓取"仅是获取数据的手段之一，不宜与上述概念等同。

用的目的必须正当，包括不具有商业性质和非营利的使用目的"①。人工智能开发者处理涉著作权数据的目的，不应当以传统的个人学习、科学研究为限，不宜限制商业化使用。相反，促进商业化使用正是附条件合规利用制度的重要功能。不对使用目的作出严格限制，符合国际立法的趋势。例如，《版权指令》区分科学研究目的和商业目的，进一步明确了文本与数据挖掘、数据科学、机器学习等技术应用中复制、提取作品和数据的版权保护边界。这一方面可以为相关技术研发应用活动提供法律确定性，另一方面全面放开文本与数据挖掘例外有助于确保欧盟在数据科学、人工智能等科学研究领域与美国等竞争时不会遭遇不合理的法律壁垒。② 当然，利用目的也并非毫无限制，其主要限制为应避免故意的竞争性使用，即不得不合理地侵害著作权人未来的涉著作权数据的增益。"利用以模仿特定作者作品为目的机器学习创作的 AI 生成物存在较为明显的市场替代关系，应当取得著作权人的许可。"③ 需注意的是，避免竞争性使用的考量仍然主要是基于著作权合法利益保护的需要，而非竞争法规制的要求。④ 此外，在利用目的上，还可以借鉴开发者无法证明合理用途时处理隐私信息的思路，"如果开发者无法明确证明 AI 相关目的的二次用途在合理预期范围内且与主要目的相关，为避免监管风险，他们应为此类用途寻求同意，并提供个

---

① 吴汉东：《著作权合理使用制度研究》(第 4 版)，中国人民大学出版社 2020 年版，第 167—169 页。
② 参见司晓、曹建峰：《欧盟版权法改革中的大数据与人工智能问题研究》，《西北工业大学学报(社会科学版)》2019 年第 3 期。
③ 赵旭：《生成式人工智能在机器学习中的合理使用问题》，《暨南学报(哲学社会科学版)》2024 年第 3 期。
④ 不同观点认为："表达性使用也可纳入到反不正当竞争法的调整对象之内，但该类型的调整只能局限于特定的范围之内。"参见杨红军：《论"标准"的表达性使用及其法律调整》，《河北法学》2017 年第 12 期。还有观点认为："版权法可能不是处理 GAI 相关问题的最佳工具，因为它可能无法公平地补偿艺术家和其他数据工作者，应采取整体政策方法 (holistic policy approach)，考虑包括人权、劳动法、数据保护和消费者权利在内的不同法律框架。"参见 Micaela Mantegna, "ARTificial: Why Copyright Is Not the Right Policy Tool to Deal with Generative AI", https://www.yalelawjournal.org/forum/artificial-why-copyright-is-not-the-right-policy-tool-to-deal-with-generative-ai, accessed June 5, 2024。

体有意义且知情的退出选择"①。当开发者无法排除相关二次用途是否仍在合理的著作权规则范围内,有义务为相关著作权人提供"选择-退出"的权利。

相较于现有的许可制度,附条件合规利用制度可降低人工智能开发者获取涉著作权数据的成本,避免许可制度实施成本高的难题。其一,附条件合规利用制度可避免许可制度必须"先许可再利用"的刚性要求。人工智能开发者在履行授权寻求义务后,若著作权人未"事先声明"涉著作权数据拒绝被利用,或在一定期限内没有表示反对,则人工智能开发者可先行利用数据,这降低了开发者的成本。其二,在运行成本方面,附条件合规利用的构建有利于实现批量操作。在规模化推行后,其运行成本将大幅下降。出于保护著作权人合法权益和鼓励作品创新,授权许可费用通常较高,不利于人工智能开发者批量利用涉著作权数据,而附条件合规利用的一系列配套规则,可以降低长期利用涉著作权数据的成本。通过建立涉著作权数据及管理平台,人工智能开发者可以依托该平台对接著作权集体管理组织或其他行业自治组织确定合理报酬标准,从而实现标准化操作,降低运行成本。其三,在社会成本方面,若主张人工智能开发者处理涉著作权数据需要获得授权许可,该许可费用最终将以增加服务费用的方式转嫁到人工智能使用者身上,从而抑制人工智能的应用。附条件合规利用坚持"谁贡献谁受益"的原理,同时认可著作权人和人工智能开发者在实现作品价值方面的贡献,合理分配了围绕作品而产生的经济利益。此外,相较于法定许可(变更法定许可费用的成本)、授权许可(一对一授权许可的成本)而言,附条件合规利用制度适用的社会成本更低。

---

① 参见"Guidance on Privacy and the Use of Commercially Available AI Products", https://www.oaic.gov.au/privacy/privacy-guidance-for-organisations-and-government-agencies/guidance-on-privacy-and-the-use-of-commercially-available-ai-products, accessed Oct 27, 2024。

## 结　语

　　人工智能若缺失了对涉著作权数据的利用，将难以实现高质量发展。但基于"不发展是最大的不安全"而给予人工智能开发者过多优待，包括牺牲对著作权人正当利益的保护，则难谓妥当。① 附条件合规利用制度坚持了"谁贡献谁受益"的基本原理，既承认了著作权人的贡献，尊重了著作权人的意愿，又为人工智能开发者提供了便捷的数据获取和利用途径。附条件合规利用制度将成为人工智能时代新的利益平衡方案。其中，"附条件"主要包括三点：一是人工智能开发者履行相关的著作权保护义务(人工智能开发者应履行授权寻求义务和著作权过滤义务等)；二是人工智能开发者遵守支付合理报酬规则；三是人工智能开发者尊重著作权人拒绝使用的意愿。"合规"是指人工智能开发者应履行一定的合规义务才有资格未经著作权人许可便处涉著作权数据。"利用"的具体规则主要包括利用主体、利用客体、利用行为以及利用目的四个方面。此种制度方案有助于实现著作权人、人工智能开发者和社会公共利益之间的利益平衡，也才能真正保障人工智能产业行稳致远，是我国未来立法可资考虑的制度选择。

---

　　① 关于不应违背法律基本原理而给予人工智能产业优待的观点，参见徐伟：《生成式人工智能服务提供者侵权归责原则之辨》，《法制与社会发展》2024年第3期。

# 类 ChatGPT 人工智能生成内容的独创性标准认定

李菁菁*

**摘要**：类 ChatGPT 人工智能的广泛应用，推动了传统著作权法与数字文明的深度融合，加快了人类迈向智能创作时代的步伐。但 ChatGPT 人工智能生成内容打破了"人类"对独创性表达的创作垄断，消解了"思想与表达二分法"的适用价值，挑战了只保护"自然人创作"的制度基础，为著作权法的底层逻辑带来巨大挑战。通过对类 ChatGPT 人工智能主体资格、生成内容独创性与权利归属的法理分析，提出类 ChatGPT 人工智能生成内容独创性标准的重构路径：一是，基于历史考察重构独创性主体，赋予投资者等相关主体"作者"身份；二是，基于"读者标准"明确人工智能生成内容"独创性"的识别标准；三是，基于功能主义视角对人工智能生成内容的权属进行二阶认定，依据"贡献论"标准对生成内容的归属进行初步确认，在此基础上对内容生成相关环节主体进行赋权，确保人工智能生成内容及相关主体权利得到保障。

**关键词**：ChatGPT 生成式人工智能 独创性标准 人工智能创作物

## 一、问题的提出：ChatGPT 的兴起与著作权理论的新思考

2022 年 11 月，美国 OpenAI 公司推出 ChatGPT 大型语言模型后，

---

\* 李菁菁，山东大学法学院(威海)博士研究生。

阿里巴巴、百度、腾讯等互联网企业相继发布与 ChatGPT 对标的生成式人工智能产品。类 ChatGPT 人工智能主要指以大模型技术（Transformer）作为模型的底层技术，通过连接海量语料库进行模型训练，具备强大的语言理解能力、自然语言处理技术和深度学习能力，在任务识别、理解、决策和生成方面具备泛化性、迁移性和通用性优势的人工智能。类 ChatGPT 人工智能具备科学领域的"涌现能力"①，在生成内容与具体表达方面与人类无异，挑战了著作权制度的底层逻辑，赋予了相关理论研究新的时代价值。现阶段，理论界对于人工智能生成内容的研究，主要围绕"人类创作"的主体规则和"独创性"的客体规则展开。在 ChatGPT 模型已然超越传统人工智能模型的应用，并基本具备"通用人工智能"属性或类人属性的背景下，审视思考类 ChatGPT 人工智能生成内容对著作权保护的现实挑战，探索人工智能生成内容著作权保护的理论基础，重构类 ChatGPT 人工智能生成内容的独创性认定标准，具有重要的理论意义和实践价值。

## 二、类 ChatGPT 人工智能生成内容对独创性标准的新挑战

在类 ChatGPT 人工智能飞速发展的背景下，"人工智能生成内容的可著作权性"成为必须回答的基础性问题，"生成式人工智能是否具备著作权法主体资格""人工智能生成作品是否应当与人类作品区分""人工智能生成内容的权利归属"成为数字时代不可回避的现实问题，这三个问题分属不同维度但又紧密相连。随着类 ChatGPT 人工智能向通用人工智能的深入发展，探寻其对传统著作权制度底层逻辑的影响，对于解决实践中人工智能生成内容混淆或替代作品问题，有效维护"人类中心主义"的底层逻辑，更好地适应生成式人工智能的发展需求

---

① 所谓"涌现能力"，主要指人工智能模型参数达到一定量级后，会突然拥有问答、翻译和推理等一系列类人的"智慧能力"。

具有重要意义。

## （一）打破了"人类"对独创性表达的创作垄断

在著作权法上，人类创作主要以自身语言理解能力为基础，通过特定文字表达特定语言来传递特定思想，语义经由文字组合形成词汇、短语，语句进一步叠加形成语段、语篇，并最终成为著作权法意义上的作品。ChatGPT 改变了人类的创作逻辑，虽然人类可以垄断独创性思想，但人类思想的表达逐渐被 ChatGPT 赶超。从 ChatGPT 内容生成机制来看，其内容生成需以海量数据训练为基础，本质上是统计学自回归原理的呈现。具体表现如下：一是，ChatGPT 自监督学习，即 ChatGPT 通过自行学习计算机代码、数据库、电子书等大数据来提高语言表达和文本生成能力，并在模型应用过程中持续学习新的知识和技能。二是，ChatGPT 监督学习，人类将问题和答案交由 ChatGPT 学习，使其模仿人类说话风格和方式。三是，ChatGPT 基于人类反馈强化学习，训练包含答案优劣评价的奖励模型，运用模型对人工智能的生成内容进行训练和评价，从而使 ChatGPT 生成内容愈发接近人类的叙述方式。

从 ChatGPT 内容创作质量来看，其逐渐赶超甚至替代人类创作。一方面，虽然生成式人工智能并不能充分理解其生成内容的含义，但其能够进行单字预测，并将单字不断组合成完整内容，形成与人类语义语法和表达逻辑高度契合的创作。进一步讲，ChatGPT 人工智能具有强大的"涌现能力"，重塑了传统人类的创作逻辑，需要从更加宏观的视野审视著作权法上的创作行为。另一方面，生成式人工智能得益于海量数据训练，具有丰富的语言表达能力，不仅在创作效率、创作水平方面逐渐赶超人类创作，而且能够持续生成高质量内容。由此可见，类 ChatGPT 人工智能的飞速发展使得与"创作"相对应的"独创性行为"可以交由生成式人工智能辅助人类完成，即人类仅需提供具有价值的观点或想法，ChatGPT 人工智能便可据此生成具备独创性的表达。

## （二）消解了"思想与表达二分法"的适用价值

"思想与表达二分法"作为著作权制度的底层逻辑，其创设前提在于，自然人基于学习在先作品灵感、风格而创作新作品的能力有限，即使学习了他人的独创性思想，其仍需要具备一定的专业知识和技能才能完成具体创作。自然人学习、创作的精力和效率相对有限，较难在短时间内复制他人的灵感和想法并作出独创性表达。虽然著作权法仅保护在先作品的表达而未保护其思想，但并不会造成作品相关权利主体之间利益的显著失衡。ChatGPT 内容生成机制挑战了"思想与表达二分法"的理论前提，从其创作原理来看，ChatGPT 通过学习在先作品的灵感、风格，便可形成海量的且与在先作品有所差异的表达内容。一言以蔽之，ChatGPT 能够在极短时间内快速学完海量的作品风格、思想和知识，并生成专属于人类的独创性表达，而其生成内容的成本几乎为零。尽管 ChatGPT 并未侵犯在先作者的著作权，但当其生成内容与在先作品的风格、思想相似时，无疑会对在先作品形成市场替代效应甚至是挤出效应。

应当注意的是，著作权法除了保护作品，还应当赋予著作权人合理的回报来鼓励智力成果创作，激励作品创新、传播与贡献。在 ChatGPT 应用过程中，模型的开发者和使用者通过开发技术应用接口、提供商业服务等方式获取利益，但并未向在先作品的权利人分配所得利益，在一定程度上阻碍了著作权法上合理回报机制效能的发挥，使 ChatGPT 生成内容与在先作品相关权利主体之间的利益分配显失公平。

## （三）挑战了只保护"自然人创作"的制度基础

自著作权制度诞生以来，便形成了"作品创作专属于人类智慧"的共识，《著作权法》第 2 条也确认了其保护对象是人类创作。ChatGPT 人工智能借助"人脑思考+机器表达"的创作模式，改变了传统人类通过"大脑构思+手工表达"的创作方式，加速了"人类表达"与"创作"关系的解构。ChatGPT借助内容生成的质量和效率优势，推进了内容创作的规模化进程，逐步成为社会知识内容的重要生产主体，挑战了著作权法"只保护自然人创作"规则的适用价值。

长期以来，各国均坚持"仅保护自然人创作"的基本理念，在这一理念的指引下，著作权法尚未形成对人工智能生成内容的有效规制，在一定程度上消弭了著作权法的适用价值。著作权法保护的客体是人类的独创性表达，在ChatGPT内容生成过程中，使用者负责输入提示词，内容输出主要由ChatGPT"模型黑箱"完成。这意味着，独创性表达往往由ChatGPT完成，人类创作贡献通常难以证明。2023年3月，美国提出在ChatGPT生成内容中较难证明自然人的创作贡献，ChatGPT生成内容不构成作品，不属于著作权法保护范畴。① 依据我国《著作权法》第3、9条规定，著作权法上的创作主体应当为自然人，不包含动物、人工智能模型，据此ChatGPT生成内容、猕猴自拍照等不构成作品。在人机协作模式下，创作者固然可以通过对ChatGPT生成内容的"汇编"或"改编"来间接获得著作权法的保护，但随着ChatGPT内容生成能力的提高，其未来或将成为大多数社会知识内容的生产者，囿于著作权法"只保护自然人创作"的底层逻辑，ChatGPT生成内容难以获得著作权法保护。

## 三、类ChatGPT人工智能生成内容独创性判断的法理基础

传统意义上的著作权法，旨在保护自然人基于创作产生的作品权利，从规范逻辑来看，可以解构为创作主体、保护客体和权利主体三重要素，创作主体是自然人、保护客体是作品并无争议。随着创作合

---

① Copyright Registration Guidance, "Works Containing Material Generated by Artificial Intelligence", https：//www.federalregister.gov/documents/2023/03/16/2023-05321/copyright-registration-guidance-works-containing-materialgenerated-by-artificial-intelligence, accessed Match 16, 2024.

作模式的变迁和市场分工的细化，权利主体逐渐从自然人延伸至法人、非法人组织等拟制主体范畴。随着类 ChatGPT 人工智能知识生产能力的提高，以及对经济激励、私权保护、技术机理与文化传播等多重价值的衡量，创作主体要素是否可以从自然人拓宽到类 ChatGPT 人工智能，亟须从法律层面作出回应。

## （一）人工智能著作权法主体资格的否定

为了顺应社会经济发展需要，我国民事主体的范围呈现出扩张之势。[①] 虽然生成式人工智能基于深度学习具备一定的自主意识，但无论是在古罗马时期还是近代以来，法律主体资格皆为生物人所专属，法律拟制主体同样如此。ChatGPT 不能被拟制为法律主体，不应具备著作权主体资格。

首先，生成式人工智能不具备法律拟制创作主体的资格要件。依据康德的"自由意志理论"，主观能力和主体能力主要指具备独立思考、自主决策、充分理解行动后果，并能够对此作出响应的能力，这些能力主要源于个体拥有的自由意志。[②] 在著作权领域，拟制法人作者设置的目的在于鼓励社会团体和组织进行艺术创作、科技创新，促进社会文化繁荣。虽然"创作"范围逐渐由自然人行为拓展到法人的创作活动，但法人、其他社会组织作为自然人的集合，其创作内容仍然是人类意志的呈现，即法人作者拟制并未逾越人类主体的底线。类 ChatGPT 人工智能不具备人类的认知能力和自由意志，不属于自然人及其集合的范畴，不应赋予其著作权法意义上的主体地位。其次，生成式人工智能不具备"自主创作"的行为能力。虽然 ChatGPT 与传统人工智能相比，不再需要人类对算法规则进行预设，但仍然需要事先确定人工神经网络的算法规则。进而言之，虽然 ChatGPT 人工智能具备强大的自主学习能力，但在数据建模阶段仍然需要操作者对其进行海

---

[①] 参见曹险峰：《人工智能具有法律人格吗》，《地方立法研究》2020 年第 5 期。
[②] 参见徐昭曦：《反思与证立：强人工智能法律主体性审视》，《中共中央党校（国家行政学院）学报》2019 年第 3 期。

量训练，操作者在数据训练过程中通常会将自身情感和主观价值赋予到人工智能的生成内容中，故人工智能生成内容本质上是操作者思想和情感的外化，其内核仍是人类个性思维和创作灵感的体现。最后，从司法实践来看，关于人工智能生成内容的著作权保护，最早可追溯到 2018 年"菲林诉百度案"和"腾讯诉网贷案"①，两个案件虽然对于人工智能生成内容是否构成作品作出不同判决，但两份判决的法律理念具有高度共识性，即人工智能生成内容被认定为作品需要以具备人类创作贡献为前提。

## （二）人工智能生成内容的"独创性"判断

虽然理论与实务界否认了生成式人工智能的主体资格，但这并不意味着否定 ChatGPT 生成内容构成作品。从法教义学上看，ChatGPT 生成内容固然不属于作品，但 ChatGPT 可以基于其深度学习能力和模仿再造能力，生成与人类作品相近的内容。当 ChatGPT 的生成内容符合"独创性"标准时，将其认定为作品具有必要性。

首先，科学领域尚未对 ChatGPT 是否具有独立思考能力作出权威解释，如果以 ChatGPT 生成内容非智力成果为由而否定其作品属性，不具有合理性。其次，基于权利义务相统一原则，只有将满足"独创性"标准的生成内容纳入著作权法的保护范畴，才能更好地规制 ChatGPT 模型的生成内容。最后，如果以 ChatGPT 生成内容非自然人为由而否定其作品属性，使人工智能生成内容游离于著作权法保护范围之外，则会在一定程度上损害相关权利人的合法利益。比如，当人工智能生成内容在客观上符合作品的形式要件，但由于非自然人创作的原因而无法得到及时保护。基于此，判断 ChatGPT 生成内容是否构成作品，应摆脱"作品需要体现作者人格"的束缚，当生成内容符合"独创性"标准时，即可确认其具备作品属性。

---

① 参见北京互联网法院（2018）京 0491 民初 239 号民事判决书；北京知识产权法院（2019）京 73 民终 2030 号民事判决书；广东省深圳市南山区人民法院（2019）粤 0305 民初 14010 号民事判决书。

现阶段，我国著作权法设置了相对较低的"独创性"标准，体现出国家鼓励智力成果创作、未过于强调智力成果创造性高低的政策导向，当ChatGPT生成内容满足"独创性"标准时，运用法律推定或法律拟制方式将其认定为作品契合政策导向，具有必要性和合理性。一般来讲，法律推定是指借助已知事实来推定未知事实的机制，① 其以客观事实为基础，稳定性不足。法律拟制是指一种法律上的不容反驳、不可推翻，且不以事实为转移的推定或假定，② 其主要通过既有法律关系和制度的运用来满足社会发展的新需求，由此实现规范层面的等同评价。基于平衡文化市场利益以及发挥著作权制度实效的考量，运用拟制手段将满足"独创性"标准的ChatGPT生成内容认定为法律规范层面的作品更为适宜。

### （三）人工智能生成内容权利归属的划分

承认ChatGPT生成内容构成作品，是探讨ChatGPT生成内容权利归属的前提。现阶段，理论界对于人工智能生成内容的权属讨论，包含开发者说、所有者说、使用者说和投资者说等不同观点。

其一，人工智能生成内容的著作权应当归属于开发者。一方面，开发者享有生成式人工智能程序的著作权，开发者在编程活动中的智力劳动是人工智能生成内容的基础，开发者作为人工智能生成内容的实质贡献主体，理应享有生成内容的著作权；另一方面，人工智能生成内容是生成式人工智能程序的演绎作品，故生成内容的著作权应当归属于开发者。其二，人工智能生成内容的著作权应当归属于所有者。在现有民法制度设计中，生成式人工智能属于"物"的范畴，生成内容是独立于"原物"的"新物"，即孳息，可以参照民法中孳息相关规定来明确人工智能生成内容的著作权归属。支持这一观点的学者认为，所有者取得生成式人工智能所有权的目的在于借助其从事生产经营活动，所有者对人工智能的内容生成投入了充足的劳动，应当作为生成

---

① 参见毕玉谦主编：《民事诉讼法学》，中国政法大学出版社2019年版，第219页。
② 参见李伟伟：《民法拟制规范论：概念、结构与适用》，《法学家》2023年第2期。

式人工智能(原物)的所有者,享有人工智能生成内容(孳息)。其三,人工智能生成内容的著作权应当归属于使用者。这一观点的支持者认为,使用者作为人工智能创作活动的发起者,在人工智能内容生成的过程中发挥着直接性作用,具有最强烈的创作意愿和动力,① 只有将生成内容归属于使用者,才能最大限度提高借助生成式人工智能进行内容创造和传播的效率,达到著作权法的激励效果。其四,人工智能生成内容的著作权应当归属于投资者。② 支持这一观点的学者主要认为:一方面,参照法人作品模式保护人工智能生成内容,将权利归于投资者,契合生成式人工智能行业发展需要,能够保护和刺激人工智能市场的发展,鼓励个人或单位向人工智能领域投资,具有较高的可行性和经济性;另一方面,从人工智能生成内容来看,生成式人工智能的外部数据和内在程序皆由投资者决定,生成内容本质上是投资者意志的体现。

由此可见,当前学界对于人工智能生成作品权属问题的探讨主要以"工具论"为主流观点,认为生成式人工智能只是人类创作的辅助工具,不具有主体性地位。"工具论"以机械化的法律适用路径对生成式人工智能的著作权问题作出判断,具有浓厚的形式主义色彩,忽视了著作权法所承担的社会功能。ChatGPT 的飞速发展意味着弱人工智能时代的结束,极大挑战了基于"人类创作"所建构的著作权法,当人工智能对生成内容的"独创性表达"作出主要贡献时,"工具论"的扩张解释无疑会遭遇瓶颈。

---

① 参见张新宝、卞龙:《人工智能生成内容的著作权保护研究》,《比较法研究》2024年第 2 期。

② 参见庄诗岳、辛谏:《生成式智能出版:可版权性与著作权归属》,《编辑之友》2024 年第 3 期。

## 四、类 ChatGPT 人工智能生成内容独创性判断标准的重构

权利客体是权利的外部定在，权利是自由意志的外部定在。客体作为权利的载体，其内在属性的不同往往会导致权利行使方式的差异，进而影响权利主体意志的实现。明晰人工智能生成内容的独创性标准选择，是探讨其著作权归属、行使与限制的前提。当前，学界对于独创性标准的判定存在主观主义和客观主义两类标准。主观主义侧重从过程层面强调生成式人工智能创作机理与人类创作的相似性，客观主义旨在从结果层面研判人工智能生成作品与人类作品的相似性。基于此，从生成式人工智能主体、客体以及权利归属视角，探究类 ChatGPT 生成内容的独创性尤为重要。

### （一）基于历史考察的独创性主体重构

就人工智能生成内容而言，当其满足客观标准"独创性"时，必然会引发对生成式人工智能"独创性"主体问题的讨论，主体性问题探讨本质上是对"作者"定义问题的重新审视。福柯早在 1969 年提出，作者的名字标志着话语的一种特殊存在方式，它指向某些话语群的存在，作者的功能是刻画出社会中某些话语的存在、流通与运作特征。① 据此定义，作者的确定应当是经由复杂而精确运作所形成的理性实体，并不是将作品归于创作者便可在二者之间建立财产性或精神性联系。大陆法系和英美法系共同要求的"独立创作"，主要是将人类作为"独立创作"的主体，作者是作品的唯一来源，作品应当归属于作者。如美国法院表示，著作权法仅保护人类创作的作品②，德国《著作权法》第 2 条第 2 款要求作品应当由人类作者独立创作。类 ChatGPT 人

---

① 参见王逢振等编：《最新西方文论选》，漓江出版社 1991 年版，第 451 页。
② 参见李明德：《美国知识产权法》，法律出版社 2014 年版，第 243 页。

工智能的飞速发展，挑战了作者是"独立创作"主体的唯一性，从历史角度溯源"作者"内涵对于应对生成式人工智能带来的主体性冲击尤为必要。

  在 18 世纪以前，作者主要指传统的复制者，而并非作品的创作者。18 世纪之后，受"天赋人权"学说以及《安娜女王法》对"作者享有权利"确认的影响，个人在无体财产创作中的作用愈发受到重视，个人逐渐被视为创作的来源。《安娜女王法》是出版商为了恢复其控制图书交易的权利而说服立法机关引入的法律规范。① 究其原因，主要在于作者通常会将自身权利许可或转让给出版商，法律对作者的赋权往往会使出版商从中获利，作者的思想由此为伦敦书商们所创造。与此同时，图书交易管制场所逐渐从出版商行会、公会向公共法庭转移，脱离了出版商行会、公会的推动，图书交易管制的焦点也逐渐向个人转移。19 世纪的浪漫主义思想以及 20 世纪的现代主义思潮，皆对著作权法产生深刻影响。比如，浪漫主义创作理论认为，作品是作者人格的体现，作者是作品的唯一来源。在这一时期，对于作者的理解与当下认知基本一致。基于历史视角的考察发现，"作者"的概念并非天然等同于"创作者"，其在很长一段的历史发展中皆未出现这一含义，或可理解为不以"创作者"为主要内涵，"作者"可以由各类思潮、书商与公会、行会推动塑造而成，不同于现代意义上的"创作者"。这也意味着，"作者"可以被再定义，而对于如何再定义的问题，需要回归到著作权法的历史逻辑和规范逻辑。

  从 18 世纪末到 19 世纪初期，功利主义在发展边沁思想的基础上，开始对著作权制度的主要目的进行系统解释，即通过鼓励创作、传播新作品，维护和促进社会公共利益。② 从著作权的发展历史来看，著作权制度的真正目标是保护作品的投资者，激励创作和保护作者只是支

---

  ① 参见布拉德·谢尔曼、莱昂内尔·本特利：《现代知识产权法的演进：英国的历程(1760—1911)》，金海军译，北京大学出版社 2006 年版，第 12 页。
  ② 参见蔡琳、杨广军：《人工智能生成内容(AIGC)的作品认定困境与可版权性标准构建》，《出版发行研究》2024 年第 1 期。

撑著作权制度正当性的符号表达。在著作权制度发展早期，主要以书籍、绘画以及图标等简单的作品作为保护客体，作者可以独立创作是此类作品的显著特征。随着互联网技术的发展，录音制品、视听作品等新型客体不断涌现，新型客体的创作和传播较难依靠单一作者的力量完成，往往需要多人长期协作，此时作品的形成依赖于投资者的组织和投资。在内容投资者和生产者分离的情形下，著作权制度应当作出相应调整，将投资者视为作者，并将著作权赋予创作者来弥补其投入的平均固定成本，这是著作权制度的正当性所在。

现阶段，关于类 ChatGPT 人工智能是否可以被赋予"作者"主体地位，并不是因为生成式人工智能已然达到可以自主争取权利的水平，而是源于其投资者欲从著作权法中获取利益。随着大数据、物联网、人工智能以及云计算等数字技术的发展，著作权领域的内容生产愈发依赖于投资者的资本和技术投入。人工智能内容生成所需要的研发成本和高额投资，已然超出单个自然人的能力范围，只有大型互联网科技公司等主体具备人工智能持续开发的能力。如果将人工智能生成内容排除在著作权法保护范围之外，那么便意味着投资者的投入成本难以收回，无疑有悖于著作权法的立法目的。因此，在人工智能生成内容不断演变、迭代与更新过程中，其投资者如同 18 世纪的伦敦书商，推动着著作权法在"作者"的含义中留下自己的名字。

## （二）基于"读者标准"的独创性识别

在著作权领域，作品独创性标准的形式主义问题由来已久，并在生成式人工智能飞速发展的背景下显得尤为重要。关于作品的独创性标准，法国的传统观点倾向于"作者个性"标准，认为独创性的判断应当以"作者个性"的审视为前提，多数法国学者认为独创性应当是"作者个性"和思想情感的体现，人工智能作品不具备人类个性和思想情感，不能被认定为著作权法意义上的作品。[1] 若将"作者个性"视

---

[1] Kanchana Kariyawasam, "Artificial Intelligence and Challenges for Copyright Law", *International Journal of Law and Information Technology*, Vol. 28, No. 4, 2020, p. 283.

为独创性判断标准，其仿佛耀眼但无用处的工具，不具备实质上的统治地位。① 德国主流观点认为：相关公众中的普通观察者观念具有重要意义，② 即相关公众对作品的印象和看法发挥着关键作用，作者及其他人的印象和看法并不重要。"读者标准"在一定程度上克服了"作者个性"标准的形式主义局限，推动着独创性判断标准不断趋于客观化。

与"作者个性"标准相比，"读者标准"首先倾向于从"读者"视角考察作品的独创性，更加重视读者的整体感受，如同德国主流观点"相关公众标准"。在著作权领域，"读者"作为承担法律解释功能的拟制主体，③ 主要指作品面向的全部读者共同组成的"读者共同体"。"读者标准"仅将读者感受作为区分不同作品之间的判断标准，并不要求其对同一作品作出相同评价。其次，"读者标准"仅判断作品的创造性，认为"独创性"标准不再包含"独立创作"。法律概念包含规范性概念和描述性概念，规范性概念需要作出价值判断，描述性概念只进行事实判断。④ 判断相关内容是否归属于著作权法保护，首先需要进行价值判断，"独立创作"仅从事实层面描述作者与作品的关系，既未牵涉价值判断，也未能明晰作品与其他内容的本质区别。"读者标准"仅对作品进行价值判断而不考察作品来源，符合独创性的规范性特征。最后，著作权法保护的客体是"创作结果"，"读者标准"强调创作结果的独创性，"作者个性"标准通常将"作者""创作意图""创作过程"以及"作者与作品的关系"等作为判断作品可著作权性的重要因素，即认为创作结果的独创性认定依赖于创作过程的独创性判断，由此使得创作结果具有独创性、创作过程不具独创性的内容难以获得著作权法保护，创作结果不具有独创性的内容被纳入著作权法保护范畴，在

---

① 参见埃斯特尔·德克雷主编：《欧盟版权法之未来》，徐红菊译，知识产权出版社2016年版，第82页。

② 参见图比亚斯·莱特：《德国著作权法》，张怀岭、吴逸越译，中国人民大学出版社2019年版，第27页。

③ 参见李忠诚：《论算法创作下独创性的判断标准》，《大连理工大学学报（社会科学版）》2021年第6期。

④ 参见张文显主编：《法理学》（第五版），高等教育出版社2018年版，第115页。

一定程度上造成公有领域资源的侵蚀。由此可见,"读者标准"仅评价作品的创造性,克服了"作者个性"标准模糊性之不足,避免了对公有领域的不当侵蚀或独占,契合了著作权产业高质量发展的现实需求。

对于类 ChatGPT 人工智能"独创性"的具体判断而言,为强化其法律保护,应当降低独创性的认定标准。从历史视角来看,独创性标准的降低有迹可循,早在伯罗·贾尔斯平版印刷公司诉萨罗尼案中,美国法院将独创性解释为"作者独立创作"①,无需大量新奇的元素。其实,1976 年《著作权法》已然体现出"创造性"宽松化的认定趋势:只要在有形媒介之上固定作者独创的作品,著作权便自动产生,著作权保护无须以评估作品创造性等级为前提。1909 年《著作权法》第 4 条规定,依本法受保护的作品包括作者的著作。1976 年《著作权法》选用"作者的独创性作品"表述,从形式上看似乎与 1909 年《著作权法》中的独创性标准相同,但法院在实务中已经开始降低独创性的认定标准。最高法院认为,符合"独创性"标准是将作品纳入著作权法保护范畴的前提,这意味着作品应为作者独立创作并且具有最低程度的创造性,只要有一点点创造性便可满足独创性条件。② 虽然在表述上比较宽泛,但这是最高人民法院对现代意义上的独创性标准作出的界定。由此可见,"独创性"判断标准历经两个世纪的论争,一次次对社会发展作出回应,虽然具有缓慢性、滞后性,但确实呈现出下调的趋势。

### (三) 基于功能主义对权属的二阶认定

如前所述,人工智能生成内容权属的"工具论"路径,具有浓厚的形式主义色彩,忽视了著作权法规则背后的功能预设,较难适应弱人工智能向以 ChatGPT 为代表的通用人工智能时代过渡的现实需求。③ 人工智能生成内容权属模式的选定,需要从功能主义视角出发,

---

① U. S. Supreme Court, Burrow-Giles Lithographic Company v. Sarony, 111 U. S. 53 (March 17, 1884), https://supreme.justia.com/cases/federal/us/111/53/.

② 参见李明德:《美国知识产权法》,法律出版社 2003 年版,第 145 页。

③ 参见丛立先、李泳霖:《生成式 AI 的作品认定与版权归属——以 ChatGPT 的作品应用场景为例》,《山东大学学报(哲学社会科学版)》2023 年第 4 期。

结合著作权法基础理论对人工智能生成内容的著作权法地位进行论述。① 与形式主义相比，功能主义以目的理性为基础，在直面著作权法的社会功能及其实施效果的基础上，对相关条款进行法律解释，② 是一种有益的理论尝试，但并未完全摆脱"工具论"的窠臼，即人工智能对生成内容作出主要贡献时，生成内容的"独创性表达"应被视为深度学习的产物还是人类智力成果，尚缺乏具有解释力的判断标准。

在功能主义视角下，判断 ChatGPT 生成内容"独创性表达"的主要贡献主体，是明确人工智能生成内容权利归属的前提和关键。依据"贡献论"的评价标准，可以将人工智能对生成内容"独创性表达"的贡献程度分为三类：一是，人类是 ChatGPT 生成内容"独创性表达"的主要贡献者。在此类场景中，ChatGPT 的创作活动对人类操作具有高度依赖性，人类智力活动是生成内容创意的主要来源。以"腾讯诉盈讯案"为例③，涉案文章主要由原告主创团队借助新闻机器人完成，新闻机器人并非涉案文章的作者，只是辅助主创团队创作的工具，主创团队作为"独创性表达"的主要贡献者享有著作权。二是，人类和 ChatGPT 均为"独创性表达"的主要贡献主体，即 ChatGPT 既是人类创作的辅助工具，也是创作的合作者。在"菲林诉百度案"案中④，人工智能生成的分析报告并非由"人类创作"，不属于著作权法保护范畴。原告基于分析报告形成的涉案文章，在人工智能贡献基础上增加了新的"独创性表达"，是增加部分"独创性表达"的主要贡献者，对新增部分享有著作权。三是，生成式人工智能是生成内容"独创性表达"的主要贡献者。在此类场景中，ChatGPT 生成内容与人类作品高度相似，人类的贡献度显著降低。虽然司法实践中尚未出现人工智能

---

① 参见刘银良：《论人工智能作品的著作权法地位》，《政治与法律》2020 年第 3 期。
② 参见劳东燕：《功能主义刑法解释的体系性控制》，《清华法学》2020 年第 2 期。
③ 参见广东省深圳市南山区人民法院(2019)粤 0305 民初 14010 号民事判决书。
④ 参见北京互联网法院(2018)京 0491 民初 239 号民事判决书；北京知识产权法院(2019)京 73 民终 2030 号民事判决书。

自主创作的案例，但"海豚表演案"①"猕猴自拍案"② 等实践曾围绕"动物创作"问题进行了探讨，法院均认为动物不具有法律上的人格意义，不能构成著作权法上的权利主体。同理，当 ChatGPT 作为生成内容"独创性表达"主要贡献者时，生成内容的可著作权性将遭受质疑，将不存在生成内容的权利归属问题。

当此类场景中的人工智能生成内容进入公共领域，无疑需要探讨人工智能内容生成各环节主体的可赋权性问题。英国著作权法（CDPA）第 9 条第 3 款规定，对于计算机生成作品进行"必要安排"的主体享有作品著作权，算法所有者、设计者以及使用者为"必要安排"主体。国内学者主要认为，应当赋予人工智能生成内容各环节主体著作权或邻接权。持著作权赋权观点的学者认为，人工智能生成内容因具备人格要素和作品的外在表达形式，属于著作权法的保护范畴，应当由投资者或创作者行使相应权利。③ 持邻接权赋权观点的学者认为，当人工智能生成内容不具有可著作权性时，应当通过设置邻接权的形式予以保护，赋予使用权人"数据处理者权"。④ 从"贡献论"视角来看，ChatGPT 模型的所有者、设计者和使用者在内容生成过程中所作出的规制算法、投喂数据以及选择关键词等贡献，主要属于"惯常性表达"而并非"独创性表达"范畴。本质上讲，在此场景中赋予人工智能生成内容各环节主体以著作权或邻接权，缺失人类"独创性表达"这一逻辑前提。因此，如果现有激励机制足以确保人工智能生成内容的持续性，那么便无须赋予各环节主体额外的激励机制。比如，OpenAI 公司作为 ChatGPT 模型的开发者，不仅享有 ChatGPT 模型的所有权、著作权和专利权，而且可以借助 API 接口收取服务费和广告费。ChatGPT

---

① 参见湖南省长沙市中级人民法院（2003）长中民三初字第 90 号民事判决书。
② United States Court of Appealsfor the Ninth Circuit, Naruto v. Slater case, https://law.justia.com/cases/federal/appellate-courts/ca9/16 - 15469/16 - 15469 - 2018 - 04 - 23.html, accessed November 01, 2024.
③ 参见吴汉东：《人工智能生成作品的著作权法之问》，《中外法学》2020 年第 3 期。
④ 参见陶乾：《论著作权法对人工智能生成成果的保护——作为邻接权的数据处理者权之证立》，《法学》2018 年第 4 期。

设计者可以基于委托合同或劳动合同获取经济利益，使用者可以借助ChatGPT生成内容提高工作效率、降低人力资源成本、增强竞争力。对于ChatGPT生成内容对在先作品的冲击，可以尝试构建基于人工智能的法定许可规则，将ChatGPT学习在先作品的活动纳入法定许可范畴，即ChatGPT模型对于在先作品的学习和分析，仅需要向在先作品的著作权人支付报酬，而无须经过其事前同意。比如在Dreamwriter案中，人工智能所学习和分析的数据库正是由原告所购买。如此，不仅可以维护著作权法对在先作品著作权人的合理回报机制，而且能够保障作品规范流动和有效利用，更好地实现在先作品著作权人与ChatGPT生成内容的相关权利主体之间的利益平衡。

## 结　语

在类ChatGPT人工智能飞速发展的背景下，厘清人工智能生成内容在著作权法中的定性和归属问题，不仅事关相关主体的权利义务关系，而且可能会决定人类文明的发展趋向。从ChatGPT人工智能与著作权制度发展关系来看，二者相互影响、相互依存，技术的发展固然走在制度的前面，甚至远超制度文明的发展水平，但科技发展的意义在于更好地为人类服务，科技必须拥抱生命才能充分实现其价值。因此，要想实现人类对人工智能生成内容的全方位驾驭，推进科技收益的最大化，必须坚持"技术服从于人类中心主义"原则，在既有制度框架下审慎探索科技应用开发的边界，积极引导类ChatGPT人工智能培育内在的"善"，并尝试赋予人工智能技术以人类灵魂，促使其更好地为人类服务。

# 数字正义视角下人工智能的司法应用
## ——以基于大模型的生成式人工智能技术为例

孙　跃[*]

**摘要**：司法中数字正义的内涵可以从技术和规范双重维度展开，前者强调通过科技赋能提升司法效率和公正，后者强调司法对科技应用的规范治理，且两者之间具有静态和动态意义上的关联。基于大模型的生成式人工智能具有诸多优势，在促进司法裁判数字正义实现方面具有较大潜力，但同时也存在诸多隐忧。在技术维度，受限于司法语料体系和算法模型的技术短板；在规范维度，生成式人工智能的司法应用还面临人机伦理和数据与算法治理的双重合规风险。为了让生成式人工智能的司法应用能够更加接近数字正义，在技术维度，需要完善司法预训练与优化语料体系，持续改进面向司法裁判的算法模型系统；在规范维度，需要建构人机协同框架并健全相关领域的合规治理体制机制。

**关键词**：生成式人工智能　司法裁判　数字正义　大模型　法律方法

## 引　言

根据《生成式人工智能服务管理暂行办法》第 22 条的规定，生成式人工智能技术是指"具有文本、图片、音频、视频等内容生成能力的模型及相关技术"。最高人民法院出台的《关于规范和加强人工智能司

---

[*] 孙跃，山东工商学院法学院副教授。本文系国家社会科学基金项目"法律方法在类案检索中的运用及其改进研究"（22CFX049）的研究成果。

法应用的意见》强调要"推动人工智能同司法工作深度融合,全面深化智慧法院建设,努力创造更高水平的数字正义",对"司法语境的大规模预训练语言模型及其应用"等生成式人工智能技术进行重点攻关。近年来,基于大模型的生成式人工智能技术快速发展,在包括法律界在内的各个行业和领域内引发热议。此类因具有强大的自然语言生成能力、更加丰富的应用场景、更加友好便捷的人机交互关系,日益成为人工智能技术领域中的新锐,并展现出其在司法领域中应用的巨大潜力。生成式人工智能等数字科技手段的司法应用在为兼顾司法效率与公正创造新契机的同时,也可能面临诸多问题。从本质上看,包括生成式人工智能在内的各种数字技术的应用,都是为了更好地接近作为司法裁判之永恒追求的"正义"价值。在数字时代,科技赋能促进了正义内涵和表现形式的迭代,衍生出了"数字正义"的概念,也为生成式人工智能司法应用的研究提供了一个妥当的分析视角。为此,本文将首先从技术与规范的双重维度出发,以界定司法中数字正义的基本范畴。在此基础之上,结合生成式人工智能的新型技术特性,讨论其在促进数字正义方面的潜力以及可能偏离数字正义的隐忧,并提出生成式人工智能司法应用接近数字正义的完善路径。

## 一、在技术与规范之间:司法中的数字正义

若要界定数字正义的内涵,就需要对其语境进行限定,以便凝练明晰且容易达成共识的法理概念。一方面,数字正义是正义在数字时代的扩展,是科技系统与法律系统耦合的产物,即数字正义的技术维度。另一方面,法律与法学语境中的正义,主要依靠规范的制定和实施实现,故规范也是理解数字正义内涵的重要维度。具体到司法裁判领域,数字正义的内涵可以概括为:(1)从技术维度看,数字正义是指通过科技赋能促进司法效率与公正;(2)从规范维度看,数字正义是指借助法律制度治理司法中的科技应用。此外,两者在静态和动态层面

的相互关系也值得探讨。

## （一）技术维度：科技赋能司法效率与公正

长久以来，如何兼顾效率与公正一直是司法活动面临的难题之一。在理论界，有研究者提出了"对比正义"的概念。与追求完美正义之制度设计的"超验正义"不同，对比正义更加关注如何消除现实中阻碍正义实现的不利因素。① 从这一意义上看，数字正义属于实现对比正义的范畴，强调应当通过数字科技的应用来克服那些实现正义的阻碍因素，是一种帮助人们更加方便地接近正义的方式和路径。在司法实践中，数字技术对司法效率的提升是显而易见的。例如，我国多家互联网法院通过运用在线诉讼与执行、异步审理等技术手段，明显提高了审判效率。杭州互联网法院自2017年8月18日成立到2022年9月30日共受理涉网案件53 952件、审结51 625件，一审服判息诉率95.52%，开庭平均用时21分钟，较传统模式节约五分之三。② 北京互联网法院自2018年9月至2021年9月100%的案件实现线上立案，在线庭审率达99.85%，且平均庭审时长约37.01分钟，平均审理周期68.57天。③ 此外，与传统的纠纷解决方式重视"事后处理"不同，借助大数据、自动化决策算法、在线纠纷解决（ODR）等手段，数字司法拥有更加多元化的工具可以预防、控制和解决纠纷，有助于促进纠纷解决从"事后"模式向"事前+事后"模式进化。④ 以上对于应对我国司法实践中长期存在的"案多人少"难题具有积极意义。

在借助数字科技赋能提升司法效率的同时，数字正义还有助于司

---

① 参见伊森·凯什、奥娜·拉比诺维奇·艾尼：《数字正义：当纠纷解决遇见互联网科技》，赵蕾、赵精武、曹建峰译，法律出版社2019年版，第89—90页。
② 杭州网：《公正与效率，在网络互联互通！杭州互联网法院让打官司不再繁琐》，https://baijiahao.baidu.com/s?id=16838511333104663558wfr=spider&for=pc，2024年9月1日访问。
③ 光明网：《北京互联网法院：诉讼环节全部在线完成 平均审理周期仅68天》，https://m.gmw.cn/baijia/2021-09/11/1302569758.html，2024年9月1日访问。
④ 参见理查德·萨斯坎德：《线上法院与未来司法》，何广越译，北京大学出版社2021年版，第115页。

法公正程度的提高。这一论断可以分别从"司法裁判的精准化"和"正当程序的可视化"两个角度展开。司法是追求公平和良善的技艺，在数字时代，在各种科技手段的加持下，其得以更加精准地运作。首先，通过建立法律法规和案例数据库，有助于法官更加准确地检索和理解裁判规范，从而为法律推理建构正确的大前提。借助区块链等存证技术的运用，则可以为案件事实即小前提的建构提供支持。其次，借助智能裁判辅助系统，可以为司法裁判的监管和偏离预警提供新手段，遏制审判权的滥用，促进类案同判。① 最后，运用司法大数据等手段，可以更加准确地掌握与案件相关的各种社会关联信息，为通过司法治理社会和科学决策提供参考，兼顾司法裁判的法律效果与社会效果。② 在司法程序方面，数字技术的应用促进了正当程序的可视化，并将程序正义从物理世界扩展到虚拟世界。集约高效、线上线下交融、覆盖性整合的司法平台建设实现了信息的分享可视；网络庭审、在线纠纷解决模式、移动互联智能 App 等实现了超时空的场景可视；案件信息库、电子卷宗库、司法区块链实现了全要素的数据可视。③ 司法程序的可视化不仅可以非常直观地提升公众对正义的感知，而且有助于促进司法的公开透明，为正当程序的法律监督创造便利条件。

## （二）规范维度：司法对科技应用的治理

数字科技在为社会经济发展以及司法水平提高带来"数字红利"的同时，也暗藏诸多新的风险隐患，如"数字鸿沟""信息茧房""算法歧视"以及个人信息保护和数据安全问题。因此，通过法律制度的设计和运行来治理数字科技的应用，让数字科技能够更加公正地分配资源，是数字正义在规范维度下的主要内涵。根据司法与数字科技的相互关系，规范维度下的数字正义可以从"外部规范视角"和"内部规

---

① 参见左卫民、潘鑫：《通过技术规训司法：进步与挑战》，《法学评论》2023 年第 4 期。
② 参见孙晓勇：《司法大数据在中国法院的应用与前景展望》，《中国法学》2021 年第 4 期。
③ 参见马长山：《司法人工智能的重塑效应及其限度》，《法学研究》2020 年第 4 期。

范视角"加以阐述，前者是指整个法律制度对数字科技应用的规范引导，后者是指司法本身对数字科技的应用也需要相应制度的规范。

从外部规范视角看，数字正义强调运用司法手段对数字科技引发的法律问题进行回应和治理，实现数字资源的合理分配。以数字经济的司法治理为例，数字正义主要体现在三个方面。首先，在依靠立法机关、行政机关和平台企业创制的规则无法形成完整的治理规则体系时，司法机关就需要通过解释法律或填补法律漏洞，使数字经济的治理能够有据可循、有法可依。例如，欧盟《通用数据保护条例》中关于删除权（被遗忘权）和数据跨境流动的规则，就是分别吸收了"冈萨雷斯案"和"微软海外数据案"等司法判例的规则。① 其次，通过司法治理形成公开、明确的数字经济市场调节规制，有助于提高营商环境的透明度，增强市场主体交易活动的可预测性。根据世界银行《营商环境报告》各项指标体现的精神，良好的营商环境应当具备稳定、公平、透明、可预期等要素，这与司法裁判所追求的理想目标一致。② 最后，司法通过妥当的利益平衡与分配行为，激发市场主体的创造欲望与创新能力，激励市场主体创新科技、提升产品与服务质量、承担与之相匹配的社会责任，引导数字经济朝着持续增长且普惠的方向发展，以增加社会的整体福祉。

从内部规范视角看，数字正义还关注数字科技司法应用所引发的各种问题及其规范治理，这也是本文选取的主要分析视角之一。数字技术的司法应用的确可以显著提升司法效率，并在一定程度上促进司法公正，但其也可能引发诸多风险。例如，裁判文书公开上网可以增加司法的透明度和可视化，但也可能引发个人信息和隐私泄露以及数据安全问题。司法大数据虽然可以助力法官的科学决策，但也可能会潜移默化地影响法官对案件的独立判断，甚至造成"科技绑架司法"。智能裁判系统运用的算法虽然可以在一定程度上提升裁判效率和精准

---

① 参见王文华、李东方：《论司法实务对数据保护立法的推进——以欧盟〈通用数据保护条例〉(GDPR)为例》，《中国应用法学》2020年第3期。
② 参见胡晓霞：《论法治化营商环境之司法方案》，《中国应用法学》2021年第6期。

度，但也可能存在"算法黑箱""算法歧视"等问题，反而威胁法律适用的透明度和统一性。因此，数字科技的司法应用应当合乎伦理、法律以及技术标准层面的规范。事实上，最高人民法院在《关于加快建设智慧法院的意见》中强调要"提高规划、建设、管理、维护等各环节信息安全风险意识和防护水平，在信息化建设和应用不断发展的同时确保信息安全"。在《关于规范和加强人工智能司法应用的意见》中，最高人民法院进一步确立了人工智能司法应用应当遵循安全合法、公平公正、辅助审判、透明可信、公序良俗等原则，并多次强调要重视人工智能司法应用的信息数据合规和安全建设。

### （三）数字正义中技术与规范的相互关系

在静态关系方面，数字正义中的技术与规范关系并非平行式的，而是阶层式的。具体而言，数字正义中的技术要素是一阶要素，规范要素是二阶要素。因为规范意义上的数字正义是为了调整和治理技术意义上的数字正义而建构的。如果没有将各种数字技术投入司法裁判领域，也就不存在对这些技术的应用活动进行规范和治理的问题。因此，司法中的数字正义以数字科技的发展和应用为前提，然后涉及配套法律制度和合规机制建设等问题。

在动态关系方面，数字正义中的技术与规范要素呈现出一种更加复杂的系统耦合关系，两者在实践中相互交融且互相影响，在特定场景下还可能相互转化。为了更好地说明两者的动态关系，不仅要区分技术与规范要素的"维度"，还需要引入"向度"进行分析。尽管在大多数情况下，数字科技发挥的是赋能作用，但在"科技-法律"向度下，人工智能等技术手段的运用也可能转化为规范要素。例如，法律法规和案例中的裁判规则借助数字化手段呈现，不仅可以提升裁判效率和精准度，还可以被以更低的成本和更多的渠道获得，这就起到了对司法裁判依据开示的作用，防止"司法神秘主义"引发的自由裁量权滥用和当事人预期混乱。

综上，在分别从技术和规范两个维度探讨了数字正义及其关系之后，本文的分析视角和进路得以确立。由于数字正义中的技术要素是一阶要素，故要先从技术层面讨论生成式人工智能司法应用的潜力。然后，要分别借助数字正义的技术内涵和规范内涵来考察生成式人工智能司法应用存在的隐忧。最后，以数字正义作为生成式人工智能司法应用的理想图景，分别从技术与规范层面设计完善方案。

## 二、生成式人工智能司法应用促进数字正义的潜力

与早期人工智能技术相比，基于大模型的生成式人工智能具有诸多新的技术特征，这些技术特点展现出其在语言理解和生成能力以及人机交互模式等方面的优势，创造了更多在不同领域应用的可能性，并可能对产业发展和社会进步产生深远影响。总体来看，此类技术在案例文本识别与提取、法律文本解析与推理、裁判文书生成等应用场景中均有应用的巨大潜力，有助于促进数字正义的实现。

### （一）生成式人工智能的技术特点和优势

以预训练类大模型为例，作为该技术核心的"预训练"（pre-training）是指，通过大规模无标注数据进行第一阶段的语料训练，让机器学习模型学习到具有较强泛化性的参数。[①] 在不断堆叠人工智能神经网络的参数规模和通过不断模拟人类思维模式的优化调整（fine-tuning）后，生成式人工智能的表现不断得到提升。此类技术的架构包括三个主要组成部分：(1)基于语料体系的语言模型；(2)基于预训练算法模型的大规模语言模型；(3)优化训练算法模型。语料体系由预训练语料数据与优化训练语料数据（又称"优化数据"）构成，前者是从各种信息渠道中收集的海量无标注数据，后者是通过专家或用户反馈形成的标

---

① 参见赵朝阳等：《ChatGPT 给语言大模型带来的启示和多模态大模型新的发展思路》，《数据分析与知识发现》2023 年第 3 期。

注数据。① 基于预训练算法模型的大规模语言模型主要负责自然语言理解（NLU）和自然语言生成（NLG）工作，具备文本解析能力以及根据人类指示生成内容的能力。优化训练算法模型负责通过微调的方式进行机器学习，不断改善生成内容质量。

与先前的人工智能技术相比，基于大模型的生成式人工智能具有更强大的自然语言理解与生成能力以及更加友好简单的人机关系。得益于计算机硬件的升级以及大数据资源的累积，基于大模型的应用拥有相比于早期人工智能技术更加雄厚的算力与数据支持，能够使用的预训练与优化训练语料资源十分丰富。不仅如此，此类技术还是一种"多模态"（multimodal fusion）模型，不仅能够更加准确地理解用户的意图并快速生成高度符合自然语言规律的文本信息，还可以识别并生成图像、表格、语音以及程序代码，是一个能够满足各种工作场景需求的"多面手"。在人机关系方面，基于大模型的应用通过用户即时对话的方式来完成任务，用户可以直接通过输入自然语言的方式指示（prompting）人工智能进行机器学习，并不必然需要从后台调整专业参数，这极大地提高了人机交互的易用性和机器学习的效率，为用户通过人机协作方式进行个性化的机器训练创造了便利条件。

## （二）生成式人工智能的司法应用场景

（1）辅助法律文本信息的识别与提取。司法裁判活动肇始于对待决案件信息以及相关法律规范或案例的文本分析，而法律文本的智能解析需要将由自然语言构成的文本信息转化为人工智能可以直接识别的机器语言。在司法实践中，法官获取信息的载体主要包括纸质卷宗及其扫描件，这些卷宗中的文本信息通常以图片格式存在。如果将此类技术与文字识别技术（OCR）结合，可以通过"卷宗—图片—文本"的路径直接从各种办案材料中提取法律文本信息。不仅如此，基于大

---

① 参见钱力、刘熠等：《ChatGPT 的技术基础分析》，《数据分析与知识发现》2023 年第 3 期。

模型的生成式人工智能还可以从法律文本中提炼出具有法律意义的关键内容(如案例摘要等),以减轻法官从浩如烟海的文本中甄选有价值内容的工作负担。

(2)辅助进行法律文本解析与推理工作。基于司法三段论的法律推理需要建构明晰的法律规范作为大前提,这一过程离不开对法律文本的解析。在自然语言理解能力方面,基于大模型的生成式人工智能具备一定的上下文学习能力,可以对文本的逻辑关系进行分析,从而完成完形填空、问答、翻译等自然语言处理任务,并识别和处理文本、图像、音频等多种数据形式。① 这一技术能力可以用于帮助法官更好地理解司法裁判中各种形式的证据,从而提升证据认定的效率与准确度,以便于建构案件裁判的小前提。② 此外,司法裁判还需要将案件事实与法律规范进行连接以得出结论。

(3)辅助各种裁判法律文书的生成与制作,提升裁判文书说理的质量与效率。与其他人工智能算法模型相比,基于大模型的生成式人工智能可以高效地生成符合语言规律的信息,这也正是其作为生成式人工智能最显著的技术特征之一。将此类技术投入裁判说理场景,可以让裁判文书说理的内容更加规范和流畅自然,起到修辞和表达方面的提升作用,同时也可以提高裁判说理的效率,减轻法官的工作负担。随着我国法治理念进步与司法体制改革的持续推进,司法实践中裁判说理的场景和方式日趋多元化。例如,根据最高人民法院《类案检索指导意见》《统一法律适用工作实施办法》等规定,类案检索最后要以裁判文书说理或检索报告等形式体现;最高人民法院《关于加强和规范裁判文书释法说理的指导意见》允许法官运用图表提升说理效果。基于大模型的生成式人工智能技术不仅可以生成传统意义上的裁判文书文本,还可以通过多模态技术辅助检索报告、图表等多元化裁判说理任务的

---

① 参见钱力、刘熠等:《ChatGPT 的技术基础分析》,《数据分析与知识发现》2023 年第 3 期。

② 参见郑曦:《生成式人工智能在司法中的运用:前景、风险与规制》,《中国应用法学》2023 年第 4 期。

完成，满足日益多元的裁判说理论证需求。

## 三、生成式人工智能司法应用偏离数字正义的隐忧

生成式人工智能技术在促进数字正义实现的同时，也存在偏离数字正义的隐忧。在技术维度，生成式人工智能技术尚存诸多的缺陷，主要体现在语料数据和算法模型两个方面。在规范维度，生成式人工智能技术同时存在人机伦理关系风险和数据与算法治理风险。

### （一）生成式人工智能司法应用的技术缺陷

#### 1. 数据层面：司法语料体系支持不足

基于大模型的生成式人工智能语料体系由预训练语料和优化训练语料两部分组成，前者的主要功能在于训练人工智能理解与生成自然语言的能力，后者的主要功能是对人工智能通过优化训练进行机器学习的引导以完善其语言处理结果。预训练语料主要来自各类信息组成的数据库，优化训练语料依赖专家反馈和信息标注形成。[1] 以类案智能检索与推送技术为例，该技术的预训练语料高度依赖案例数据库平台的建设。常见的案例数据库可以分为官方数据库与商业数据库两类，数据内容不一致、数据碎片化程度高、数据结构化与清洁度较低等问题普遍存在，案例数据的"孤岛效应"明显。权威性相对最高的法院系统内部案例数据库并不完全向社会公开。如果使用的是法院系统内部未公开的案例数据，其生成的裁判结论难以被公众、当事人以及律师等群体知悉，案例内容的真实性与准确性难以接受外部监督与核实。至于面向社会公开的商用案例数据库，虽然可能具备优化程度更高的数据结构，但其经济成本较高且收录的案例内容各异，不准确的案例数据难免会造成"数据污染"，反而对预训练产生负面影响，降低其在

---

[1] 参见钱力、刘熠等：《ChatGPT 的技术基础分析》，《数据分析与知识发现》2023 年第 3 期。

类案检索等活动中的准确度与效率。

生成式人工智能的优化训练离不开标注者和普通用户的参与。在这一机器学习的过程中,人类扮演着"教师"或"训练师"的角色,需要通过参数调整、内容修改或指示等方式来监督引导人工智能的学习,及时反馈并修正其在自然语言处理中输出的错误结论。与日常应用场景不同,司法裁判活动具有高度的专业性。首先,司法裁判所依赖的法律规范以及基于此产生的知识体系(如"法律教义学")具有高度专业性,关涉具体法律部门或法律领域中的案件类型,如民事、刑事、行政案件等。① 其次,司法裁判使用的法律思维也具有专业性。法律人解决案件或法律问题所遵循的思维规则不同于日常思维规则,需要运用法律发现、法律解释、法律推理、法律论证等法律方法。最后,与法律适用相关的事实与证据的认定等活动也具有高度的专业性。例如,在医疗侵权、环境侵权、知识产权纠纷、不正当竞争等案件中,经常需要将法律专业知识与医学、自然科学、经济学类等多元学科知识进行综合运用。这意味着,建构生成式人工智能技术的司法裁判优化训练语料体系离不开大量各个领域的法律专家参与。现有的法律与案例数据库更多停留在数据收集与日常维护层面,缺乏法律专业标注工作的支持。

2. 算法层面:预训练类大模型存在的短板

(1) 自然语言理解与逻辑推理方面存在不足,难以满足司法裁判中复杂的法律解释与法律推理活动的需求。作为一种单向语言模型,尽管可以通过大量堆叠解码器与编码器的方式提升其完成日常任务时的语言处理能力,但其在长文本解析以及生成文本的连贯性与逻辑性方面还存在欠缺。② 同时,大模型生成的内容之所以相对于先前技术更加自然流畅,在于其主要以满足语言规律为功能目标。由此就会引发"知识幻觉"(knowledge hallucination)现象,即生成的内容虽然符合语

---

① 参见凌斌:《什么是法教义学:一个法哲学追问》,《中外法学》2015年第1期。
② 参见李舟军、范宇:《面向自然语言处理的预训练技术研究综述》,《计算机科学》2020年第3期。

言表达的基本规律，但难以为司法裁判供给有实质意义和参考价值的知识。① 质言之，大模型生成的内容实际上是从已有的预训练数据库中拼接而来的，其本质上是一个"从已有答案中寻找与组合答案"而非"分析问题得出答案"的过程。因此，运用大模型生成的裁判文书内容可能面临"融合捏造"风险，这不仅无法在实质上为裁判说理的论证提供支持，甚至还可能混入错误、虚假信息，误导法官对案件的公正判断。

（2）尽管具有相对友好的人机交互学习方式，但现有的指示学习方式无法直接对后台参数进行更新，不利于形成稳定和统一的裁判规则。② 例如，智能裁判系统对一起案件进行了错误分析和判断，法官通过自然语言指示其更正了裁判规则，这种裁判规则的更正尽管可能会体现在下一次（或几次）人机问答中，但因无法存储为后台数据而不能持久。在经过一段时间后，系统给出的答案可能依然是错误的。同时，不同的法官对同类案件的裁判规则进行的指示教学也可能是不同的，这就可能导致系统无所适从，不利于"类案同判"的实现。如果频繁地向智能裁判系统给出指示，还会加重法官的工作负担。这意味着法官不仅要担任"裁判者"的角色，还要扮演"教师"的角色，在一定程度上与运用生成式人工智能提高司法效率的初衷相违背。

（3）算法模型规模的日益膨胀，会造成较大的算力负担，从而增加智慧法院建设的硬件成本。部分大模型的参数规模已经高达数百亿，导致其模型体量越发臃肿，流畅运行需要消耗更多的算力资源。因存在技术、人才等方面的制约因素，我国整体算力资源还并不宽裕。就整个国家可以调动的算力资源来看，能够分配到司法领域尤其是人工智能裁判系统领域的算力相对有限。硬件基础的薄弱势必会减缓生成

---

① 参见王禄生：《ChatGPT 类技术：法律人工智能的改进者还是颠覆者?》，《政法论坛》2023 年第 4 期。
② 参见车万翔等：《大模型时代的自然语言处理：挑战、机遇与发展》，《中国科学》2023 年第 9 期。

式人工智能司法应用的推广和发展，并影响其实际运行效率。此外，当硬件水平难以承受大模型的算力负担时，还可能引发"鲁棒性"（robust）问题。"鲁棒性"是指系统在一定的参数摄动下，维持其他某些性能的特性，即系统抗拒干扰和错误的能力。① 当算力无法满足生成式人工智能裁判系统运行需求的时候，可能会出现错误甚至崩溃，危及司法活动的稳定性。

## （二）生成式人工智能司法应用的合规风险

### 1. 人机伦理关系风险

人机伦理关系可以被视为数字正义中的"技术-规范"关系在人工智能司法应用中的"主体-客体"关系之映射。生成式人工智能技术具备了一些先前人工智能技术不具备的特质，增加了人机关系异化风险发生的可能性。随着新型生成式人工智能技术的发展，人工智能越发呈现出"准主体化"的趋势。之所以称为"准主体化"，是因为这些新型人工智能虽然在法律与道德层面上还不能被作为主体对待，但在事实上已部分具备了人类主体具有的智慧能力。随着"弱人工智能"向"强人工智能"甚至"超人工智能"技术的发展，生成式人工智能主体化程度会越来越高，从而部分替代人类参与司法裁判。质言之，生成式人工智能裁判系统可能会建构出一种"主体-准主体"的新型人机关系，甚至不排除向着"主体-主体"关系的方向进一步演化。人工智能技术的迅速发展在提高司法效率和兼顾司法公正的同时，也会引发科技控制司法、人机主体地位关系混乱等伦理问题。

价值是建立在主体对客体的评价基础之上的，假如人类丧失了主体地位，公正和效率等司法价值体系也就自然崩解。但如果过度严格限制甚至禁止生成式人工智能在司法裁判中的应用，又会导致科技发展的数字红利流失，可谓因噎废食。在现有的司法制度与司法水平下，

---

① 参见张宪民、陈忠主编：《机械工程概论》，华中科技大学出版社2011年版，第269页。

单纯通过办案人员资源配置的优化和配套体制机制的改革，很容易遭遇司法效率与公正提升的瓶颈，引发司法资源投入的边际效用递减。有研究者将上述困境称为"旨在/不能代替法官悖论"：从技术上看，人工智能法律系统的研究是为了替代或部分替代法官；从伦理（规范）上看，人工智能法律系统又不应当（不被允许）替代法官。① 如何确保生成式人工智能的司法应用在规范意义上不替代人类法官的主体地位，却又能在技术意义上部分替代人类法官的工作，是人机关系和价值领域内必须直面的难题。

2. 数据与算法治理风险

首先，生成式人工智能离不开海量数据的支持，这意味着其必然涉及数据的收集、存储、使用、加工、传输、提供、公开、删除等处理活动。我国《民法典》《个人信息保护法》《数据安全法》《网络安全法》等法律规定共同确立了个人信息数据处理的合法、必要、正当等基本原则，一旦违背上述原则以及基于此建立起来的具体规则，很容易引发数据合规与安全风险。如果将相关技术投入司法应用，其数据来源必然包括各种案例数据库，而海量案例中除个人信息和隐私外，还可能包括国家机密、商业秘密等不宜公开的内容，数据安全合规与个人信息保护将面临更大的压力。

其次，算法可以被视为裁判规则与法律方法代码化的产物，在事实上会影响裁判的路径及结果，"算法黑箱"和"算法歧视"会对司法公正产生威胁。算法的黑箱效应使得人工智能在司法裁判中的运用面临"双重可解释性难题"。一方面，由人类法官进行的司法裁判活动本身就面临一定的可解释性障碍，法官处理案件时所运用的法律思维未必会完全在庭审或裁判文书中公开，导致公众无法了解自身权益被审判权处置的详细理由。另一方面，辅助法官办案的人工智能系统所运用的算法，其原理以及对司法认知和行为产生的影响更加难以被陈设

---

① 参见张保生：《人工智能法律系统：两个难题和一个悖论》，《上海师范大学学报（哲学社会科学版）》2018 年第 6 期。

计者之外的群体了解。生成式人工智能技术使用的算法模型结构精致而复杂,无论是法官还是一般公众很难辨析其原理以及对司法裁判的影响,算法黑箱效应十分显著。至于算法歧视,根据成因可以分为两种类型:(1)算法技术本身缺陷引发的对不同主体的无正当理由的差别待遇;(2)将人类认识中的固有偏见混入人工智能生成内容中引发的无正当理由的差别待遇。① 无论哪一种类型,均存在违反《生成式人工智能服务管理暂行办法》第 4 条第 1 款第 2 项之嫌,容易加剧法律适用中的认知偏见和裁判结果不确定性,甚至会潜移默化地误导法官的关联决策,最终导致"技术宰治司法"。

最后,在生成内容方面,生成式人工智能技术主要以是否符合自然语言规律为标准来判断内容质量,这就会导致生成的内容面临多方面的合规风险。在事实层面,生成式人工智能技术无法确保生成内容的真实性,甚至可能生成以假乱真的"深度伪造"内容。司法裁判应当遵循"以事实为根据"的基本原则,基于虚假或伪造事实作出的司法裁判,显然缺乏正当性。在价值层面,生成式人工智能技术无法像人类那样对其生成的裁判内容进行价值检验,其生成的内容有可能与社会主义核心价值观相冲突,继而诱发道德伦理或意识形态风险。此外,生成式人工智能技术在生成内容方面实际上是对已有的数据进行"拼接加工",这种活动还可能引发知识产权和商业秘密纠纷。

## 四、生成式人工智能司法应用接近数字正义的路径

为使生成式人工智能的司法应用更加接近数字正义,需要对其进行技术改进和合规治理。在技术维度,需要建构基于司法案例数据库的预训练与优化训练语料体系,并持续改进面向司法裁判的大语言算法模型。在规范维度,应通过人机协同纾解人机伦理关系冲突,并健

---

① 参见丁晓东:《论算法的法律规制》,《中国社会科学》2020 年第 12 期。

全相关领域中的数据与算法合规治理机制。

## （一）生成式人工智能司法应用的技术改进路径

### 1. 完善司法预训练与优化训练语料体系

加强对司法专业领域的语料体系建构可以分两个阶段进行。第一阶段的任务在于完善现有的法律与案例数据库，为生成式人工智能的司法应用提供预训练语料体系建构方面的数据支持。考虑到法律法规数据库的建设已经比较成熟，下一步应立足人民法院案例库建设的契机，搭建统一、权威、开放、结构化程度较高的案例数据库平台。为了确保案例数据库的统一性与权威性，可以建立案例数据认证机制，通过设置数据标签、标注本体特征以及建立特征库等方式，引导和规范法院案例数据与商业案例数据有序融合。受限于硬件算力、人力资源成本以及保密义务，将法院系统的案例数据库完全开放给社会使用难度较大。可以考虑建立由司法机关主导的案例数据认证机制，通过定期的数据认证比对核验法院系统案例数据库与商用案例数据库，确保关键数据的一致性、真实性以及清洁性。为了提升案例数据库的开放性，在对案例文本中涉及个人隐私、敏感信息、商业秘密以及国家机密的部分进行去标识化处理或脱敏处理的前提下，增加公开力度以使得数据来源接受社会公众监督核查。此外，需要运用法律思维并结合案件类型特征对案例数据进行结构优化处理，提高数据检索效率与生成内容质量。

第二阶段的任务在于建立司法领域中基于数据驱动与知识引导相结合的优化训练语料体系数据库。"数据驱动"是指通过机器的深度学习对数据进行挖掘与优化，以改进生成内容的质量。在理想状况下，通过自动化的数据驱动下的机器学习，无需人类介入就可以改善其辅助完成司法任务的表现，可以极大地提升司法效率。但机器学习现有的技术水平决定了单纯依靠数据驱动并不能完全满足司法裁判的专业化需求，因此有必要对其进行"知识引导"。"知识引导"是通过人类（特别是专业人士）的介入与指示学习，通过构建法律知识图谱帮助机器改善其学习效果。① 在建构和完善司法优化训练语料体系时，应当引入法官、法律学者等专业人士队伍，通过大量的指示学习来建构司法领域的知识图谱：(1)法律专业知识图谱，主要由基于各个法律部门和法律领域的规范知识体系(法律教义学)构成，旨在对案件事实进行要件化处理，使之能够与对应的法律效果直接关联，为输出裁判结论提供优化训练语料；(2)法律方法或法律思维知识图谱，包括法律发现、法律解释、法律推理、法律论证等领域的思维规则知识图谱，旨在为案例分析与裁判说理提供优化训练语料；(3)与法律适用相关的事实与证据认定知识图谱，主要通过和其他专业领域知识相互整合，为特殊类型案件的事实或证据认定提供支持。

**2. 持续改进面向司法裁判的人工智能算法模型**

(1) 提升大模型的自然语言理解与推理能力，通过引入工具学习提升其在司法裁判领域中的表现。"工具学习"就是让生成式人工智能模型可以像人类那样自主使用各种外部工具。例如，大模型和专门的法律类数据库或其他司法智能裁判系统套件进行连接，就可以让其具备像法律专家那样处理司法案件的能力，生成的内容也将具有法律意义上的专业性。为了增强生成式人工智能司法应用的可解释性，同时也为了更有效地配合相关领域的数据与算法合规机制，还需要采取必要的技术规制：①明确统一且被普遍接受的可解释性的定义和术语；②建立客观完善的评价方法和标准化定量指标；③明确模型的解释性和其他特性之间的关联性；④丰富现有可解释方法运用形式，以满足不同场景的需要。②

(2) 优化生成式人工智能的人机交互模式，提高机器学习的效率。一方面，需要将指示学习与参数微调进行连接，让用户(法官)对人工智能系统的指示命令能够转化为后台数据，从而将输入的裁判规则和

---

① 参见洪文兴等：《面向司法案件的案情知识图谱自动构建》，《中文信息学报》2020年第1期。

② 参见车万翔等：《大模型时代的自然语言处理：挑战、机遇与发展》，《中国科学》2023年第9期。

方法固定化,防止重复指示。另一方面,可以引入"对齐"学习机制,通过人类输入规则和原则来为机器设定监督准则,利用大模型已有的遵循指令的能力,引导模型根据人类给出的标准进行自我评估并反思输出内容的妥当性,甚至直接调整输出以满足指令要求。① 这意味着,法官为生成式人工智能系统设定若干司法裁判的基本原则和规则,后者就能以这些思维规则为基准,自动遵循并修正其数据处理活动。例如,将民法教义学知识中的各种内容和规则进行算法化,生成式人工智能系统在分析民事案件时,就会以这些教义学规则作为"对齐"的对象,从而自动检验并修正其处理活动是否得当。

(3) 对模型进行适当的精简压缩,降低其算力消耗,节约智慧法院建设的硬件成本,并尽可能平衡合理布局司法裁判领域中的算力资源配置。通常可以采用量化、剪枝和蒸馏等方法进行模型瘦身与优化,还可以结合融入特定领域知识或保留数据中重要信息,打造某个具体领域的轻量级专用模型。② 例如,可以根据功能区分将基于生成式人工智能的司法裁判系统拆分成若干子系统,分别设计对应的专用化轻量级模型,在使用其中部分模型时,就不必调用其他模型的资源,从而降低系统整体的硬件负担。此外,还可以通过数据增强、模型与训练策略设计、归纳偏置与先验、因果干预等手段增强系统的鲁棒性,防止因系统错误或崩溃影响司法裁判活动的正常进行。③

## (二) 生成式人工智能司法应用的合规治理路径

### 1. 构建人机协同框架纾解伦理冲突

在伦理关系层面,需要坚持《关于规范和加强人工智能司法应用的意见》树立的基本原则,明确人类(法官)与机器(人工智能)的分工权

---

① 参见王沛然:《从控制走向训导:通用人工智能的"直觉"与治理路径》,《东方法学》2023 年第 6 期。
② 参见严昊等:《类 ChatGPT 大模型发展、应用和前景》,《中国图象图形学报》2023 年第 9 期。
③ 参见车万翔等:《大模型时代的自然语言处理:挑战、机遇与发展》,《中国科学》2023 年第 9 期。

限以及关系,将生成式人工智能系统界定为审判的辅助者而非主导者。首先,人工智能虽然在智力上具备了"准主体化"的特征,但其在人机关系框架中依然只能被规范地设置为客体,人类与人工智能的关系只能是"主-客"关系。可以根据司法活动的性质和难易程度划定人机分工:(1)对于不涉及具体法律适用问题的司法辅助工作,可以借助人工智能实现大量活动的自动化,通过"法官监督+人工智能自动化决策"减轻法官从事非司法裁判核心活动的工作负担。(2)对于简单案件,可以引入并推广生成式人工智能技术,形成"法官主办+人工智能辅助"的分工关系,通过裁判规则的数据化与要素化审判,提高批量处理简单同类案件的效率。(3)对于疑难案件的裁判,要适当限制但并不完全排斥生成式人工智能的司法应用,形成"法官办理+人工智能提供参考"的分工格局,通过有限的科技赋能提升司法公正实现的概率。此外,任何司法活动及阶段都应赋予法官是否利用生成式人工智能提供辅助的选择权与退出权,不得"强制赋能"。

同时,可以通过明确司法裁判中法官判断保留事项的方式为生成式人工智能的介入设置"禁区",以确保人类的主体地位和对技术的控制权。需要保留的裁判事项主要包括三个方面:(1)价值判断。例如,结合具体案情和相关法律规范,对案例中体现的各种法价值进行排序,选取通过司法裁判优先保护的价值;在基于规范和逻辑的形式判断无法得出唯一明确结论时,运用社会主义核心价值观对规范空缺进行填补。(2)利益衡量。如通过对案例相关的利益进行权衡或取舍,以平衡各方利益并增进司法裁判的整体社会效益。(3)后果导向的司法裁判。司法裁判还需要考量各种类案裁判方式可能产生的社会效果、经济效果、政治效果,并在规范体系内寻求最优判决。当然,以上方面的司法活动虽然不宜由生成式人工智能替代法官进行,但不宜完全排除法官运用相关技术收集与案件相关的辅助参考资料。例如,为了让疑难案件的裁判兼顾法律效果与社会效果,可以使用生成式人工智能系统掌握与案件社会背景相关的司法大数据,从而提高司法决策的科学性。

基于上述系统架构，生成式人工智能技术得以实现司法公正与司法效率的统一。一方面，人机协同有助于提升裁判活动的可靠性，促进司法公正的实现。法官借助人工智能检索到的法律与案例样本越丰富，就有越大概率把握主流的司法观点。但大数据毕竟是基于过去的数据建立的函数模型，其输出结果不过是对业务场景中的缺失信息的补充或未来趋势的预测，这种预测可能会在一定程度上忽略个案正义。生成式人工智能主要是从语言规律和表达逻辑的角度来作出判断，这种判断模式可能弱化某些特殊案件的实质性判断。因此，生成式人工智能的司法应用并非单纯依靠大数据进行的决策活动，应当采用数据驱动与知识引导相结合的"双引擎式"人机协同活动。另一方面，基于人机协同的生成式人工智能司法系统有助于提升司法效率。通过基于司法大数据预训练、智能辅助、人类指示与优化训练的机器学习，可以不断在之前案例分析经验的基础上提升生成内容的效率与准确度。

### 2. 健全相关领域合规治理体制机制

对生成式人工智能的司法应用进行合规治理的前提是"有规可依"。应当以《数据安全法》《个人信息保护法》《网络安全法》《生成式人工智能服务管理暂行办法》《关于规范和加强人工智能司法应用的意见》等规范依据为基础，结合生成式人工智能司法应用的特点，细化相关规则，建立健全数据治理的规范依据体系。除出台立法和司法解释、规范性文件外，还需要制定一系列关于智能裁判的技术标准和具体伦理规范，并将其纳入智慧法院建设与评估指标体系之中，形成"伦理规范+法律规范+技术标准"三位一体的数据安全规范体系。在技术标准方面，在涉及司法公正与当事人基本权利的领域，应当健全关于生成式人工智能的国家强制性标准体系。可以在"图灵测试"的基础上，融合司法活动的特点来为评判测试生成式人工智能系统的有效与否建立相关领域实体性标准。①

---

① 参见秦策：《操作性智能标准下的GPT参与司法》，《中国应用法学》2023年第4期。

对生成式人工智能的司法应用进行合规治理，除依赖静态意义上的规范依据体系外，还需要建立全方位与全过程的动态数据合规机制，形成数据合规的"多元共治"格局。在合规主体方面，根据《生成式人工智能服务管理暂行办法》第22条的规定，主要包括两类：(1) 使用者，是指使用生成式人工智能服务生成内容的组织、个人，在司法领域主要为司法机关及其办案人员；(2) 服务提供者，是指利用生成式人工智能技术提供生成式人工智能服务（包括通过提供可编程接口等方式提供生成式人工智能服务）的组织、个人，在司法领域主要为研发和提供智能裁判服务的企业。由于生成式人工智能的司法应用混合了人类和系统的因素，因此应当将服务提供者（包括研发者、设计者、维护者等）也纳入司法责任的合规主体范围内。① 在合规监管机构方面，鉴于司法语料数据兼有"司法"与"数据"的双重属性，应当将具有法律监督职责的上级司法机关（如法院、检察院）以及履行个人信息保护与数据安全监管职责的机关（如网信部门）同时纳入监管体系，如有必要还可以引入具有专业能力和相应资质的第三方独立机构。在工作机制与流程方面，应当建立司法裁判数据事前、事中、事后的全方位合规机制系统。事前合规机制应采取审慎包容的态度，采用"沙盒式"监管模式：通过试点等方式测试生成式人工智能的司法应用数据安全状况并进行合规评估，在技术推广前提前掌握其潜在风险并制定治理策略。② 事中合规机制主要对生成式人工智能司法应用中各个数据处理的环节进行常态化监管，包括数据收集、数据预处理、模型训练、模型部署、模型运行等阶段。③ 事后合规机制主要针对智能裁判出现合规风险后的应对，主要包括对数据风险扩大的及时控制、对数据处理技术缺陷的矫正以及对数据事故的法律监督和法律救济等。

---

① 参见张凌寒：《智慧司法中技术依赖的隐忧及应对》，《法制与社会发展》2022年第4期。
② 参见张凌寒：《生成式人工智能的法律定位与分层治理》，《现代法学》2023年第4期。
③ 参见张欣：《生成式人工智能的数据风险与治理路径》，《法律科学》2023年第5期。

作为重要的专项合规机制，生成式人工智能司法系统的算法备案与审查应当恪守《生成式人工智能服务管理暂行办法》第4条确立的"算法透明"与"算法公正"等基本原则。一方面，要加强裁判文书说理和公开，让公众尽可能知悉生成式人工智能进行裁判时遵循的法律思维规则方法。另一方面，应当对生成式人工智能算法运用中的数据采集管理模式、法律语义认知过程、辅助裁判推定逻辑、司法服务互动机制等各个环节进行解释。可以在《互联网信息服务算法推荐管理规定》《关于加强互联网信息服务算法综合治理的指导意见》《互联网信息服务深度合成管理规定》形成的规范框架下，健全生成式人工智能司法应用，建立专项的解释与审查机制，确保生成式人工智能技术的司法应用过程和结果可预期、可追溯、可信赖。① 智能裁判系统服务提供者应按照《生成式人工智能服务管理暂行办法》第19条规定事项，对训练数据来源、规模、类型、标注规则、算法机制机理等予以说明。算法备案应注明生成式人工智能裁判系统的开发者、使用者以及产品本身的详细信息，并明确系统在司法裁判中的主要功能、原理以及对司法裁判产生的实质性影响。对生成式人工智能裁判系统中可能存在算法歧视的技术风险以及功能局限进行提示，防止法官对其过于依赖引发的次生问题。对于存在明显技术风险的功能模块，应及时停止其使用。此外，还要明确生成式人工智能裁判系统算法违规的责任认定以及救济机制。

## 结　语

在人类漫长的法律文明历史中，科技发展一直扮演着法律制度变革的重要角色。随着数字时代的来临，人们对借用数字科技实现司法公正与效率的理想目标即"数字正义"越发寄予厚望。生成式人工智能技术在司法裁判中的应用需要在技术性与规范性之间寻求平衡点，

---

① 参见张吉豫：《论算法备案制度》，《东方法学》2023年第3期。

以尽可能兼顾两者的价值追求,警惕两种极端化的价值导向。生成式人工智能技术的到来的确可能引发司法领域的整体性变革,进而影响司法裁判活动的方方面面,在未来可能会塑造一种基于人机协同甚至人机融合的新型司法裁判模式。同时,此类技术固有的技术短板以及其可能引发的合规风险也应当被给予高度重视,通过建立科学合理的数据安全合规机制来控制其在司法裁判中的使用,以增进人工智能带来的数字红利,弥合其可能产生的数字鸿沟。总之,生成式人工智能的司法应用应当是技术与规范的双向奔赴,如此才得以最终融汇成无数条接近数字正义的新路径。

# 数字司法正义的"可预测性"
## ——兼评《司法裁判过程中的人工智能应用研究》

左泽东[*]

**摘要**：数字司法正义的可预测性，包括司法与正义的可预测性，聚焦于司法判决的可预测性。数字司法正义的预测主要通过数据预测和算法预测来实现，表现为数据正义与算法正义，并以实现统合了数字司法、数字正义与司法正义的更高层次的、更精细的数字司法正义为目的，旨在更好地践行"司法为民"，保障"司法公正"。目前，虽然借助数据和算法的预测功能可以让数字司法正义"可预测"，但在实现过程中还面临一些障碍：在数据预测方面，造假的数据与错误的数据可能影响数据正义；在算法预测方面，算法正义的原则体系尚不完善、深度学习算法的程序非透明化与程序难以理解以及深度强化学习算法的预测可能存在误差等问题值得重视。因此，可通过四重"审核"方案对数字司法正义的可预测性进行路径优化，主要包括：审智能推理之"推证"，以优化预测流程；审协同预测之"解释"，以优化预测理解；审舆情民意之"反馈"，以优化预测监督；审案件溯及之"评估"，以优化预测效应。从而更好地预测数字司法正义，提高数字司法质量，增强数字司法公信。

**关键词**：数字司法正义 可预测性 数据预测 算法预测 预测审核

---

[*] 左泽东，中南大学法学院博士研究生。本文系国家社会科学基金重大项目"中国共产党司法政策百年发展史研究"（21ZDA120）的阶段性成果。

## 一、问题的引出

在数字化时代，社会纠纷愈发尖锐，司法解决纠纷时往往受制于诸多客观条件、社会背景和历史性因素，相关诉求又希冀于具备神圣职责的法院公正司法，而这必然要求法院的司法判决在充满不确定性的社会情境当中，尽力保持着它的可预测性。① 在此背景下，数字司法正义的可预测性应运而生。数字司法正义是数字化时代一系列数字化改革的产物，是数字司法、数字正义与司法正义的统合体。由其产生的数字司法正义的可预测性，主要通过司法人工智能的数据与算法的预测功能进行。

于此"可预测性"而言，彭中礼教授在《司法裁判过程中的人工智能应用研究》中就提出："人工智能的司法应用将使司法更高效、更理性、更可预测以及更能保护人们权利，从而有助于司法公正的实现。"② 这充分说明了人工智能对司法案件的走向具有重要的决定性意义与指导性价值，也引出了人工智能可对司法案件进行预测的能力。而通过人工智能的司法应用以及借助数据与算法的预测功能，"人工智能最终必将具备对案件走向的判断预测功能，进而在社会层面发挥规范行为方式、维护社会秩序、解决社会纠纷、实现安定生活等方面的预期作用，从源头上减少纠纷"③，进而实现司法公正、司法为民的目的。恰如彭中礼教授在《司法裁判过程中的人工智能应用研究》中所言："已有的纠纷解决结果是具有'类比'效力的。人们可以从已有的纠纷解决过程和结果发现未来的纠纷解决过程和解决结果。因此，人们往往都希望司法是……可预测的，当然，归根结底是能够及时保护人们

---

① 参见王国龙：《判决的可预测性与司法公信力》，《求是学刊》2014 年第 1 期。
② 彭中礼：《司法裁判过程中的人工智能应用研究》，法律出版社 2024 年版，第 6 页。
③ 贾宇：《论数字法院》，《法学研究》2024 年第 4 期。

权利的。"① 这也是探讨数字司法正义"可预测性"的根本因由。

目前，学界主要集中于对"互联网/智慧/智能/数字司法"进行主题讨论，而对以"数字司法正义"以及"司法预测""正义预测"为主题的探讨尚为缺乏，造成相关理论基础相对薄弱，使得对"数字司法正义的可预测性"探究颇具学理意义。其主要包含两个维度：其一，数字司法正义是可预测的，即该预测是可实现的（基础要件）；其二，通过可预测性，可更好地保障数字司法正义的实现（主要目标）。简言之，数字司法正义的"可预测性"不仅在于预测的实现，更在于以可预测性助推数字司法的公平、正义。

一方面，对于预测的实现而言，其有着重要的理论与现实基础。这须溯及司法与正义的可预测性，且又须上推至法律与法治的可预测性。因为，法律本身就具有可预测性（主要指法律的指引预测功能），决定了法治具有可预测性（即"可预测性是法治很重要的一个品质"②），意味着作为法治重要表现形式的司法具有可预测性，更意味着作为司法重要目标的正义具有可预测性。而且，正义的可预测性又保障着法治的可预测性，滋养着司法的可预测性。可以明确的是，司法与正义的可预测性由法律与法治的可预测性下推而来，二者有一个共同的交汇点，即司法判决的可预测性。而"司法判决的可预测性源于法哲学的一个经典命题，那就是如何处理法治的安定性与法律内在的可辩驳性之间的关系"③。显见不争的是，可预测性包含了三重阶段：法律的可预测性→法治的可预测性→司法、正义的可预测性（共同交汇点在于司法判决的可预测性）。此外，在司法文化方面，我国传统司法就具有底蕴深厚的可预测性法治文化，其主要以司法公开为重要表现形式④，这为司法与正义的可预测性提供了坚实基础；在司法实践方

---

① 彭中礼：《司法裁判过程中的人工智能应用研究》，法律出版社2024年版，第6—7页。
② 李汶龙：《期待视角下的法治》，《湖南广播电视大学学报》2013年第2期。
③ 徐梦醒：《大数据时代司法判决的可预测性研究》，《西部法学评论》2017年第5期。
④ 参见张继明：《可预测性法治文化的传承与发展》，《人民法院报》2013年4月25日，第7版。

面，司法与正义的可预测性除了要通过法律规范、司法规范与司法解释来实现，更重要的是，要通过司法裁判文书、司法裁判程序与司法裁判结果来进行预测，目的在于指引社会，并告诉人们何事可为、何事不可为；在法治追求方面，法治主要以确定性与稳定性为基本价值追求，这不仅是司法可预测性的重要目标，更是正义可预测性的重要方向。

另一方面，对于以可预测性助推数字司法的公平、正义而言，其具有重要的理论与现实意义。例如，司法与正义的可预测性共同交汇点在于司法判决的可预测性，其有三方面功效：一是有助于提升司法权威，维护司法公信力；二是有利于达成司法与公众的重叠共识，为社会公众提供稳定的价值导引与行为期待；三是促使公众理性信任的生成与发育，增强公众司法信任。① 这便是以预测来保障正义之意义。拉兹（Joseph Raz）曾对司法判决作出可预测与不可预测的区分，认为不可预测的判决与司法、法治精神相悖，而可预测的判决有助于树立司法公信力。这不仅意味着司法判决的可预测性很大程度上决定着司法与正义的可预测性，更意味着这种可预测性可以更好地回馈司法之公正。习近平总书记在党的二十大报告中曾对"严格公正司法"作出重大强调，在2024年关于政法工作的重要指示中也重点指出"公正司法"的重要性。可知，"严格"是司法的核心态度，"公正"是司法的生命线。倘若可以更好地对司法与正义进行预测，或许，其回馈给司法公正的效果会更好、更精准。

因此，本文对数字司法正义的可预测性探讨也主要围绕上述两方面进行，并按照以下逻辑展开：首先，对什么是数字司法正义以及数字司法正义的可预测性进行理论阐释，包括何为数字司法正义，数字司法正义与数字司法、数字正义、司法正义的关联是什么，数字司法正义的可预测性包含哪些方面。其次，回答数字司法正义的可预测性是如何实现的，以及在实现过程中会出现什么问题。最后，结合现有

---

① 参见郑晓英：《判决的可预测性与公众法律信任》，《临沂大学学报》2019年第2期。

理论与实际情况，对数字司法正义可预测性实现过程中出现的问题进行回应，并综合现有研究基础，探寻优化方案，旨在提升以人民为中心的数字司法公信力，提高民众对司法公正的"可感知力""内心满意度""基本信任"与"高度信仰"，以体现人民之利益、反映人民之愿望、展示人民之权益、追求人民之福祉。

总之，对数字司法正义的可预测性讨论，既有利于夯实数字司法正义的理论基础，也有利于推进数字司法体制改革与数字司法的高质量发展，更有利于推动数字法治、中国式司法现代化与法治现代化进程。

## 二、数字司法正义可预测性的概念释解

数字时代催生了以数字平台（包括智慧审判、智慧执行、智慧诉讼服务与智慧管理等平台）为基础的数字司法（是数字时代的一种审判体系范式转换的新型产物），数字司法又须以数字司法正义（核心是把公正程序原则融嵌于数据与算法处理流程，从而让数字司法审判实现客观、中立、公正、理性、规范、统一等目的）为风向标，借助网络化、信息化、数据化、智慧化、智能化、数字化、数智化等先进技术工具（包括互联网、大数据、云计算、区块链、人工智能等），综合已知司法条件与前提，可对数字司法正义进行一定程度的适当预测（主要通过数据预测与算法预测进行），目的在于实现司法高效、确保同案同判、促进司法公正、提高司法公信、牢立司法权威、促升司法便民。

### （一）数字司法正义可预测性的重要基础

数字司法正义是数字司法正义可预测性的基础要件，与数字司法、司法正义、数字正义三者紧密相关。对三者各自的内涵进行明晰梳理，并厘清数字司法正义与它们之间的关联，是认识数字司法正义可预测性的重要理论基础。

### 1. 数字司法/数字正义/司法正义

首先，是数字司法。"数字司法"是司法机构的数字化转型，是将计算机、互联网、云计算、算法、大数据、5G、区块链、人工智能、扩展现实（增强现实/虚拟现实/混合现实）等信息技术融入司法审判应用中，对司法运行活动的时空场景、工作环境、方法手段、功能作用进行革新、重构与重塑，使得案件中各要素的数字化形态愈发明显的过程或样态。其以司法实践中的具体落地应用为表现形式，例如：津巴布韦司法服务委员会（JCS）于 2022 年 2 月通过的旨在将诉讼过程数字化的在线平台，即"综合电子案件管理系统"（IECMS）便是数字司法的重要典范①；印度的"自动争议解决系统"（ADR）亦被视为数字司法的初步框架②。概言之，数字司法是以现代科技应用为强大动力，以实现中国式司法现代化与法治中国、数字中国为终极目的的司法状态与趋势。③ 但需注意的是，数字司法不等同于智慧司法。因为，数字司法以数字法院为基础，包括数字检察、数字警务、数字公证、数字监察等实践创新形态；智慧司法（又称"智能司法"）则以智慧法院为基础，包括智慧侦查、智慧检察等底层创新形态。二者虽具有类似的技术架构与组织结构，但数字司法是智慧司法的"升级版"，是一种新的司法机制与模式创新，代表新的时代发展方向。

其次，是数字正义。"数字正义"④ 来源于人类数字空间的非正义，是数字社会实践发展与转型升级的整体性价值体现，是数字化时代数

---

① 参见 L. Poshai, S. Vyas-Doorgapersad, "Digital Justice Delivery in Zimbabwe: Integrated Electronic Case Management System Adoption", *South African Journal of Information Management*, Vol. 25, No. 1, 2023, pp. 1–11。

② 参见 A. Palanissamy, R. Kesavamoorthy, "Automated Dispute Resolution System (ADRS)—A Proposed Initial Framework for Digital Justice in Online Consumer Transactions in India", *Procedia Computer Science*, Vol. 165, 2019, pp. 224–231。

③ 参见黄文艺：《论中国式司法现代化》，《中国应用法学》2024 年第 1 期。

④ 目前尽管没有形成统一的概念界定，但已有研究大致描述了数字正义的显著特征：其一，数字正义是基于数字技术的运用产生的一种正义；其二，数字正义仍然具有传统正义蕴含的维护人权、秩序、伦理等方面的良好价值取向；其三，数字正义的优势在于依托数字技术提升正义的效率与效果，促进正义在更高层次上得到实现。参见黎慈、孟卧杰：《数字正义视域下数字司法建设面临的障碍与对策研究》，《湖北社会科学》2023 年第 11 期。

字人群体更好实现自我本身的强大后盾保障，也是构建与重塑数字文明新形态的重要基点，更是内蕴着数字中国、法治中国、数字司法的时代需求与新价值境界。① 作为数字司法的核心，数字正义在价值生成、空间构造与机制表达方面进行了法治化、现代化与技术化的理性重构，以计算正义、算法正义与数据正义为主要表现形式。② 而且，数字正义虽然更倾向于为决策提供技术支持③，但也不是仅仅将一系列复杂的数学公式、方程以及司法统计数据纳入司法审判过程就能实现的，而是一个实际的、具体的裁判质量评估与外在反馈评估的过程。总之，数字正义不仅"是现代司法正义体系下拓展的新追求"④，也"是数字时代公平正义的追求方向"⑤。

最后，是司法正义。"司法正义"（亦称司法公正或司法公平），属于社会正义的范畴，指的是司法权运作过程中与其有关的各种因素（主体与客体，内容与形式，实体与程序，等等）均达到合理、有序的状态，以及这些因素有机组合所达到的理想状态。⑥ 左卫民教授等人认为："数字时代的司法正义致力于在数字化环境中实现公平、透明和包容。其与传统正义在实现正义的目标上是一致的，只是在方法和途径上进行了创新和发展。"⑦ 例如，冲突解决的理想目标（包括公正的、

---

① 参见王轩：《数字化时代的正义实践变革与数字正义的价值构建》，《价值论研究》2022年第2期。

② 但有学者认为，数字正义主要表现为分配正义、程序正义、互动正义和信息正义四种形式。数字化塑造正义空间，使正义的存在形态发生了从"比例正义"到"计算正义"、从"个体正义"到"群组正义"、从"契约正义"到"场景正义"、从"接近正义"到"可视正义"的深刻转型。参见周尚君、罗有成：《数字正义论：理论内涵与实践机制》，《社会科学》2022年第6期。

③ 参见 Pedro Rubim Borges Fortes, "Paths to Digital Justice: Judicial Robots, Algorithmic Decision-Making, and Due Process", *Asian Journal of Law and Society*, Vol. 7, No. 3, 2020, pp. 453–469。

④ 王玮：《数字正义下司法人工智能的适用困境及纾解进路》，《太原理工大学学报（社会科学版）》2024年第3期。

⑤ 高莹：《论智慧法院中的数字正义》，《江西社会科学》2023年第8期。

⑥ 参见李克武：《论司法正义及其在我国的实现途径》，《中南民族大学学报（人文社会科学版）》2004年第3期。

⑦ 左卫民、沈思竹：《兼容与迭代：数字诉讼的三种形态》，《四川师范大学学报（社会科学版）》2024年第3期。

高效的、确定的、正当的、有尊严的解决冲突的过程）即是司法正义的重要表现形式之一；再如，在印度尼西亚的刑事司法领域，司法正义一直被作为刑事司法制度的重要规范①；又如，尤其是有学者强调，极大增强公众对司法的信任，可进一步实现司法公正，达致司法正义。② 但需注意的是，司法正义中的正义并非静态的，而是动态的、变动不居的，有着一张"普洛透斯似的脸"（a protean face），需辩证看待。换言之，司法正义是一种相对的正义，是需要特殊的前件加以限定的正义。③ 此外，除了数字司法，司法正义也以数字正义为更高水平的正义追求。

2. 数字司法正义

数字司法正义与数字司法、数字正义、司法正义关联密切。数字司法以数字正义为旨归，数字正义亦是司法正义的新追求。换言之，数字司法与司法正义的共同之处就在于二者均指向数字正义，数字正义是二者的共同标靶。而数字司法正义是数字司法、数字正义、司法正义三方协同联动助推形成的，包含三者共同特征的一种比数字正义更高层次的、更精细的正义，其与三者间的关联主要体现于三个方面：

其一，数字司法正义以数字司法运行为起点。数字司法以"司法为民"为倡导理念，以"数字正义""数字红利"为导向旨归，以革新人民群众司法救济、直击数字正义实现效果、调整司法人员办案思维为核心价值。④ 其可以说是在"传统法院"与"电子法院""网络法院"

---

① 参见 I. Darmika, "Diversion and Restorative Justice in the Criminal Justice System of Children in Indonesia", *Ijtimā'iyya*, 2018, pp. 180-211.

② 参见 Jeeyoung B（2015），영국의 양형기준제도,사법정책연구원연구총서.

③ 江必新认为，司法正义属于矫正正义、法律正义、制度正义、底线正义，是受法律规范和秩序约束的正义、以应答作为基本方式的正义、通过事实恢复和法律论证而实现的正义、通过三方以上主体参与一定程序或仪式而实现的正义，是综合正义、终局性的正义、有限的正义和不完善的正义。参见江必新：《司法正义的特点及其辩证思考》，《法制资讯》2014年第9期。

④ 参见李幸幸：《论数字司法下的民事诉讼规则》，《广西政法管理干部学院学报》2024年第1期。

"智慧法院""数字法院"基础上转型升级的产物。① 而数字司法运行的主要目的在于满足人民群众诉讼需求、推动司法案件提质增效,以及对海量案件进行全程监督②,其运行过程主要包括四个方面:一是智服,即在线服务、网上诉讼;二是智审,即数字法庭、网上庭审;三是智执,即通过电子执行官上报信息;四是智管,即通过二维码扫描来提高效能。③"自动化、网络化、智能化、专业化、便捷化、智慧化、信息化、科学化、高效化"是其主要运行特点。

其二,数字司法正义以数字正义实现为重点。数字正义的实现主要依赖于三个方面:一是司法模式的革新、司法公开的保障、司法平等的追求、司法安全的严抓、司法人才的优化、司法监督的改进、司法质量的提高、司法效率的提速和司法公信的提升;二是新兴科技在司法领域的广度应用、在法院建设的宽度体现以及与司法工作的深度融合基础上,以技术助推司法认知、司法资源与司法制度的协同共进;三是紧紧围绕公平、正义的主题,以智为翼、以慧提效,大力推进司法审判体系和审判能力的数字现代化与健全规范化,达到司法为民、公正司法目的,最终实现形式正义与实质正义、结果正义与程序正义、场景正义与可视正义、人的正义与工具正义四位一体的更高水平正义。

其三,数字司法正义以司法正义信仰为理念。司法正义的信仰以深厚的法律文化为基础,以法律正义和制度正义为前提④,以司法独

---

① 升级后的信息化建设包括以下四个互为支撑的部分:第一,建设线上司法平台和系统,形成全流程网上办案体系;第二,与线上司法同步,推行电子卷宗改革,具体包括卷宗随案同步生成、语音同步转录技术、录音录像替代庭审笔录、电子卷宗"单套制"归档、区块链存储技术等;第三,建设智能辅助办案系统,即在法官的办案系统中内置智能分析工具或子系统,在某些事项上推行人工智能辅助办案;第四,建设用于支持智能分析的相关司法大数据库,例如案例库、在办案件信息库、裁判文书库、罪名要件库、证据标准库等。参见樊传明:《被敞视的法官:数字司法对审判权运行的影响》,《法制与社会发展》2024年第3期。

② 参见余东明、翟珺、冯茗铭:《AI助手,懂得法官需求》,《法治日报》2024年5月28日,第4版。

③ 参见甄亚军:《数字赋能 司法正义"触手可及"》,《保定日报》2024年1月25日,第A2版。

④ 参见吴元中:《司法正义须以法律正义和制度正义为前提》,《中国青年报》2013年4月8日,第2版。

立、司法权威以及司法者的良知(主要包括司法理念、正义追求、职业道德、责任担当及人文情怀①)、司法者的素养(主要包括德性、理性、知识和经验)与司法者的价值判断(主要包括福利、德性、自由和公平)为首要条件②,以"看得见的正义"(即程序正义)为底线③,以司法判决公正的自由裁量结果(即个案正义、群案正义或结果正义)为落脚点,以司法监督(包括内部监督与外部监督)为保障,以建设可接近的正义、可信赖的正义与可实现的正义为主要方向④,以"以人民为中心"为核心理念,以"让人民群众在每一个司法案件中感受到公平正义"为最终目标。

### (二) 数字司法正义可预测性的核心内蕴

数字司法正义的可预测性,与"可预测性"问题难以脱钩。而关于可预测性问题,学者曾有诸多不同的观点(主要是一些与可预测性相关的相邻论述)。例如:韦伯将司法裁判上的可预期作为可预期法律的重要组成部分之一;霍姆斯(O. W. Holmes)以自己的"法律预测说"为基准,遵循司法裁判的形式正义之路;王利明提出"裁判越具有可预期性,遵守法律的后果也就越具有可预期性"⑤;谢晖强调"法律预期性虽然与法律的预测性、期待可能性以及确定或安定性相关,但并不相同"⑥,即预期是具有确定性的,而预测则不具有确定性;刘翀认为就司法后果而言,由于基于有限"制度能力"的司法者的裁判输出往往取决于许多变量,加上有些变量不易被识别,也无法准确判定某种变量或变量的组合在社会系统的复杂性前提下对案件结果的影响程

---

① 参见刘艳红:《"司法无良知"抑或"刑法无底线"?——以"摆摊打气球案"入刑为视角的分析》,《东南大学学报(哲学社会科学版)》2017年第1期。
② 参见郑家泰:《致良知与实现司法正义》,《人民法院报》2017年9月22日,第6版。
③ 参见桂林:《程序正义是司法正义的底线》,《检察日报》2019年5月25日,第3版。
④ 参见任雪娜、刘晓娟:《矢志建设卓越司法"正义工程"》,《烟台日报》2023年2月3日,第6版。
⑤ 王利明:《司法裁判的可预期性》,《当代贵州》2015年第38期。
⑥ 谢晖:《论法律预期性》,《浙江社会科学》2022年第8期。

度，因此其会引致何种行为后果极不确定，很难对此类后果作出准确预测，更多的是一种强的推测性。① 可见，围绕可预测性的许多相邻论述，不论是预期性，还是期待可能性、确定性、安定性，抑或是推测性，本身都蕴含着对未来未知的元素考量。而对于数字司法正义的可预测性而言，则需要从五个层面阐述其内蕴。

### 1. 主要渊源：预测性司法与预测性正义

数字司法正义的可预测性主要可溯及两个方面：一是预测性司法，二是预测性正义。

"预测性司法"（justice prédictive）在法国法律界应用广泛，主要归功于其先行者法国数学家泊松（Poisson）。关于预测性司法，王禄生教授认为，"预测性司法是以系统论与运筹学为底色，以风险防控为导向的算法预测实践，遵循数据驱动的经验主义认识论"②，其需要借助预测性算法来对司法数据之间的联系进行充分挖掘，主要包含自动化司法、精算司法以及预测性审判等方面。在全球范围内，预测性司法主要运用于刑事司法程序，其方法在于借助预测性算法，手段在于挖掘司法数据间的联系或者模式，目的在于自动化预测刑事司法中那些各式各样的、具有法律意义的风险事项，从而支撑司法人员作出一系列正当合理决策。而本文认为，在数字司法背景下，预测性司法是运用人工智能技术为司法裁判做指引，主要在于先让人工智能技术理解并认识司法，使其对司法具有一定的理解力与认知力，接着再用大量司法判决案例对其进行模拟训练，使其具有一定程度的判断力，然后再让人工智能学会对每个特殊的司法裁判案件进行归纳与相关性分析，从而对案件的最终走向或结果做出适当预测的系统化、智能化与专业化过程。它是一个"基于大量司法与诉讼大数据的概率性与统计性分析→运用算法计算概率→预测诉讼结果"的逻辑过程。但要明白的是，"预测性司法并非预言未来，其只不过是在唤醒过去。它也许是水晶

---

① 参见刘翀：《后果主义法律推理：从司法后果到社会后果》，《行政与法》2022年第6期。
② 王禄生：《论预测性司法》，《中国社会科学》2024年第6期。

球，极尽司法占卜之能事，但想必它也不是万灵丹，可以帮助法官一劳永逸地解决法律问题"①。

"预测性正义"（la justice prédictive）作为数字司法正义可预测性的范围框限与主要前件，其作用不容忽略。1949 年美国人李·洛文杰（Lee Loevinger）提出的"计算司法判决的可预测性"观点，标志着预测正义的概念和实践探索发源于美国，此后，预测正义逐渐展开于英美，实践于欧洲大陆，并在法国（包括数据维度的正义和算法维度的正义）广泛应用。② 预测正义的最直接功用，便是对司法效率、司法质量以及司法可预测性进行提高、提升与增强。在我国，预测正义主要表现为"司法人工智能""司法智能决策""人工智能的司法应用""智慧司法""智能司法"等方面，并通过司法领域的顶层设计来对其予以大规模支持。其以数据正义和算法正义为表现形式，以数据预测和算法预测为实现方法。以算法正义为例，其主要是通过算法预测，产出算法场域的最优解，从而辅助法官作出一个体现公平正义的、人民群众满意的"满意解"或裁决，目的就是达致一种预测正义，即算法司法正义。③ 但要真正保障算法正义的实现，不仅要在理念层面对算法正义进行积极探索，还要从司法权利保障、司法算法决策、算法公开透明、智能辅助系统的可解释性方面④，以及算法影响评估和算法问责方面着手。⑤ 当然，除了"算法司法正义"，还包括"数据司法正义"与"计算司法正义"。

对于二者的关系，可以说，预测性正义是预测性司法的进阶。如果说预测性司法关注的是数字司法结果，那么预测性正义则既关注数

---

① 申军：《预测性司法考验法国司法公权力的智慧》，https：//mp.weixin.qq.com/s/K2opg-mpyDl0VrVg1T0swQ，2024 年 7 月 12 日访问。
② 参见戎静：《"预测正义"能否预测正义？基于法国司法大数据预测应用的考察与启示》，《中外法学》2023 年第 5 期。
③ 参见杜宴林、杨学科：《论人工智能时代的算法司法与算法司法正义》，《湘潭论坛》2019 年第 5 期。
④ 参见帅奕男：《司法决策的算法化趋向及其反思》，《大连海事大学学报（社会科学版）》2022 年第 4 期。
⑤ 参见郭春镇、勇琪：《算法的程序正义》，《中国政法大学学报》2023 年第 1 期。

字司法结果，亦关注数字司法程序，最终指向的是数字司法正义。预测性司法主要体现个案或个体的特殊性追求（即个案正义/个体正义），预测性正义主要展现的是群案或群体的普遍性目标（即群案正义/群体正义）。二者的共同着力点都在于"数字司法审判"，本质在于"司法智能决策"，归根结底在于"数字司法质量"。唯有优审优判、优决优策，才能优质优量。而这主要靠的是大数据与算法的预测功能。大数据预测在于通过对海量司法信息进行计算，分析出规律，从而快速对即将发生的未来之事做出判断或预测；而算法预测不在于为什么要这样预测，而在于发现因与果之间的复杂非线性关系，通过复杂的算法模型与巨量的参数，追求快速的准确预测性。

2. 表现形式：程序正义与结果正义

数字司法正义的可预测性主要表现为两个方面：一是以过程预测为主的程序正义（强调"过程价值"），以"公平、公正、中立、不偏不倚、公开、透明、接受监督、公众参与、公众信服与信任"为主要词项；二是以结果预测为主的结果正义（强调"结果价值"），以"资源分配、权利保障、结果理性、机会平等、身份认同、预期目标、民众感知"为关键词。简言之，这种可预测性既包含过程的可预测性，亦指向结果的可预测性，既有程序正义，又有结果正义。例如，算法自动化决策其实就属于程序正义的范畴，即算法程序正义①；而依靠真实的案情描述文本，来预测案件的判决结果的司法判决预测任务，就是一种结果正义，其在数字司法中的功用不可替代。②

但最重要的还在于影响可预测性的诸多变量因素以及变量因素的组合叠加，这些对数字司法正义的实现意义重大，在很大程度上决定着未来数字化形态的司法权威与司法公信。而且，要实现数字司法的正义预测，保证双向正义，就必须厘清两个疑问：第一，影响数字司法正义可预测性的影响因子有哪些（预测困境或难题是什么）？第二，

---

① 参见郭春镇、勇琪：《算法的程序正义》，《中国政法大学学报》2023年第1期。
② 参见周法国、刘文、葛逸凡等：《基于深度学习的司法判决预测算法研究》，《科学技术与工程》2022年第36期。

面对预测难题,怎样对数字司法正义的可预测性进行优化(优化策略是什么)?

### 3. 关键基础:相关司法知识与对技术运行过程的理解

目前可以明确的是,数据与算法可以"预测"数字司法正义,但并不等同于人们"相信"预测后的数字司法正义。因为,如果人们不知道预测是根据什么形成的、形成的理由是什么等基础内容,虽不影响其获取、接收该信息,但由于技术工具无人类意识、情感、理性等因素,人们对其预测结果可能会缺乏基本的信任。因此,必须对其运行的关键基础进行了解或理解。

简单来讲,数字司法的正义预测虽是一个非常综合且复杂的"人机协同"过程,但主要包含两个关键方面:一方面,司法工作人员需要具备相关司法知识,包括司法背景、司法主体、司法意识、司法信念、司法情感、司法精神、司法语言、司法语境、司法推论、司法关联、司法结构、司法逻辑、司法经验、司法决策、司法判断、司法价值、司法功能、司法审判、司法裁量、司法理性、司法解释、司法规则等一系列关于数字司法思想的知识;另一方面,需要对相关技术及其运行进行理解,司法工作人员不仅需要理解算法、数据、算力、模型、训练、推理等诸多相关技术工具,还需要理解自然语言处理(NLP)、计算机视觉(CV)、语音识别(SR)与深度强化学习(DQN)等一系列技术运行过程。例如,在《司法裁判过程中的人工智能应用研究》的司法人工智能与事实认定部分,彭中礼教授就指出人类理解、机器理解以及人工智能理解力的问题,其不仅说明了人工智能理解力对智能司法的重要作用,而且说明了人类也需要更好地理解人工智能在司法过程中的运行理路。[①] 可以说,倘若司法工作人员不具备基础性的相关数字司法知识与对技术预测运行过程的理解,人们很难相信数字司法正义可以预测并拥有可预测性。

---

① 参见彭中礼:《司法裁判过程中的人工智能应用研究》,法律出版社2024年版,第88、89页。

### 4. 核心方法：司法逻辑与司法推理

数字司法正义的预测离不开司法逻辑与司法推理，二者都是司法论证的有力武器。所谓司法逻辑，指的是"司法实践中各方主体行动关系的规律，它是从行动主体的角度体现司法规律的客观要求所形成的概念"①。而所谓司法推理，"准确而言，指的是法官所作的推理，它体现于法官为其裁决所给出的理据当中……它旨在对一个决定、一个选择或者一个论断进行证成，进而确定它们不是武断的和不正当的"②。

在传统司法中，司法逻辑的方法不言自明，有阿列克西（Robert Alexy）、克卢格（Klug）等人的"逻辑有用论"，佩雷尔曼（C. Chaim Perelman）、图尔敏（Stephen Turmin）等人的"逻辑无用论"，以及霍姆斯、波斯纳（Richard A. Posner）等人的"逻辑有限论"等多元观点，其共性都集中于"推理"方面，很好地体现了司法逻辑与司法推理的关系，即司法逻辑包含司法推理，并以司法推理为主心骨。司法逻辑的单调与非单调之分，也决定了司法推理的单调与非单调性。一般来说，形式主义对应于单调逻辑，即单调推理；实用主义对应于非单调逻辑（包括基于结果的非单调基础逻辑与基于过程的非单调应用逻辑），即非单调推理。司法论证的核心在于司法逻辑，而司法逻辑的核心在于司法推理，其关系图式可表示为"司法论证→司法逻辑（单调逻辑+非单调逻辑）→司法推理（单调推理+非单调推理）"。而司法推理的目的又在于通过内部与外部论证方式来论证司法过程与司法结果，处理法律问题与事实问题，从而达到司法论证的充分性、融贯性与可接受性目的。③

在司法逻辑与司法推理还未被融入数字司法正义的预测过程中时，主要是通过算法逻辑推理来实现预测。但它只是注重过程分析与推演

---

① 刘远：《司法刑法学的十大方法》，https://mp.weixin.qq.com/s/Zpt2mkgXmyCZUVkVp6I3Pg，2024年8月16日访问。
② 佩雷尔曼：《什么是司法推理》，https://mp.weixin.qq.com/s/fM_pOwvs1toAUxNalzHLmg，2024年8月16日访问。
③ 参见申伟：《论我国法官的司法论证义务——兼及对"法律逻辑学"的反思》，《暨南学报（哲学社会科学版）》2015年第4期。

的程序性规范,其过程的正确与否可能与结论的正确与否无必然关联。换句话说,算法的逻辑推理即便在整个数字司法过程中解析得非常正确,难道人们就可以在心理或情感上接受其得出的数字司法结论吗?也可以说,人们如果无法理解其过程,便很难接受其结果。毕竟,算法逻辑推理与人类思维推理是有区别的。彭中礼教授在《司法裁判过程中的人工智能应用研究》中就曾强调:"人类推理包括对事物的分解、比较、综合、分类四个过程:首先,依据日常经验把事物整体分解成各个组成部分;其次,比较各组成部分之间的差异点和共同点;最后,在人脑中把各部分联系起来,也就是把事物的个别特性、个别方面重新综合成整体,进而把事物分类。"① 算法无法精密模拟人脑,也就自然无法像人类一样进行逻辑推理,其根据已知数据信息推测未知数据信息的能力自然备受质疑。因此,可让算法学习或者模仿人类的思维逻辑过程,进而实现模拟人类法官的司法逻辑与司法推理过程,更好地达到数字司法正义的预测目的。换句话说,数字司法正义的预测过程与结果如若想被人们理解并接受,必须让算法来学习、理解人类法官的司法论证流程,并使司法人工智能具备一定的理解力,在经过长期不断的司法实践与试错后,逐渐让人们从内心理解并接受其存在,从而于情感上理解并接受其预测过程与结论,一定程度上摆脱所谓的"明希豪森困境",实现预测的稳定性与确定性。

### 5. 理想追求:司法价值判断

关于"价值判断"问题,涂尔干、韦伯、米塞斯(Ludwig Heinrich Edler von Mises)、弗里德曼(Milton Friedman)等人均曾对其进行积极探论。在司法领域,价值判断涉及人类法官的主观评价,但绝非主观臆想的思维产物,具体展现在司法裁判的逻辑与推理过程中,具体表现于事实前提的建构、法律规范的明确与法律后果的获取三个方面。② 其

---

① 彭中礼:《司法裁判过程中的人工智能应用研究》,法律出版社2024年版,第159页。
② 参见金彦宇:《论司法价值判断的法律论证——以"权衡—融贯"证成模式为视角》,《中山大学法律评论》2021年第1期。

主要目的在于对包含司法逻辑与司法推理的司法论证过程进行权衡，保证论证过程的融贯性。当然，"价值判断还担负着维系正义理想、避免司法裁判'丧失伦理责任'的使命"①。

在数字司法过程中，要想让人工智能等技术工具进行价值判断，就必先让其拥有价值判断。而这有赖于数字司法技术工具的法感培养与客观化、科学化与合理化的司法价值判断能力，换言之，要让技术工具形成自己的智识性判断。对于人类法官而言，此过程较为容易，但对于技术工具来说，其不仅要进行经验法则训练、类案检索训练、情理评价训练、道德伦理考量、常识知识扩充、习俗习惯扩列，还要进行批判性思维模拟与公平、正义、自由、平等等法律价值观的建立。

可知，想让一个硅基生命体拥有价值判断并进行价值判断是一个非常难的过程。毕竟，其或许可以理解价值判断的内涵语境，却不易理解价值判断的外延语境，而且价值判断也很难被完全进行形式化处理。如果说内涵语境是一种语言文本，那么，技术工具便可通过智能"转换"或"转化"实现对价值判断的理解；如果说外延语境是一种意义文本，那么，技术工具也可以像人类一样拥有直觉、趣味、取向、领悟、共情、同感、体验、德性、神韵、风骨、气场、精神、情绪、审美、人格、反思之类的能力吗？恐怕其很难达到人类法官那种由心灵支撑的"意""境"，以及由智慧支撑的"意境"与由格局支撑的"境界"。但作为数字司法技术工具的理想追求，价值判断对数字司法正义可预测性的意义不言而喻。例如，李海峰就曾以"AI虚拟法官"的价值判断为切入点，详细论证了智能司法中的价值判断。② 彭中礼教授在《司法裁判过程中的人工智能应用研究》中亦对司法人工智能如何实现价值判断予以充分论述，并说明了价值判断对司法裁判的重

---

① 高一飞：《论司法价值判断的客观性》，《浙江社会科学》2021年第2期。
② 参见李海峰：《"AI虚拟法官"的价值判断——基于预设肯定结论的使用场景探讨》，《法律方法》2023年第1期。

要性。①

## 三、数字司法正义可预测性的实现路径与主要障碍

为了与数字社会的司法与正义预测形成鲜明对比,有必要对古代传统社会的司法与正义预测进行简介。具体来说,古代传统社会的司法与正义预测主要有三个实现途径,即主要通过护佑世人的"神明"、福泽苍生的"皇帝"与心系百姓的"清官"来实现。例如,在殷商时期,主要通过占卜、假托神意断狱以及巫史参与司法等神明裁判的方式来进行司法与正义的预测。②再如,在清代,皇帝可通过自己的偏好对案件进行司法裁判,这种偏好主要以颁发谕旨、律例的方式来表达,当然还有皇帝内心的真实想法与喜好,官员与百姓为了迎合皇帝,往往会按照皇帝的偏好运行、作为,正是这种行为影响了案件的整体走势,换句话说,人们可以通过皇帝的偏好来判断或预测案件的程序与结果是否正义。③又如,古代老百姓长久以来对清官乐此不疲的期盼、传颂与瞻仰,使得人们形成一种对其道德人格的信仰情结,百姓往往将内心希望寄托于"青天大老爷",认为其道德廉洁,是正义的"名片",只要清官主持断案,人们就大概能预测到案件过程与结果的公平公正性。④但这种预测性往往带有极大的主观色彩,且需凭借"他者"的自身力量、内在良知与朴素正义观,依赖性与祈盼性较强。一旦外在的、正义的"他者"(即正义的领导者或指导者)消失,人们心中的正义之光往往也会随之暗淡。

不同于古代传统社会依赖于"主观他者"(神或人)的预测方式,

---

① 参见彭中礼:《司法裁判过程中的人工智能应用研究》,法律出版社2024年版,第119—127页。
② 参见从希斌:《从〈易经〉看西周时期的司法制度》,《法学家》1995年第3期。
③ 参见武剑飞:《皇帝偏好如何影响司法判决——以清代"节烈旌表"类案件为例》,《民间法》2022年第1期。
④ 参见冯浩、杨磊:《中国古代清官文化下的法官职业道德》,《人民法院报》2021年7月9日,第7版。

数字化社会主要依赖于"客观他者"(技术工具)来进行司法与正义预测。具体而言,在数字化时代,"数字司法正义"的可预测性往往表现为以数据为基础的"数据正义"和以算法为基础的"算法正义"。这种预测性的实现主要依靠数据、算法等技术工具,属于工具型预测,效率虽高,但风险也较大。数据与算法的自身技术缺陷以及诸多不确定因素往往会影响预测效能,给数字司法实践带来不少困难。

## (一)"数据预测"过程中影响数据正义的主要因素

作为数据的核心价值之一,数据的预测功能已然在司法领域与司法现代化进程中广泛应用,例如,在美国刑事司法领域,量刑、假释、保释等多个程序中均应用到了数据的预测功能。[1] 在我国,通过法院每年的工作报告数据,可以发现,人民法院从立案、信访、化解矛盾纠纷到案件执行等司法工作各个环节进行全过程发力,辅以线上线下融合服务,以科技手段为司法赋能,并借助数据的预测方法、预测模型与预测算法,经过预测分析,最终达到满意的预测结果,目的在于让"正义提速",满足人民群众内心的公平正义需求。[2]

然而,在数据预测过程中,也很容易出现诸多影响数据正义的因素。例如,目前主要有因"数据偏见""数据歧视""数据霸权"与因平台资本主义环境下的"数据剥削"(主要包括"自动剥削""网络奴隶")等引起的数据正义问题。[3] 为此,学者林内·泰勒(Linnet Taylor)提出,应当在数据化世界中为数据正义确定必要的道德路径。[4] 但除此之外,最值得关注的是因数据异常值或异常数据引起的数据正义问题。其中,尤以因造假的数据与错误的数据引发的数据正义问题最为常见。一般来说,"数据正义强调数据控制者应当在充分尊重其他数据利益相

---

[1] 参见朱奎彬、杨露、蒋罗林:《大数据预测功能在"智慧法院"建设中的应用》,《四川警察学院学报》2018年第2期。

[2] 参见王珊珊:《感受数据里的公平正义》,《人民法院报》2022年3月9日,第4版。

[3] 参见魏传光:《平台资本主义数据剥削的正义批判》,《学术研究》2023年第2期。

[4] 参见 L. Taylor, "What is Data Justice? The Case for Connecting Digital Rights and Freedoms Globally", *Big Data & Society*, Vol. 4. No. 2, 2017。

关者的前提下，实现数据开发和利用过程中的平衡"①。而造假的数据与错误的数据可能会打破这种平衡，并在数字司法过程中引起更严重的数据正义难题，影响数字司法正义的可预测性。

1. 造假的数据（主要指线上的网络数据）可能影响正义的预测

在数字司法领域，造假的数据主要指的是应用于或产生于司法领域的网络电子数据。因为，在数字技术的作用下，数据可以将司法的整个运作过程以及结果予以形式化呈现，主要包括电子类的司法文本、符号、证据与视频等。可以说，数字时代的新型司法离不开数字网络的支撑，数字网络为网络数据的流转提供了捷径，网络数据的形态（网络假数据与网络真数据）又影响着数字司法的正义与非正义。网络真数据未必能实现数字司法的正义预测，但网络假数据一定不能实现数字司法的正义预测。假的网络数据主要来源于网络数据造假行为，而"网络数据造假"指的是由于人为因素的掺杂，或者利用各种技术手段，使通过网络收集、存储、传输、处理和产生的各种具有极大包容性、多维表现性、多样法属性与多重价值性的电子数据失真，造成或产生各种假的电子数据，形成"千数千假，千假千面"的局面或现象。网络数据造假不仅会产生海量的网络假数据信息，而且具有人为干预性强、存在较为普遍、危害比较严重、过程较为隐蔽、传播比较广泛等特征。受非法意图的影响或操纵，网络数据造假产生的网络假数据主要指的是与好数据相对应的性质较坏的假数据，即假的"坏数据"。其一般有风险和局限性，通常被故意地滥用并被用于做很多坏事，影响正常数字司法。

按级别划分，网络数据可分为三级：一般的、重要的与核心的网络数据。相应地，网络数据造假也分为三级：一般网络数据造假、重要网络数据造假与核心网络数据造假。其一，一般网络数据指的是

---

① 郑智航、雷海玲：《大数据时代数据正义的法律构建》，《国家检察官学院学报》2022年第5期。

"一旦遭到篡改、破坏、泄露或者非法获取、非法利用,可能对个人、组织合法权益造成危害,但不会危害国家安全、公共利益的网络数据"。一般数据并非具体的某种数据,其从一开始就不是一个个体的产物,而是每一个用户数字劳动的产物,代表着所有数据的抽象层面,在本质上就是集体性的。① 因此,一般网络数据造假主要是针对个人与组织的,是危害较轻的造假行为。其二,重要网络数据指的是"一旦遭到篡改、破坏、泄露或者非法获取、非法利用,可能危害国家安全、公共利益的网络数据"。但是,重要数据不仅不包括国家秘密,而且一般不包括个人信息和企业内部管理信息,但达到一定规模的个人信息或者基于海量个人信息加工形成的衍生数据,一旦遭到篡改、破坏、泄露或者非法获取、非法利用,可能危害国家安全与公共利益。因此,重要网络数据造假主要是针对国家安全与公共利益而实施的,是危害较重的造假行为。其三,核心网络数据主要关乎"国家核心网络数据,是指关系国家安全、国民经济命脉、重要民生、重大公共利益等的网络数据"。因此,核心网络数据造假指的是针对国家核心网络数据而进行的,是危害严重的造假行为。可推知,造假的级别越高,其产生的网络假数据破坏力就越大,对数据正义的影响可能就越大,预测效果可能也会因造假级别的提升而逐渐降低。

最典型的示例就是深度伪造(Deepfake),其"通常指使用深度学习(deep learning)进行多媒体伪造的技术。Deepfake 是一种全新的媒体造假方式,它利用深度学习技术来合成假图像和视频,其出现震惊了世界"②。这种技术最易伪造人们的人脸信息、声音信息、肢体动作信息等一系列本不属于当事人自身真实的信息,属于一般与重要网络数据造假范畴,若无相应司法取证技术,极易危害受害人的合法权益,严重的甚至会危害社会公共利益。例如,在深度伪造涉性信息方面,

---

① 参见蓝江:《数字资本、一般数据与数字异化——数字资本的政治经济学批判导引》,《华中科技大学学报(社会科学版)》2018 年第 4 期。
② 丁峰、匡仁盛、周越等:《深度伪造及其取证技术综述》,《中国图象图形学报》2024 年第 2 期。

高度伪造的假数据信息极易对受害女性造成巨大伤害，受害女性不但无法获得有效的司法救济，反而沦为"淫秽物品"，成为淫秽信息的被迫参与者，成为那些恶俗或不知情旁观者的评价对象，对受害女性人格尊严与身心造成极大打击。① 倘若这种数据在数字司法过程中出现或者被应用，极易造成不正义的数字司法现象。或者说，一旦有深度伪造的数据出现在数字司法过程中，这种数据便带上了不正义色彩，很容易干扰数字司法结果的走势，进而影响数字司法正义的预测。毕竟，在欧美，深度伪造的信息被视为不实的信息，并有相应的立法与法律政策为后盾，但在我国，尤其是在深度伪造对公民权利的侵犯与司法救济方面，仍存在不少难题亟待解决。②

2. 错误的数据（即数据错误）可能影响正义的预测

从技术层面来看，数据错误是指数据在命名与标准、逻辑以及关键依赖、函数依赖、包含依赖等方面缺乏一致性，在表、字段、记录、标识信息与约束信息方面缺乏完整性，在格式、连续值、离散值方面缺乏准确性，在及时性、更新率方面缺乏时效性，并在内容、主题、关系方面出现了重复性，必须依靠检测、辨识、清洗、修复等技术才能恢复至包含一致性、完整性、准确性、时效性与去重复性等正常状态的数据，从而实现数据的准确、及时更新。从法律层面来看，数据错误拥有双重语义。第一，从狭义层面看，数据错误是指任何以电子或者其他方式对信息的记录出现了异常，并在数据的收集、存储、使用和加工等"全生命周期"（包括静态与动态数据生命周期）中出现了影响数据可用性与有用性的非正常数据。第二，从广义层面看，数据错误包括数据本身的错误和数据错误的影响两个方面。一方面，数据错误是指具体的数据在时效性与非记录重复性、可理解性与可访问性、体系性与一致性、可信度或合格度、完整性与精确性等方面均具备"否"的属性与特质，是书面文字级的静态错误；另一方面，数据错误

---

① 参见陈冉：《深度伪造涉性信息的刑法规制》，《法学》2024年第3期。
② 参见王彬：《深度伪造与公民权利的冲突与平衡》，《江西警察学院学报》2024年第4期。

是指错误的数据在个人、社会、国家等层面造成的一种"携错式"的后果，是实际体验层的动态错误。

数据错误对正义的影响主要体现在数字司法的应用与制度建设中，重点体现在法律智能推理过程中，其在很大程度上影响着数字司法决策。法律智能推理是"法律推理（演绎+归纳+类比）"与"智能推理（数据推理+算法预测）"的综合应用，但其并非简单的"法律逻辑机器""程序知识表示"或"符号方法运算"，如果承担法律智能推理核心要件的数据（网络线上数据+传统线下数据）出错，则可能会造成推理的逻辑因果链条断裂，造成两方面后果：一方面，会严重破坏传统的法律推理流程；另一方面，会造成技术性的智能推理程序紊乱。尤其是对智能推理影响颇深，因为人工智能（AI）、生成式人工智能（GAI）以及通用人工智能（AGI）在数字司法领域的广泛应用，催生了"智能辅助裁判办案系统/机器人"等司法人工智能，这些智能系统除了重要基础靠算法、运行能力靠算力、核心载体靠模型、学习过程靠训练，还以数据为主要框架，以推理为主要处理过程。可以说，数据的正确与否很大概率影响着推理过程与结果的正确与否，错误的数据如果在算法、算力、模型、训练等技术的一步步推辅下，很难说不会对最终的推理造成影响。尽管数据有一定的容错率（fault tolerance rate）[1]，但全链路多维数据容错的普遍性一般较差，纠错、恢复或重建后的数据可用性与可靠性也不可能达到100%，难以保障在数据错误存在的情境下全域数据能正常工作。

例如，数据错误最易出现于智能辅助裁判办案系统或者智能机器人的模型训练过程中。通常，用于模型训练的数据会通过深度学习、强化学习、深度强化学习或机器学习等机制，逐渐渗透进神经网络等

---

[1] 根据《数据中心设计规范》（GB 50174-2017）2.1.14 的规定，所谓容错（fault tolerant），是指"具有两套或两套以上的系统，在同一时刻，至少有一套系统在正常工作。按容错系统配置的基础设施，在经受住一次严重的突发设备故障或人为操作失误后，仍能满足电子信息设备正常运行的基本需求"。一般来说，容错率越高，对效果的影响越小；容错率越低，对效果的影响越大。但是，在严谨、严肃、权威的法律智能推理过程中，数据出错的概率自然越低越好，也就意味着数据错误对法律智能推理的效果影响可能较大。

各个神经单元当中，或者说，这些数据会在算法、算力的作用下蔓延至作为核心载体的模型的各个数量庞大、互相交错、相互耦合的节点中，并主要对学习样本、模型参数、下游节点等方面造成影响，而且影响程度大小不同、各有差异，且几乎无法进行相关逆转操作，即便删除数据亦无法消除数据中错误内容的不良影响。目前通过机器不学习（machine unlearning）技术来试图忘记这些错误参数的方法具有很大不确定性，而且由于基于实践理性的司法人工智能系统或机器人本身还不具备自主性的自我意识，本身并不完美，无法像人脑一样可以通过经验或直觉判别正误、对错，输入的数据如果错误势必造成错误的数据输出。就拿在数字法院建设中应用广泛的文生视频大模型来说，如果其依据的案件文字、图像、视频等数据（尤其是证据数据）发生错误，即便其自身具备智能性的涌现能力，可以"脑补"或"突发奇想"，可以通过学习发现裁判规律，并可以与数据的限定之间存在较大张力，但囿于数据输入与数据输出不仅是前因后果的关系，更是前者对后者的实质性制约关系，因此其最终生成的视频很大可能也是错误的。

对于数字司法而言，其直接目标便是公正司法。而作为维护社会公平正义的最后一道防线，其核心要求是努力让人民群众在每一个司法案件中感到公平正义。①但数据错误易偏离推理中的"理性选择"，弱化法律智能推理的形式一致性与实质一致性，诱发法律智能推理内部要素与整体法律系统的相互冲突，造成阿玛利亚·阿玛亚（Amalia Amaya）、亚历山大·佩岑尼克（Aleksander Peczenik）与尼尔·麦考密克（Neil MacComick）等主张的法律推理中融贯性的病态化②，亦让数据与法律推理之间具备了类似罗纳德·德沃金（Ronald Myles

---

① 参见习近平：《高举中国特色社会主义伟大旗帜 为全面建设社会主义现代化国家而团结奋斗——在中国共产党第二十次全国代表大会上的报告》，http://www.gov.cn/xinwen/2022-10/25/content_5721685.htm，2022年10月7日访问。

② 关于融贯性理论与法律推理理论的具体探讨，参见马克西米利安·德奥·马尔：《融贯性在法律推理理论中的作用与价值》，邢焱鹏译，《苏州大学学报（法学版）》2020年第3期。

Dworkin)所主张的不可通约性①。加上法律智能推理理论是数理逻辑中的重点与难点,比较复杂,难以掌握,稍有不慎就会出错,数据错误更是让推理过程与结果具有不确定性,从而使得数字司法的程序正义与结果正义具有极大的或然性。

毕竟,"数据处理过程像一个'黑箱',公众只能看到处理后的数据,而无法确信流程是否正当、数据是否被人为篡改"②、数据是否错误等问题,加上数据处理流程的非完全公开透明性与数据各个处理环节的相互独立性,使得这一过程对公众而言是"不可视"的,极易造成过程与结果的处理错误。在法律智能推理层面,数据扮演着重要角色,其主要指向一个"归纳推理"的过程。其本质"是通过对数据的不确定性的相关性分析,以概率事件作为研究对象,以结构化和非结构化数据表征行为事件的本真状态,以事件行为的信息结构及其信息的不确定性作为行为事件的本然状态,从而还原事件的本然形态,还原于事件的本源所表现出的固有特征"③。通过对海量数据进行因果分析、因果推断,依靠过去或现在的数据分析并推论某种关联,或者凭靠数据之间的"内在相关性"来推理预测,从而为未来的行为做可靠论推。旨在提高司法判决的说服力与听众可接受性、法律案件信息的整全性、信息筛选的高效性以及社会效果评估方面的有效性。但数据错误很大可能会对法律智能推理的过程与结果进行干扰,影响法律智能推理的整体效能与效应,使得数字司法正义难以实现准确或有效预测。

## (二)"算法预测"过程中影响算法正义的主要因子

算法预测功能的实现需借助于预测算法(主要分为回归分析、概率估计、时间序列、机器学习与模型检验等类别)。在我国,预测算法在

---

① 关于"不可通约性"(incommensurability)的具体探讨,参见李醒民:《论科学哲学中的"不可通约性"概念》,《辽宁教育学院学报》1993年第1期。
② 胡元聪、谢凤:《智慧司法下数据保护困境突破的区块链技术进路》,《科技与法律(中英文)》2021年第6期。
③ 潘平:《大数据研究中的理性思维及其形成》,《贵州社会科学》2017年第7期。

数字司法中的应用主要集中于四个方面：一是司法资源的有效分配，二是潜在危险个体的预警通报，三是法官的量刑建议与指导，四是诸如COMPAS1等一系列分析预测工具和智能辅助系统在刑事司法领域中的应用。①

但是，预测算法虽然可以用来增强数字司法正义的可预测性，但亦可对其进行阻碍。其一，是由于算法的复杂性。因为在数字司法场域，通常是数百种算法结合在一起组成一张复杂的算法系统网络，很难对其进行直接解构，一般需要具备专业知识的专家来解开这种混乱的组合。其二，是由于算法的灵活多变性。因为算法会随着具体应用场景的变化而变化，例如，在数字司法过程中，应用于司法的算法会随着其应用的不同司法实例的变化而生成新的算法。换言之，算法并非固化机械的以不变应万变、以静制动，而是可以灵活变动的，毕竟，人们的每次点击与每次查询，算法都会随之而变。② 其三，是由于算法预测的不确定性。因为一个相同的预测算法可能会产生差异较大的、完全不同的两种预测结果，并造成全然不同的影响。而且，基于不同的前提条件进行预测，预测的结果也大有不同。如果其中掺杂的预测变量越多，将越有可能影响预测效果，进而阻碍数字司法正义，尤其是"算法正义"③（又称"计算正义"④)的实现。此外，在具体司法实践中，尚不完善的算法正义原则体系、非透明化与难以理解的深度学

---

① 参见杨淞麟：《预测算法在我国刑事司法程序中的运用与规制》，《重庆社会科学》2022年第8期。

② 参见H. Rosenbaum, P. Fichman, "Algorithmic Accountability and Digital Justice: A Critical Assessment of Technical and Sociotechnical Approaches", *Proceedings of the Association for Information Science and Technology*, Vol. 56, No. 1, 2019, pp. 237-244。

③ 算法正义往往随着算法歧视、算法偏见、算法黑箱、算法暴政、算法滥用、算法误用、算法垄断、算法权力、算法主体化趋势等问题不断衍生，并生成了"算法正义观"，其内涵主要分为两个层面：一是内在正义观，此时算法被视为独立主体；二是外在正义观，此时算法被归为社会规则的重要组成部分。参见谷佳慧：《数字时代正义的内涵变迁及法治保障》，《北方法学》2023年第5期。

④ 可以说，算法正义是计算正义的精华版，计算正义是算法正义的扩充版。但就核心本质而言，二者无甚区别。而"计算正义是正义原则在算法实践中的体现，是人的社会合作和创造活动被计算化过程中所应遵循的价值准则……不仅关乎如何对算法进行法律定位，而且针对社会生活借助算法而实现的计算化和数据化所产生的正义空间"。参见郑玉双：《计算正义：算法与法律之关系的法理建构》，《政治与法律》2021年第11期。

习算法程序以及可能存在预测误差的深度强化学习算法亦是影响算法正义的重要因子。

## 1. 算法正义原则体系尚不完善

算法重塑了司法认知，为个案裁判提供了新的技术方法，更让数字司法的正义预测变得可能。这种预测主要以司法决策的算法化趋向为引导，即算法司法或司法算法，主要包括程式化的证据审查、数据化的风险评估与标准化的自由裁量。① 不论是算法司法，还是司法算法，其在价值论与方法论层面都颇具功用。作为一种技术决策，其目的在于达致预测正义(predictive justice)，产出算法场域的最优解，法官则需要在由算法预测产生的最优解与司法场域的法条、规范之间进行衡量取舍，最终作出一个既让人民群众满意又能体现公平正义的"满意解"或司法裁决，这便是所谓的算法司法正义，简称算法正义。② 可以看出，算法正义既保留了算法本身具有的"预测正义"的味道，又尊重并响应了司法场域的"司法正义"，在数字化结构下，其可以很容易实现数字司法的正义预测。

目前，算法正义虽然形成了自己的原则体系：在实体方面，有致力于破除"算法黑箱"的算法透明原则；在程序方面，有致力于规制算法之恶的算法向善原则；在后果方面，有致力于增进算法红利的算法效益原则。③ 但是，该原则体系在理论层面还面临诸多不同声音。例如：在程序方面，有学者认为算法正义的道德原则主要包括平等、公开、准确、尊严、可问责这五条标准，否则，就应被修改或者废弃④；还有学者认为，算法的程序正义应该首先确立"以人为本"的智能伦理观，并在此基础上，通过新的算法制度性设计来促进正义价值的实

---

① 参见帅奕男：《司法决策的算法化趋向及其反思》，《大连海事大学学报(社会科学版)》2022 年第 4 期。
② 参见杜宴林、杨学科：《论人工智能时代的算法司法与算法司法正义》，《湖湘论坛》2019 年第 5 期。
③ 参见孙跃：《数字经济时代算法司法治理的挑战及其应对——基于算法正义的裁判方法与多元共治》，《法治论坛》2023 年第 2 期。
④ 参见李石：《算法与程序正义》，《数字法学》2023 年第 1 期。

现，主要包括算法公开、算法影响评估和算法问责等方面。① 换言之，算法正义还未在理论层面形成一个普遍适用的、成熟综合的原则体系，即算法正义的概念是什么、如何确定算法正义的主体与客体、算法不公的有害影响有哪些、如何有效解决算法不公、如何处理和解决关于算法正义的诸多争议、如何为算法正义进行道德编码、如何构建算法正义的理论框架、转型服务中算法正义的论辩焦点确定、算法正义的尺度划定、算法正义的联盟构建、算法正义与社会正义的关联、算法监督与算法民主的关联、算法正义的经验基础深厚与否以及未来如何有效检查算法不公等一系列问题还有待进一步深化。② 在此背景下，便很难通过算法预测来保障算法正义的有效实现。

2. 深度学习算法的程序非透明化与程序难以理解

算法正义的实现有赖于对算法决策进行理解的深度学习技术，其核心是深度学习算法(如表1所示)。

表1 深度学习的主要经典算法

| 深度神经网络(DNN) | 多层感知机(MLP) |
|---|---|
| 生成对抗网络(GAN) | 卷积神经网络(CNN) |
| 图神经网络(GNN) | 循环神经网络(RNN) |
| 深度强化学习(DRL) | 深度残差网络(ResNet) |
| 长短期记忆网络(LSTM) | 变分自编码器(VAE) |
| 预训练语言表示模型(BERT) | Transformer 模型 |
| …… | …… |

广泛地讲，除了迁移学习(transfer learning)、在线学习(online learning)和联邦学习(federated learning)等深度学习的前沿领域，深度学习主要指的是人工智能中的机器学习。《司法裁判过程中的人工智能

---

① 参见郭春镇、勇琪：《算法的程序正义》，《中国政法大学学报》2023 年第 1 期。
② 参见 Olivera Marjanovic, Dubravka Cecez-Kecmanovic and Richard Vidgen, "Theorising Algorithmic Justice", *European Journal of Information Systems*, Vol. 31, No. 3, 2021, pp. 269 - 287。

应用研究》一书便对机器学习进行了类型划分，并对各自负有的任务与核心技术予以说明，不仅展示了智能机器的学习过程，更展示了智能机器如何通过学习来提升自身性能。① 具体来讲，机器学习"更多的是一种'扩充的'或'安排好的'机器智能，而不是真正意义上的人工智能。机器学习模型通常可以被训练来'学习'特定的关系或技能。因此，它们可以用来对这些模型的数据输入进行分类，或者根据这些数据做出决策或预测"②。其主要依赖于三个复杂方法过程：数据→模型→算法。这种基于机器学习的深度学习，主要是在对学习信息进行理解的基础上运行的，它是一个先对学习信息进行整合处理，再主动对学习来的信息进行知识构建，接着通过智能算法对构建的知识予以分析与思考，最后做出数据输出的过程。可以说，对知识信息的深度理解有利于深度学习，深度学习亦有助于对算法决策或预测过程进行深度理解，而对算法决策或预测过程的深度理解又可以助力深度决策或预测。换句话说，学习之深度决定着理解之深度，理解之深度决定着预测之深度。二者的侧重点在于，"深度学习更加强调学习的过程和方法，强调用深层学习方法批判性地学习知识和在新情境中应用知识解决问题；而深度理解更强调学习的目标和结果，具有很强的目标指向性和结果导向性"③。相比之下，深度预测则强调算法预测的程序性与结果性，目的在于实现算法程序正义与算法结果正义。

但是，深度学习面临诸多待决难题，除了学习机理不明与模型泛化不足等问题，重要的是，随着具有大量的层和参数的深度神经网络变得越来越复杂，算法的决策或预测过程通常类似于"黑匣子"，使得人们很难了解算法是如何以及为何做出特定预测，即算法预测的运行机理一般是不对外公开的，运行程序是非透明化的，这可能会影响算

---

① 参见彭中礼：《司法裁判过程中的人工智能应用研究》，法律出版社 2024 年版，第 76、77 页。
② 凯伦·杨、马丁·洛奇编：《驯服算法——数字歧视与算法规制》，林少伟、唐林垚译，上海人民出版社 2020 年版，第 252 页。
③ 陈明选、周亮：《数智化时代的深度学习：从浅层记忆走向深度理解》，《华东师范大学学报（教育科学版）》2023 年第 8 期。

法预测结果的信服力。尽管学者张恩典对算法透明度进行理论反思与制度建构①，邓克涛、张贵红也对算法透明度进行了从理论到实践的探索与反思②，更有诸多学者对算法解释规则与算法的可解释性问题进行探讨，目的在于增强算法透明度，以便人们可以"看见"甚至"理解"算法决策与预测过程，以程序可见性推动预测可见性，进而实现正义可见性。但是，这种形式上的程序正义只是一种"人们眼睛可见的正义"（看见了算法的计算过程或符号操作过程），并非"人们内心可见的正义"（没有理解计算过程或符号操作过程）。要做到"内心可见"，必须让人们"真正理解"其运作过程。

而理解一般属于双向过程，即必须有理解主体与理解对象。在整个算法预测过程中，人类法官、当事人或普通大众扮演理解主体，算法则扮演理解对象。理解主体一般可对理解对象进行理解，但由于技术语言与司法语言的有限性，以及理解主体与理解对象本身的原因，加上如果囿于某些因素无法清晰准确地表达算法预测的意义与意图，而算法自身又无法解释的话，这时，可能需要一个旁观的第三者来对算法预测的真实意图进行解释说明，从而帮助达成整个理解过程。简单来讲，如果这个旁观的第三者是说话的人，而理解主体是听话的人，那么"说话人不仅要准确、清晰地表达自己的想法和观点，还须在有必要的时候耐心地作出解释，尽其所能去澄清、说明，去化解误解。当然，听话人也要意识到其在会话交流中的角色和重要作用，不仅要努力了解说话人的意图，也要及时给予反馈和回应"③。但在实际中，此"解释-理解"过程（即"解释的理解"④）的完美实现其实并不容易，面临诸多不确定因素。例如，由于理解主体的差异性与个性，其具有

---

① 参见张恩典：《算法透明度的理论反思与制度建构》，《华中科技大学学报（社会科学版）》2023年第6期。
② 参见邓克涛、张贵红：《算法透明度：从理论到实践的探索与反思》，《科学学研究》2024年第7期。
③ 刘松青：《理解为什么需要解释》，《社会科学报》2024年3月28日，第5版。
④ 关于解释与理解的理论探讨，具体参见魏宇：《理解与解释：一种知识逻辑的视角（英文）》，《逻辑学研究》2024年第3期；陈嘉明：《"解释的理解"简论》，《哲学分析》2023年第6期。

不同的理解力，理解就具有动态的变动性与层次性。而且，由谁来承担解释任务，解释的标准与方法是什么，以及是否所有的理解都需要解释等问题仍有待回答。

### 3. 深度强化学习算法的预测可能存在误差

算法正义的实现，需要依赖诸多具有决策性与预测功能的算法，除线性回归、逻辑回归、决策树、朴素贝叶斯、支持向量机、集成学习、K近邻算法、K均值算法、主成分分析（PCA）、神经网络等人工智能算法外，结合了深度学习和Q-learning优点的"深度强化学习算法"（Deep Q-Networks，DQN）[①]最适用于司法决策，目的主要是在更复杂的司法环境条件下实现更高效的司法决策。具体而言，深度强化学习是一种机器学习范式（如表2所示），用于解决涉及司法顺序决策的问题，即马尔可夫决策过程（Markov Decision Process，MDP）。在《司法裁判过程中的人工智能应用研究》中，彭中礼教授便对该决策过程进行了说明，并对其定义与组成部分予以强调。具体而言，马尔可夫决策过程指的是对完全可观察的环境，使用马尔可夫链转移模型和累加回报的序列式决策过程。而一个马尔可夫决策过程主要由状态集合（初始状态为 $S_0$）、在每个状态的动作集合 ACTION(s)、转移模型 P(s'|s, a) 与回报函数 R(s) 等四个部分组成。[②] 其核心思想是司法智能体通过与司法环境的交互来学习最优的行为策略，优化机器人法官与人类法官的交互决策过程，以最大化累积奖励，实现司法决策最优，以便为算法正义的实现提供重要基础。

---

[①] 深度强化学习主要包括五方面要素：(1)状态，表示环境的特定情况或特定条件，对当前问题的上下文进行描述；(2)行动，表示代理可以采取的行动或决定；(3)策略，表示代理在特定状态下采取行动的概率分布；(4)奖励，表示智能体采取行动后收到的即时反馈信号，用于评估行动的质量；(5)价值函数，用于评估特定状态或状态-动作对的长期累积奖励。参见 Li Xiong et al., "Improving Robot-Assisted Virtual Teaching Using Transformers, GANs, and Computer Vision", *Journal of Organizational and End User Computing*, Vol. 36, No. 1, 2024, pp. 1-32.

[②] 参见彭中礼：《司法裁判过程中的人工智能应用研究》，法律出版社2024年版，第89页。

**表 2　机器学习的三种实现路径**

| 主要类型 | 技术方法 | 重要模型 |
| --- | --- | --- |
| 监督学习 | 通过任务驱动（分类/回归）学习 | 深度神经网络（DNN）<br>卷积神经网络（CNN）<br>循环神经网络（RNN） |
| 非监督学习 | 通过数据驱动（聚类）学习 | 自动编码器（AE）<br>生成对抗网络（GAN）<br>受限玻尔兹曼机（RBM）<br>深度置信神经网络（DBN） |
| 强化学习① | 通过试错学习② | 不需要系统任何详细的数学模型来保证最优控制③ |
| 混合深度学习 | 基于单独的深度学习模型提出 | 卷积神经网络（CNN）<br>循环神经网络（RNN） |

然而，虽然深度强化学习算法在智能决策过程中表现突出，其许多功能的发挥都可以归功于强化学习与深度学习的结合，但这种看似完美的算法决策与预测仍有可能存在误差，不仅包括算法决策与预测方式的差错，也包括算法技术发展尚不成熟的缺陷。通常，算法预测有赖于高顽健性的算法，然而算法自身带来的随机错误问题会极大降低分析算法的有效性与价值性挖掘，影响算法鲁棒性，无法为算法预测提供正常的服务操作，使司法和算法于价值内核上产生异质性，造

---

① 强化学习目标可以描述为找到一种最大化（预期）奖励的（贴现）总和的策略。任务或目标被正式定义为根据环境和奖励函数描述的马尔可夫决策过程。环境决定了所探索的世界的行为，即执行某些操作后会发生什么，而奖励则向智能体表明在当前世界状态下执行给定的操作获得了多少（或损失了）。参见 Stevão Alves de Andrade, Fatima L. S. Nunes and Márcio Eduardo Delamaro, "Exploiting Deep Reinforcement Learning and Metamorphic Testing to Automatically Test Virtual Reality Applications", *Software Testing, Verification and Reliability*, Vol. 33, No. 8, 2023。

② 使用强化学习算法训练深度神经网络通常需要大量的计算资源。大量数据和需要多次迭代来优化网络参数增加了计算负担。此外，探索与利用的权衡是强化学习的一个重要方面，通常需要大量的试错迭代，进一步增加了计算需求。参见 Stevão Alves de Andrade, Fatima L. S. Nunes and Márcio Eduardo Delamaro, "Exploiting Deep Reinforcement Learning and Metamorphic Testing to Automatically Test Virtual Reality Applications", *Software Testing, Verification and Reliability*, Vol. 33, No. 8, 2023。

③ 参见 Tala Talaei Khoei, Hadjar Ould Slimane and Naima Kaabouch, "Deep Learning: Systematic Review, Models, Challenges, and Research Directions", *Neural Computing and Applications*, Vol. 35, 2023, pp. 23103-23124。

成司法的应然逻辑与算法的实然逻辑分离、司法的道德正当性与算法的技术合理性对立、司法的价值理性与算法的实用理性矛盾等异状。这会加速算法预测的复杂化,导致预测步骤冗余、延长,模糊预测过程的价值预判范围与边界,降低算法预测功效。概言之,如果算法因为自身原因失去了理性,也就很难实现算法正义所追求的实质理性,其预测结果很大概率是具备"可废止性"的。

## 四、数字司法正义可预测性的优化方案

数字司法正义的可预测性实现,其实并非仅靠数据、算法、人工智能等数字技术工具的功用,更多还需要人力的干预。对于影响可预测性的因素,比如造假的数据或错误的数据,或是不完善的算法原则体系、算法"黑匣子"、算法解释与理解难题以及算法预测误差,抑或是司法人员主观判断失误等方面的因素,其实都是难以规避的。由于数字司法正义的预测过程是系统性的、全链路式的,并非仅靠某个环节或某个技术工具就能实现,"头痛医头,脚痛医脚"的方法只能是"治标不治本"。例如,为了改进预测过程,可以对真实数据与虚假数据、正确数据与错误数据进行区分,并将错误数据和虚假数据剔除出去,也可以对算法进行优化升级,但仅能解一时之忧,无法杜绝这类正义预测难题。毕竟,正义作为司法的首要价值与永恒话题,既有公平的因素,又有平等、自由的份额,亦有合理性的善的考量,它不仅要让人们有正义的感觉,更要让人们实实在在地看见或者感受到正义。正义是系统性的、体系性的、制度性的、抽象性的、复杂性的、实践性的司法价值追求,而非简单的理论层面分析。

目前,为了追求司法的公正权威,产生了两种正义优化路径:一是公开正义,二是分配正义。二者都以数字时代的司法技术应用为出发点。在公开正义方面,不仅有司法决策的透明化、公开化及其解释路径,更有算法公开、算法解释以及司法人工智能解释等机制,亦有

提高公众的司法参与度和审判方面的司法互动性策略，其目的都是使人们能够真正看见、理解、信任技术决策的整个过程；在分配正义方面，也就是司法的技术应用对所有人应当一视同仁，平等地对待所有当事人，而非以新的不平等或者新的形式偏见对某些不特定群体进行歧视。但不论哪种优化路径，都是为了通过创新司法方案来实现数字司法正义的真正"预测"，从而真正实现数字司法正义，而非做形式主义的表面功夫。因此，为了更好地保障数字司法正义，在此基础上，可通过四重优化方案，让数字司法正义真正做到"可预测"。

### （一）审智能推理之"推证"，以优化预测流程

数字司法的一系列技术工具相当于"数字司法员工"，为数字司法正义的可预测性提供数字服务。这些服务靠的是诸如海量 GPU 与新一代大模型等机器，并以机器（尤其是融合了数据、算法、算力、训练、推理、模型等因素的人工智能）的智能推理能力为数字司法正义提供预测。由于机器的辅助功用，其相当于人类的"智力外脑"；又由于其机器的属性，可称之为"机器外脑"。智能推理离不开数据与算法，主要以"数据推理""算法预测"为构件，核心在于依据已制定之规则进行"推证"（其无须诉诸证据与非理性直觉）。

具体而言，"推证"以意义或含义明确的人工语言（主要指以数据为养料的算法规则）为构件，其结论一般是唯一确定且不证自明的，仅包括从前提到结论的过渡，与作为人的听众及所处社会条件无关无涉，主要以公理或既定规则为前提。[1] 推证与以因环境或情境不同而意义或含义也随之改变的模糊性的自然语言（主要指以文字为载体的法律规则）为构件、与作为人的听众及其所处条件密切关联、其结论一般依托于心证且强度与可信度强弱不一、主要以听众接受的前提为出发点的"论证"有较大区别。通俗来讲，推证是机器的活儿，而论证是人的事儿。前者主要由一系列智能化的技术工具来进行，过程固定机械；后

---

[1] 参见哈伊姆·佩雷尔曼、露茜·奥尔布莱希茨-泰提卡：《新修辞学：一种论证理论》，杨贝译，商务印书馆 2021 年版，第 VI—VIII 页。

者主要由人类法官来进行，过程动通灵活。可以说，审查数字司法正义可预测性的首要步骤就是审查"机器外脑"的智能推理，即审查"推证"。因为推证的过程较为简明，只需考察那些"机器规则"及其运行路径即可。

数字司法是比较复杂的人类与技术协同的活动，一些固定的司法程序或环节因其确定性较强，容易以数字方式予以呈现，这些就是重点审查对象。因为它们会遵循预先设定好的规则或路径，看起来似数理公式演算一般比较机械化、程式化，却很大程度上可以脱离人类法官理性选择与价值衡量的范畴，往往可以做到推证最优，为数字司法决策提供科学依据，从而最大化预测数字司法正义，保障司法公正。审查重点在于排查、解决推证进程中出现的那些不可预知的较大变量或变数，确保"前提→过程→结果"的推证链条贯通无阻、精确无误，以及"条件+手段→目的"的畅通性或融贯性。

## （二）审协同预测之"解释"，以优化预测理解

数字司法正义的预测性除了靠机器推证，还需靠人力论证，需二者结合起来协同预测。在数字司法中，技术工具的硅基生命机器目前只能具备辅助地位，承担主体地位的仍然是拥有碳基生命的司法工作人员。例如，即便是适应能力强的 AGI 人形机器人能"通过结合跨领域的知识图谱、因果推理、持续学习以及认知心理学、脑科学等技术，让 AGI 拥有类似人类的自主理解、自主分析、自主决策的能力，能够做到观其形、闻其声、断其言、辨其意，充分理解外部世界的信息输入"[①]，但其决策的做出与采用仍旧离不开司法工作人员的干预。那么，如何审查这种"人机组合"，或许落脚点便在于对这个协同预测过程进行目的解释。

其中最为重要且关键的一步，就是对司法人工智能进行解释(包含算法解释与理解)，因为这是一个显见的司法工作人员用法学或司法话

---

① 江海洋：《论人形机器人的刑事主体地位与归责》，《东方法学》2024 年第 3 期。

语向公众解释机器的数学表述话语的过程，即需要用人类语言来对复杂难懂的机器语言进行转化与解释，以便让人们明白这是怎么一回事，也是数字司法正义预测过程中一个非常重要的环节与步骤。如果司法人工智能缺乏可解释性，可能会造成司法程序的透明度缺失、司法决策歧视的嵌入、隐私权受到侵犯、司法决策缺乏可靠性和准确性、法律责任受到质疑以及司法公信力减损等后果。① 而这些不利因素将会严重影响数字司法正义及其预测的实现。毕竟，司法人工智能的整个工作流程对当事人来说，是非透明且过于模糊的，解释的任务就是让数字司法工作步骤进一步地进行通俗化延伸，让原本抽象晦涩的技术预测过程更加清晰通明、简单易懂。而相关的具备人工智能等技术专业知识的司法工作者需要承担此解释任务，以便提高人们对技术预测过程的理解力，帮助人们更好地辨别或判断数字司法正义的预测过程与结果是否符合数字司法规范、契合数字司法正义。

尽管该解释工作可能是相关司法工作者等解释主体的一种额外负担，不但需要其有目的地进行，而且需要其严谨考量预测采用的方式、方法以及手段的适当性、均衡性与合理性，但这是提高司法人工智能权威性、信服力的一种优良手段，也可以促进人机交互与人机理解，增强数字司法正义的可预测性。毕竟，"经由对特定问题的探寻以及对特定目的的发掘，通常可使得最后的解决方案具备较高程度的、自然而然的说服力"②。

### （三）审舆情民意之"反馈"，以优化预测监督

数字司法正义与否，舆情民意反馈（即民众监督或民众评价）占据很大比重。"防民之口甚于防川""众怒难犯""群众的眼睛是雪亮的"是舆情民意最好的代言词。当然，要排除那些泛滥的、失当的、疯狂的、

---

① 参见魏斌:《司法人工智能可解释性难题的法律论证分析》,《法制与社会发展》2024 年第 4 期。

② 托马斯·M. J. 默勒斯:《法学方法论》（第 4 版），杜志浩译，北京大学出版社 2022 年版，第 257 页。

不理智的、不负责的、杂乱无序的、泛道德化的和鱼龙混杂的民意，避免"舆论司法"。因为"如果民众对正在审理中的案件关注过多并形成具有倾向性意见且以'民意'之名试图影响司法裁决时，就可能对司法施以不当的压力，并影响司法独立与公正"①。

如何"向人民交出一份满意的答卷"，如何提高数字司法的社会满意度，是衡量数字司法正义可预测性的一个重要指标。在传统司法过程中，舆情民意可以促进司法的公正审判，因为其包含着一种无形的价值判断，可对司法形成一种无形的监督，防止司法失当。这种监督具体表现为五个层面：其一，监法院、督法官之职务，问责其行为、拷问其良心、防止其腐败；其二，观机关内部、审体制机制、查深层问题，防专横、止偏执、抵不法；其三，衡价值取向、供经验资源、补法官不足、辅个案判决、助民众接受；其四，反外部势力干预、扫压力威吓干涉、护法官独立办案；其五，明司法体系漏洞、促司法体制改革。② 同理，在数字司法过程中，舆情民意同样具备此作用。尽管并非所有民众均能理解数字司法的逻辑过程，但是大多数民众能感知数字司法的结果正义与否。

审舆情民意"反馈"，尤其要特别审查那些拥有新兴技术知识的、具备技术实践能力与法律实务知识的"复合型人才"，可将其反馈意见有序地、选择性地纳入数字司法渠道，形成舆情民意与数字司法正义关系的"好望角"或"瞭望塔"，则可一定程度上避免预测结果的片面性，更好地维护数字司法正义。

### （四）审案件溯及之"评估"，以优化预测效应

数字司法正义的可预测，不仅指的是要能对未来进行预测，还包括要能预测到未来是否会回溯或溯及现在。一个案件审判是否正义，

---

① 张榕、李伟杰：《治理现代化视域下中国法院司法信任生态研究》，《社会科学战线》2023年第2期。
② 参见韦嘉燕、乐永兴：《舆情民意扩张与刑事司法审判危机应对》，《中国刑事法杂志》2012年第12期。

一般要做到过去、现在、未来都正义,而非仅一个维度的正义。以现在的正义为标尺或参照,过去的正义指那些已经判决过的在当时看来正义的案子,以现在的环境与时代条件回溯起来其仍然是正义的;未来的正义指现在已经审判过的拥有正义的案子,不管经过多久,未来仍然是正义的,能经得住时间的考验。例如,冤假错案在当时的条件下来看,可能是正义的,但是随着时代与技术的进步,以及审判方式的转换,在现在看来,它就是不正义的。可以说,冤假错案是司法不具有可预测性的典型体现。

数字司法正义的可预测性审查,非常容易忽略的一点,即审查这个案件在溯及既往时是否仍然保持正义的底色,也就是所谓的案件溯及"评估"效应。在传统司法过程中,事实认定与法律适用是否错误是最典型的评估指标,除此之外,还包括法官是否失德失责或者舆情民意是否理性等主观方面的因素。在数字司法过程中,技术工具的漏洞、缺陷或者异常都有可能影响数字司法正义的可预测性,比如数据与算法就是最容易出问题的两个地方。数字司法过程中出现失误难以避免,不可能100%精确,因为数据和算法均具备一定程度的容错率或容错性,适当的错误其实无伤大雅。真正要注意的,是要避免数字化司法背景下的冤假错案再现,避免旧案重提与旧案重审。数字司法尽管可以大大减少"起点错→过程错→结果错"的一错到底窘境,而且有人力的干预与价值判断,按理说很难再发生冤案、错案,但并不能掉以轻心。因为"基于各种主客观原因,冤假错案仍然具有发生的现实可能性"[1]。

数字司法并不等于让技术工具主导司法,而是让其辅助司法,是司法范式的时代转型。数字司法目前还是一种"人主机辅、人机结合"的审判模式。因此,审查重点就在于数字司法的工具理性与价值理性层面,审查前者要以数字司法正义目的的实现为关键任务,审查后者

---

[1] 刘静坤:《冤假错案的司法治理:政策、风险与防范》,《中国法律评论》2019年第4期。

则要注重数字司法的秩序性、系统性与内在一致性。当然,在具体执行或操作过程中,还是要落实到具体的司法判决,以及每一个司法个案上。因为,个案正义可以反映司法判决的可预测性,进而反映司法与正义的可预测性。简言之,只要保证每一个已经审判的司法案件是正义的且不会因时间而变得不正义即可。如此,方能最大化保障数字司法正义及其预测的实现,确保正义的案件经得住时间的考验,防止数字司法背景下的冤假错案再现。

# 结　语

数字司法正义是由数字司法、数字正义以及司法正义三者熔融集成的更高水平的正义。数字司法正义的可预测性,其实质是预测数字司法正义,保障数字司法正义的真正实现。作为一种新型的司法过程与司法模式,数字司法可以说是数字司法正义的前件,其容括了办案平台、数据利用、算法建模与数字思维等重要方面,而由数字司法催生的数字正义,其核心则是数据的合规利用以及算法的准确性和公正性。① 数字司法正义的可预测性实现,很大程度上要依托于数据与算法的功能发挥。

而在古代传统社会,司法与正义预测往往取决于带有很大主观性的神明、皇帝以及清官,预测性往往有限,带来的也是一种有限的正义,而且是一种比较低水平的正义。尤其是在古老的司法活动中,人们经常寄希望于神明来进行司法与正义的预测。人们之间如果产生纠纷,便会通过巫术(如杀人祭鬼神、以牲畜献祭等仪式,或者凭借超自然力、巫觋、巫师、巫术、魔法、妖术、诅咒、畜蛊、画符、厌魅、算命、神秘知识或技巧等形式②)这个神秘渠道沟通人神,来请求诸路

---

① 参见马长山:《数字司法的法治边界》,《东方法学》2024 年第 4 期。
② 参见徐爱国:《巫术入罪与去罪:一个法律史视角的解读》,《社会科学辑刊》2017年第 1 期。

神灵以自身的神秘力量进行裁判,即寄托于神佑或神灵、神庙等神圣性的神判法、神意、神判、神断(如沸汤、发誓、盟誓、动物、触角、血迹、热铁、铁火、闷水、食毒、秤称、占卜等神判形式)来明是非、决善恶。因为人们始终相信神明并不是子虚乌有、虚无缥缈的,而是以一种人们难以感受、察觉、理解或遇见的超现实的、超人类的方式实实在在地存在,认为其可以洞察一切、洞悉人心,并知晓过去、明辨当下、预测未来。通常,人类的天性是对公平、正义的追求,神明裁判即是早期人类追求公平、正义的具体体现,毕竟在早期人类眼里,神不仅是神,还是天(人不知道的天都知道),更是"公正、公平、正义"的最佳维护者和最好代言人。① 不管怎么说,古人常将巫、神以正义视之,并乐于接受,"尽管神判其形式是迷信的、非科学的,但是其本身常常却是人类最初对'司法'公正精神追求的体现"②。

在数字化时代,虽然司法与正义的预测凭借诸多新兴技术工具而占有优势,但技术的预测也是一种有限的预测,带来的仍旧是一种有限的正义。只是由于技术预测手段更加先进,所以决定了数字司法正义的更高水平性。实际上而言,数字司法正义的预测只是一种手段,只是一种正义的期盼与希冀,而非最终目的。况且,正义也并非仅靠技术工具的预测就能实现,而是需要整个司法系统,甚至全社会共同努力才能真正达到。其实,数字司法正义更多是需要维持和保障的,而非预测和实现,因为实现的正义往往是正义的一种外在表现状态与民众内心的共同期许,而非正义本身。

---

① 参见张振国、李红丽:《巫术与神明裁判》,《河北经贸大学学报(综合版)》2010年第1期。
② 姜登峰:《论神判与巫术的关系及价值——人类社会早期审判裁决证据之运用》,《证据科学》2019年第2期。

# 交往行为理论视角下元宇宙诉讼的建设构想

郑　返[*]

**摘要**：元宇宙技术体系化和虚拟化特征与我国打造全系统一体化、全时空泛在化的人民法院信息化4.0版的司法改革需求高度契合，是推动人民法院由"场所"职能向"服务"职能转型的重要敲门砖。与传统在线诉讼相比，元宇宙诉讼有望克服在线诉讼的程序权利保障局限、诉讼场景真实局限和诉讼交往时空局限，能有效弥补技术与诉讼程序的耦合度不足的缺陷。哈贝马斯的交往行为理论为元宇宙诉讼的建构正当性提供了理论上的证成，并能为实践中技术的发展提供具象化指引。无论元宇宙技术对诉讼程序的融入程度如何，元宇宙诉讼均应以鼓励理性交往行为和遏制策略行为为根本目标，需在坚守技术中立和程序保障的前提下，努力实现交往主体间言语行为表达的可领会性、陈述的真实性、表达的真诚性和言说的正当性，在宏观层面通过整合现有司法信息平台形成开放性和共享性的统一数据库和案例库；在微观层面根据案件类型和地区案件受理数量对元宇宙诉讼进行类型化、阶段化适用，在精准把握人民司法需求和国家司法改革方向的基础上审慎推进元宇宙诉讼的构建。

**关键词**：元宇宙司法　交往行为　诉讼交往　数智化

---

[*] 郑返，吉林大学法学院博士研究生。本文系广东省城乡文化发展研究中心课题"数字化诉讼视阈下当事人诉权保障研究"（GYKCS-2023-10）的成果。

## 引　言

　　2018 年上映的科幻电影《头号玩家》讲述了在虚拟技术十分发达的 2045 年，因对现实社会的失望，人们沉浸于一款名为"绿洲"的虚拟游戏，主人公在游戏中突破重重关卡，最终成为"绿洲"继承人的故事。如今随着虚拟现实、增强现实、区块链等技术的不断发展，电影中构想的"绿洲"数字乌托邦正在逐渐成为现实。在里面描绘的超现实空间中，人们可以通过集成化的数字技术任意定制自己的数字身份，并实现与他人跨越时空的无障碍语言交流和社会交往。《头号玩家》中所展现的虚拟世界与现实世界高度互通的社会样态便是元宇宙的雏形。

　　当前我国经济社会已逐步跨入数字时代，[①] 元宇宙因蕴含巨大的经济价值，吸引了各行业巨头的目光，目前元宇宙技术在各行业领域中均有所应用，尤其在游戏、社交和商业等领域发展迅猛。在社会生活层面，伴随着人工智能、大数据、区块链、虚拟现实/增强现实等元宇宙技术的广泛运用，社会主体间的人际关系将突破空间和时间的限制，通过自由化身的虚拟本体在元宇宙中进行各种社交活动和经济交易，人类文明将在元宇宙世界以数字化方式被重塑。元宇宙技术应用的加深对人们的工作环境、服务环境和社交环境逐渐形成替代，人们的思维方式、交流方式和交往方式会发生潜移默化的改变，场景的替代也使纠纷从线下空间的集聚转向线上，在探索这一"异邦"的需求下，诉讼的介入也要符合元宇宙世界的规则，诉讼方式迫切需要与元宇宙社会进行对接，以延伸司法的工具理性，实现纠纷处理方式的转化。现阶段在线诉讼虽已取得长足发展，但其本质仍是科技与诉讼程序的简单叠加，技术与司法未能充分耦合，各地数据壁垒的阻隔、诉讼平

---

[①] 根据《数字中国发展报告（2022 年）》显示，2022 年我国数字经济规模已达 50.2 万亿元，总量稳居世界第二。

台"人机功效"①不佳等一系列问题成为制约数字化司法进一步发展的瓶颈。同时，在线诉讼也一直面临着法理正当性和实践正当性的追问，主要表现为技术对程序效率的价值追求与传统诉讼法理对程序公正的价值坚守之间的张力。②

以开放性和共享性为核心理念所构建的元宇宙诉讼，能在技术层面整合现有数字技术，为数字技术在司法中的运用提供体系化指引，有效破解数字技术因缺乏统筹规划而导致的在线诉讼低水平建设和无序发展的困境；在理论层面，当前学界仅有少数学者从实证视角对元宇宙的程序保障和纠纷解决功能进行分析，③ 大多数学者多以宏观视角围绕元宇宙所产生的法律风险的规制问题进行理论研究，④ 从科技伦理的角度论证元宇宙的技术正当性，应用研究略显不足，且研究内容多侧重发现问题而非解决问题，未对元宇宙的纠纷解决及实务运用价值进行深入挖掘，更遑论在微观视角对元宇宙的司法运用进行解构。本文将在阐明元宇宙概念的基础上，以哈贝马斯的交往行为理论作为元宇宙诉讼构建的方法论指导，对元宇宙诉讼的基本内涵和程序正当性进行全面解析。

---

① 参见曹建军：《"元宇宙"司法与纠纷解决的智能化》，《政法论丛》2022年第2期。
② 参见段厚省：《远程审判的程序正当性考察——以交往行为理论为视角》，《政法论丛》2020年第2期。
③ 参见曹建军：《"元宇宙"司法与纠纷解决的智能化》，《政法论丛》2022年第2期；莫然、张东妮：《元宇宙纠纷解决机制的构建与发展》，《学术探索》2023年第2期；张卫平：《元宇宙与纠纷解决：应用图景及规制想象》，《政法论丛》2022年第2期。
④ 如张钦昱教授从法社会学的角度针对元宇宙的道德、经济、安全等社会失范问题提出了多元共治理念；程金华教授以法经济学的视角对构成元宇宙经济系统运作的五个要素的法律保障进行了分析；季卫东教授则以法哲学的视角讨论了元宇宙的虚拟世界与现实社会互动关系中存在的法律问题。参见张钦昱：《元宇宙的规则之治》，《东方法学》2022年第2期；程金华：《元宇宙的法律底座及其建设》，《东方法学》2023年第6期；季卫东：《元宇宙的互动关系与法律》，《东方法学》2022年第4期。

# 一、元宇宙诉讼的理论认知

## （一）元宇宙之概念厘清

自2021年"元宇宙"一词爆火以来，元宇宙的构建理念被广泛运用于各个领域，国内学者对元宇宙概念的阐释多从新闻学和传播学等学科角度展开，在内涵解析上往往突出强调元宇宙的虚拟性和技术性，而忽略了对元宇宙人文性和现实性的关注。一时间，凡是与"数字化""虚拟世界"沾边的概念都被纳入元宇宙的内涵中，使元宇宙的本质含义出现了泛化和异化的倾向，从而影响甚至有误导技术及产业发展方向的危险倾向。"metaverse"（元宇宙）的词义由前缀"meta"（超越）和词干"verse"（由"universe"演变而来，意为宇宙）两部分组成，意为"超越宇宙"，亦有"超元域""虚拟实境"之意。广义地讲，元宇宙是人类运用数字技术构建的映射或超越现实世界，可与现实世界交互的虚拟世界，具备新型社会体系的数字生活空间。① 2022年11月13日清华大学发布的《元宇宙发展研究报告3.0版》认为元宇宙是整合多种新技术产生的下一代互联网应用和社会形态，它基于扩展现实技术和数字孪生实现时空拓展性，基于人工智能和物联网实现虚拟人、自然人和机器人的人机融生性。② 元宇宙是一个新型的具有现实性的数字虚拟社会，其最重要的属性在于现实性与社会性而非虚拟性。哈罗德·英尼斯曾言："一种新媒介的长处，将导致一种新文明的产生。"因此，作为一种革命性的新型媒介，元宇宙已不能仅被理解为和互联网前序形态一样的数字空间隐喻，而是多种新情境的交织和集合形成的新型社会交往方式。从元宇宙的技术基础和运行逻辑来看，其可以被视为

---

① 参见方巍、伏宇翔：《元宇宙：概念、技术及应用研究综述》，《南京信息工程大学学报》2024年第1期。
② 参见沈阳团队：《元宇宙发展研究报告3.0版》，https://www.sohu.com/a/606215367_121124366，2023年11月30日访问。

"再现的身体"的技术回归。相较于传统意义上的互联网虚拟空间，元宇宙在感官交往体验上并非单一的以图片、文字、视频为主要内容的信息流，而是具象化、沉浸式的"拟态空间"，其以编程语言和智能算法为底层逻辑，以对物理世界的复现、改造和超越为外在表现。①

2023年工信部等部门联合印发了《元宇宙产业创新发展三年行动计划（2023—2025年）》，首次对元宇宙产业的技术发展方向、相关产业标准及规范应用进行了统一规定，也标志着元宇宙产业的发展规划从行业投资上升到国家战略层面。利用元宇宙平台构建的"沉浸式诉讼"是对多维时空数字虚拟世界诞生的回应，也是借助数字时代的发展红利实现人民法院信息化建设从3.0向4.0版本转型的重要敲门砖。"元宇宙"概念的出现适时地成为人民法院信息化建设迈向4.0版本的重要契机，也充分证明元宇宙诉讼的构建具有坚实的科技基础及政策支持，具有推行的可行性。以元宇宙虚实融生的形态特征和实现时空智能的功能为契机，统筹数字技术在诉讼流程中的运用，能突破在线诉讼发展的瓶颈，实现技术对诉讼的完美融入。近年来虽已有部分基层法院对元宇宙诉讼的实践进行了有益尝试，② 但在当前司法领域，"元宇宙诉讼"仍是一个陌生的概念，毕竟在元宇宙内涵还处于不断修正的背景下，元宇宙诉讼的内涵解析更鲜有学者问津，这造成元宇宙诉讼的技术推进方向、目标及

---

① 唐娟、聂萌：《超越与回归：后人类与传播中的身体变迁》，《贵州大学学报（社会科学版）》2021年第3期。
② 如2022年9月23日，厦门市思明区人民法院金融审判团队进行了全国首场元宇宙庭审，法官在元宇宙主持审理并当庭宣判两起交通事故保险代位求偿案件，被还原出来的三维虚拟法庭空间，能给参与者提供更加直观、具象化的感受和真实的庭审氛围，身处其中参与者可以同步在虚拟空间中入场、起立、坐下，每一个庭审细节都能得到沉浸式体验与还原；从2023年1月开始，马鞍山市花山区法院陆续开展"元宇宙庭前证据交换""元宇宙+债权人会议"等创新应用，并探索元宇宙调解新模式，通过采用元宇宙技术，整场调解皆在元宇宙中进行，因被告公司远在外地，不便参与线下调解，在征得双方当事人同意后，承办法官通过"元宇宙法庭"主持调解，原、被告双方在元宇宙空间协商一致并在线签署了调解协议，承办法官当即通过线上送达的方式向当事人送达了民事调解书，从立案到结案用时不到10天。除了将元宇宙技术运用于庭审中，花山区法院还运用元宇宙平台进行判后"面对面"答疑，将裁判文书进行实时展示，对争议事项针对性析法明理，帮助当事人正确、全面地理解法院裁判的公正性、合法性。

功能定位的模糊性。

## （二）交往行为视角下元宇宙诉讼的本质透析

元宇宙诉讼并非一种新型数字化技术的运用，而是二维化的互联网交流方式发展到一定程度，司法程序对现有数字信息技术群进行集成运用而形成的多维化感官深度交流。元宇宙诉讼中诉讼主体间拟真交往行为的实现有赖于诸多技术的配合，包括交互技术、网络及运算技术、人工智能技术、区块链技术以及数字孪生技术等。相较于传统的在线诉讼，元宇宙诉讼更强调信息通信技术辅助下诉讼场景的虚拟状态，其以真实的诉讼场景为参考，利用 3D 建模技术构建出 1∶1 仿真的场景环境，通过虚拟现实技术的辅助，营造出水平和垂直两个平面，以 3D 场景的视觉和三维立体的听觉输入，使当事人能体验沉浸式虚拟诉讼交往场景。在现实交往中，人与人之间的交往以身体为传播界面，即存在身体与身体之间的接触。而在虚拟交往中，人与人之间的交往是通过媒介进行的，交流双方之间的身体是被遮蔽的。在网络社会的虚拟交往中，现实身体被不断地复制，每个个体都可以拥有多个虚拟身体。人们在现实世界中只能拥有一种身体，但在虚拟交往中的身体是多重性的。[1] 运用数字孪生技术在虚拟空间中创造一个数字版的"克隆体"，实现诉讼对象的动态仿真，促进当事人与设备之间更加紧密的泛在连接，从而实现诉讼交往行为的虚拟化和案件审理的智能化。由于需用数据运算赋能保障诉讼主体之间无障碍的超时空诉讼交往，因此元宇宙诉讼相较于以往二维化的在线诉讼方式在延迟率、技术协同性、可靠性等方面提出了更高的要求。元宇宙中自然人数字身份无时无刻不在发生的变换也产生了海量的数据处理及储存工作，因此需要以云计算作为支撑，雾计算作为辅助的算力系统，以 5G 甚至 6G 作为其高速运行的保障力量。

诉讼的本质是社会主体为解决关涉民事法律的异议，而展开的一

---

[1] 参见韩少卿：《重返身体：新媒介空间中的身体景观与建构方式》，《中国网络传播研究》2018 年第 1 期。

种包括说服与理解在内的论辩活动，在性质上属于交往行为。其具体的体现是民事诉讼的参与者相互之间，通过言语论辩，来寻求解决纷争的共识，以使纠纷不仅仅是基于审判权的强制性安排来解决，而是基于当事人和法官对共识性解决方案的认可与接受来解决。① 传统的网络信息传播中为人诟病的一点是非言语信息的缺失，包括运动学信息（如手势、姿势和面部表情等）、眼部信息、身体外表、身体接触、人际距离和实物使用等几个方面。而在元宇宙诉讼的虚拟环境中，非言语信息在很大程度上得以复原。② 诉讼是主体间传递信息和互动交往的过程，其本质也是人类社会交往活动在司法程序中的体现，表达信息的符号和承载符号的物理介质变化，都会相应地推动诉讼行为与审判行为的方式变革，但无论技术对诉讼程序的渗透程度如何，诉讼的内在机理都不会发生根本性变化。元宇宙所构建的数字社会始终是现实社会的延伸并服务于现实社会的，在构建基础上具有一定的依附性，其内容包含大量的人类社会交往活动。元宇宙诉讼也并非独立的诉讼程序，也不是一种程序标准，其本质是借助高度发达的数字科技平台，通过赋予诉讼主体数字身份，在数字平台上实现人与人、人与物之间更加直观、高效的无障碍诉讼交往，使身处异地的诉讼参与人可以享受到比拟现实的强沉浸感的新型诉讼方式。在元宇宙诉讼中，人们能从静态的诉讼文本内容浏览拓展到实时诉讼行为感知交互，在物理上超越身体界限，增加时空穿越感，使人们能够在数字世界中身临其境地体验过去的某个历史诉讼场景，从而获得沉浸式体验。③ 促使科技化诉讼回归到程序保障的司法本质，使科技化诉讼的发展重心由信息的传递回归到人际交往中。

---

① 参见段厚省：《商谈视野下的民事诉讼诚信原则》，《民事程序法研究》(第12辑)，厦门大学出版社2014年版。
② 参见牟怡：《信息分享到共同体验：元宇宙带来传播范式革新》，《上海师范大学学报(哲学社会科学版)》2022年第5期。
③ 参见屠毅力等：《认识元宇宙：文化、社会与人类的未来》，《探索与争鸣》2022年第4期。

## 二、元宇宙诉讼的正当性基础

与在线诉讼诞生时的境遇相仿，元宇宙诉讼所引发的全新审判方式也不得不受到来自法律系统和技术系统的双重牵制，同时也面临着多重正当性的拷问。元宇宙诉讼将交融性和开放性理念融入诉讼过程中，基于扩展现实技术提供体感交互的沉浸式体验，实时交互的立体空间重构了人的感官体验维度，在态势上超越静态，可以消除言语沟通的障碍，增加诉讼过程的情境感。哈贝马斯的交往行为理论能为元宇宙诉讼提供行为指导和理论支撑，可将其具象化为元宇宙诉讼的技术标准和行为规范，从主观世界、客观世界和社会世界等三个维度论证元宇宙诉讼的实践正当性和程序正当性。

### （一）主观世界：交往个体主观活动可预测化

根据哈贝马斯的观点，社会主体之间所进行的交往行为有两种：一种是以达成理解与共识为目的的交往行为；另一种是在目的理性下为追求理解与共识之外的某种目的而采取的策略行为。交往行为理论是在语用学的范畴下展开的，在生活世界中，人们用语言进行交往，语言起到了整合社会的作用。但语言内含先天的张力：一方面，语言要满足不同交往主体的理解和运用的要求，就必须具有一定的抽象性；另一方面，使用语言进行交往的不同主体各自具有不同的生活经历，因此他们对同样的言语表达，可能在意义上具有不同的理解。[1] 诉讼的主要目的是通过程序规则的规制和创建畅通对话的平台为当事人创造一个平等的理性论争场所。交往行为的核心思想也体现于诉讼行为之中，交往行为的有效性要求是言语的有效性基础，包括表达的可领会性、陈述的真实性、表达的真诚性与言说的正当性等。只有这四大要

---

[1] 参见段厚省：《论诉讼程序的纯粹正当性》，《西南政法大学学报》2023 年第 2 期。

件得以满足，理解与共识才能达成。① 策略行为不排除欺骗行为，只要能够达到目的，不论手段是否正当。② 而之所以称交往理性是言语性的，在于其洞悉到语言对行动的功能，将语言作为交往媒介，并且言说者在"说"某件事时，同时也是在"做"某件事，即"心口同一"。③ 在诉讼中如需促成纠纷的顺利解决，就应尽可能减少交往主体的策略行为，鼓励有效交往行为。

诉讼的结果取决于当事人对事实和证据的展示能力及法官对事实和证据的内心确信程度，如当事人的主观活动和客观行为充满不确定性，很容易导致虚假诉讼、拖延诉讼等策略行为的发生，而法官如不对心证进行开示，也会产生"突袭裁判"的现象。为此，必须实现交往主体主观意思表示的透明化和交往过程的无障碍化，进而实现诉讼结果的可预测化。对于法官而言，在庭审过程中与双方当事人交流互动时进行"察言观色"所形成的心证，对于法官裁判仍具有一定影响，"察言观色"也是法官沿用至今最朴素的案件事实辨识手段。元宇宙诉讼中身体与技术的融合不是简单意义上的人与机器的融合，而是生物学意义上的有机智慧与具备生物性的信息回路边界的消失，是一种更底层、更深刻、更宽泛的融合。数字孪生可以将现实人的肢体和语言特征平移至虚拟世界，以数字人的形象呈现在虚拟世界中，由混合现实、增强现实、虚拟现实等扩展技术塑造出的数字人外表更加生动形象，通过脑机接口技术，再经算法的分析计算，诉讼中数字人面部表情的变化、情绪的波动、肢体的动作习惯都能通过数据进行实时展示，在诉讼参与人语言障碍被消除的同时，还能对数字人的表达内容进行分析，甚至兼具测谎功能，能更准确地判断诉讼参与人语言表达的真实想法。在促进案件事实发现的同时，实现诉讼言语行为表达的可领

---

① 参见段厚省：《论诉审商谈主义的民事诉讼构造观——兼及对民事诉讼法修订与完善的建议》，《中国人民大学学报》2012年第4期。
② 参见段厚省：《论诉讼程序的纯粹正当性》，《西南政法大学学报》2023年第2期。
③ 参见陈文曲：《现代诉讼的本质：全面理性的规范沟通》，《政法论坛》2020年第2期。

会性、陈述的真实性、表达的真诚性与言语行为的正当性的统一。

同时，得益于强大的算力支持和高网速，元宇宙诉讼能有效解决传统在线诉讼因网络延迟带来的法官与当事人交流不畅问题，并融合大数据技术推演其后续行为，增加诉讼结果的可预测性。元宇宙诉讼能提供比文本证据和语言陈述更易于理解的三维视觉化展示，将现实的法律世界"平移"到虚拟的世界之中，实现与现实世界要求的完全对应和匹配。诉讼参与人的主观感知信息也能直接转化为电子信号进行传递交流，通过高度逼真的数字化模拟还原案件事实的经过，克服言语抽象化的缺陷，直观地呈现当事人主观所描述的案件事实，使事实的陈述和证据的展示可视化、透明化，还可以在数字空间中进行模拟庭审，通过云计算结合对以往法官的逻辑推理方式和庭审流程的分析，对庭审的过程和结果进行虚拟沙盘推演，甚至当事人在进入诉讼程序之前就可以通过模拟诉讼过程，预测纠纷发生的原因及诉讼两造的心理底线，从而在元宇宙诉讼中找到最佳的纠纷解决方案，① 促成纠纷的解决。如武汉市硚口区启动拆迁模拟系统，综合运用数据分析平台和咨询决策平台，提前反映拆迁民意情况，有效化解拆迁中的矛盾和问题。②

## （二）客观世界：诉讼业务协同化

在元宇宙诉讼中，数字化技术的大量介入实现了一种新型的共在模式，较之在线诉讼，原有鲜明的人机边界被模糊化，人与机器从互相独立的主客体关系转变为虚拟世界中数字人与现实人合一的统一主体，实现了诉讼中从以机器为中心到以人为中心的回归。具体体现为人机交互的共生，即自然人、虚拟人和机器人在元宇宙诉讼中智能共生。同时为了给当事人提供拟真、沉浸体验，环境与个人将能够与虚

---

① 参见张卫平：《元宇宙与纠纷解决：应用图景及规制想象》，《政法论丛》2022年第2期。

② 参见雷志锋：《硚口"模拟拆迁"化解矛盾纠纷》，《中国纪检监察报》2007年12月24日，第1版。

拟环境、化身和智能"机器人"无缝通信、互动。由此设备系统被人格化，现实主体被计算机化，两者结成一种共生的联合，其结果就是高度的人机互融形态。① 在人机融生交往的过程中，自然人的感知能力、决策能力和行动能力等将会获得多重增强，与此同时，虚拟人、机器人的计算处理、运行能力也将获得智能升级，人的心智和系统的分析性能得到了良好的契合。人机协同参与的数字内容生成方式，打破了人、机器与信息资源之间的边界，重塑了信息资源生成和使用范式。②

在线诉讼的运行主要依靠互联网实现，第一代与第二代互联网主要是"在线"运行，通过数据传输的方式输送视频和音频，庭审和调查取证时需要付出较大的时间和金钱成本，各地方法院内部具体诉讼要求的不同进一步筑高了异地诉讼参与人间的信息壁垒，对异地办案、诉讼协作造成很大不便。诉讼业务协同能力仰仗高效的信息传递渠道、数据的开放共享及业务协同机制的共同配合，物联网技术、交互技术和网络运算技术等数字技术的大量运用加强了元宇宙诉讼中人与人、人与物之间的联系，元宇宙"虚实交互"及"人机协同"特征很好地满足了诉讼业务协同化的需求，将传统的集中管理、分层结构、在物理空间中运行的司法环境，转变为一种协同诉讼的办案方式，实现人与技术交互方式的深刻转变。元宇宙诉讼对内得以突破空间和法院内设业务机构的划分限制，由于现实世界与虚拟世界的交互，信息传递与身份验证方式将更加直接，人与人之间能在数字空间中实现更加直观的业务交往，消除协同过程中产生的言语误解和行为误解，统一的数字平台使司法部门之间在司法数据、案例共享和司法档案管理等业务上的协同化程度得以提升，能极大提高司法机关的办案效率。数字社会的形成使司法部门与社会机构之间的"数据壁垒"被打破，用户

---

① 参见罗有成：《"元宇宙社会"：内在逻辑与法律治理》，《西北民族大学学报（哲学社会科学版）》2023年第2期。
② 参见李白杨等：《人工智能生成内容（AIGC）的技术特征与形态演进》，《图书情报知识》2023年第1期。

可以在任意高度智能化的虚拟时空穿梭，时空维度和跳转速度可以调节，法院与其他司法部门、行政部门、当事人之间的交流渠道变得更加畅通。元宇宙的开放性和包容性特征打破了语言上的障碍，使元宇宙诉讼中的人和事物，以及它们之间的相互关系突破了地区和国家之间的界限，元宇宙诉讼提供了一个统一、开放的数字化诉讼交往平台，使任何一个国家和地区的人都能进入这个虚拟世界进行交流。在技术的加持下，翻译人员的位置将被人工智能翻译取代，各国语言交流障碍被消除，诉讼交往中不同国家的语言得以被实时翻译，由于减少了语言转述的主体，人与人之间的对话交流变得更加直接，国际庭审流程和跨国案件协作也将变得更加流畅。

在法官与当事人的诉讼交往上，在线诉讼主要依靠电话交流和视频交流等方式来完成信息交换和传递，以法官向当事人询问的单向交往为主，法官根据交流过程中收集到的零碎案件信息逐步拼凑出完整的案件事实，并结合线下庭审逐步形成心证。这种诉讼交往方式主动权掌握在法官手中，带有强烈的法院本位色彩，不仅效率低下且由于交流渠道不畅，法官与当事人很难形成良性互动，法官心证的形成往往主观性过强甚至带有个人偏见。现代诉讼中共识性裁判是控辩双方或两造当事人和审判方三方共同的追求，超越了单方追求的单一成功或个体目的，承载了交往理性对工具理性的超越，体现了现代诉讼的全面理性化。① 统一数字身份的赋予和数字环境的生成使得元宇宙用户可以畅通地交流，为诉讼协同扫清了交流障碍。元宇宙诉讼通过创建虚拟数字诉讼空间，可将当事人的数字分身映射到虚拟空间中并赋予其交流权限，通过多维全息影像可以将当事人最真实的神情、语气及体态动作还原出来，并可随时进行存储，法官可利用庭外时间进行回复，通过异步交流的方式拓展诉讼活动的空间和时间范围，为当事人与法院之间创造了协作且随时对话的平台，促进法官与当事人之间的双向交流。同时，强人工智能的智慧辅助运用弥补了法官在面对疑难

---

① 参见陈文曲：《现代诉讼的本质：全面理性的规范沟通》，《政法论丛》2020 年第 2 期。

纠纷或其他新型纠纷时专业知识不足的短板，法官与当事人在协作的过程中诉讼角色的优化塑造出法院与当事人二元合作共同探求数字正义的新场景，能提高诉讼参加人对司法程序的参与度，并有助于在诉讼过程中达成人机共识、法理共识和情理共识，促进共识性裁判的形成。

## （三）社会世界：多维化诉讼交往场景的创建

按照哈贝马斯的观点，交往行动是指至少两个以上具备言语能力和行动能力的社会主体之间，通过使用语言或非语言符号作为理解其相互状态和各自行动计划的工具，以期在行动上达成一致的活动，在这种行动模式中，言语具有重要的地位。① 但言语的抽象化与描述事实的具象化之间存在着先天的张力，因此，哈贝马斯进一步提出，任何处于以理解为目的的交往活动中的人，在施行其言语行为时，必须满足若干普遍的有效性要求并假定它们可以被验证。言语行为有效性要件的满足，不仅有赖于交往主体主观上的交往意愿，还需要创建良好的客观环境以保障语言传递的过程中不会受到外界因素的干扰，保证其原本语义能完整传达。传统线下诉讼面对面的诉讼交往虽能保证言语行为的有效性，但诉讼参与人间的交流受到时间和空间上的较多限制，且需携带大量纸质书证甚至物证亲临法院提交立案材料或参与庭审，对诉讼主体异地参与诉讼活动造成很大不便，在线诉讼的推行虽一定程度上改善了线下诉讼参与不便的现状，但在线诉讼塑造的诉讼场景需要灯光、摄像头、设备现场环境等多方面的配合实现，且不稳定因素较多，语言信息在传递过程中常会遭遇表达受限问题，二维化的屏幕交流方式仅能满足低质量的视觉和听觉两种感官体验，使在线诉讼也时常面临在场性和仪式性不足等追问。

元宇宙诉讼运用计算机模拟纠纷场景下的人和物及其运动、联系在内的全部物理信息，能实现与线下司法场景同等真实的复刻。② 通过

---

① 参见哈贝马斯：《交往与社会进化》，张博树译，重庆出版社 1989 年版，第 122 页。
② 参见曹建军：《"元宇宙"司法与纠纷解决的智能化》，《政法论丛》2022 年第 2 期。

扩展现实虚拟拍摄技术，集增强现实、虚拟现实、混合现实技术于一体，为诉讼交往主体提供一个多维化的立体信息空间，构建一个融合理性认识与感性认识的集成环境，"可穿戴式传感系统""头像个性化引擎"等技术能帮助当事人建立与现实司法场景的连接，使诉讼参与人得以身临其境。同时也促使技术运用回归传统法理，在线下诉讼时代，面对面用语言和文字传递信息被认为是最直观可靠的交流方式，也由此塑造出了直接言词原则和辩论原则。二维化在线诉讼虽然也能实现当事人与法官线上的面对面交流，但它始终是将这种具身关系转化为诠释关系，法官只能透过电子屏幕，以平面化的方式去观察和理解当事人的行动，当事人的情感表达能力和法官的共情能力都被大大削弱，因而传统二维化在线诉讼一度被视为对直接言词原则的破坏。元宇宙诉讼所创设的新型数字法律交往方式在增强现实和虚拟现实等沉浸式技术的供给下，诉讼场景的立体感更强，当事人的神态及情感能得到最大程度的还原，在便民利民的同时确保数字化诉讼程序对直接言词原则和辩论原则的遵守。一方面，诉讼参与人的正常言语交往环境能得到最大程度的保障，通过多维化的立体感官，能有效减少交往主体间的言语误解；另一方面，科技化诉讼仪式感和现场感不足的问题能通过数字化技术的加成得到弥补。

## 三、元宇宙诉讼的潜在司法价值

### （一）司法仪式感的回归

法庭封闭庄重的内部环境、严明的庭审纪律与颜色厚重的法官服饰彰显着诉讼强烈的仪式感和人民法院的权威，庄重的司法仪式氛围能对诉讼参与人形成强大的心理威慑，提醒诉讼参与人在庭审过程中要谨言慎行，遵守诉讼秩序。在线诉讼的出现打破了诉讼参与人的物理空间限制，突破了法庭内外的界限，大大减轻了诉讼参与人异地办案的负担。但屏幕化的在线诉讼使得庭审的现场感大为减弱，庭审秩序的可控性由此降低，实务中出庭人员任意走动、进行私人活动等庭审随意化现象层出不穷，诉讼的非现场化使得法官仅能对摄像头前的动态进行掌控，而无法确保镜头外的环境也处于法官的控制下。元宇宙诉讼是以数据采集、转移、处理、利用、传输为内容和目的所形成的虚拟空间。元宇宙诉讼以现实庭审环境为样本，通过虚拟现实技术在数字空间中能1∶1还原线下法庭的样貌，原被告席、审判席、国徽、法槌及法袍等富含司法仪式感的细节元素也都被原封不动地保留下来。虚拟法庭中的人和事物以及人与人之间的活动都由数据来组成和实现，每个诉讼参与人都拥有一个数字分身，数字人能将现实人的人格、动作、意识和神态真实地在三维虚拟法庭中体现出来，相比平面化的在线诉讼，出庭人员的形象更加"有血有肉"。通过无死角掌握当事人庭审时的实际状态，法官能加强对庭审秩序的控制，确保庭审的有序进行，使庭审现场庄严的仪式感不会因物理距离而减损。这一方面确保了元宇宙诉讼与线下诉讼在程序保障上的功能等值，另一方面相比于在线诉讼，元宇宙诉讼实现了司法仪式感的回归，二维化在线诉讼中当事人在庭审过程中随意走动、违规录音录像的现象将得到遏制。

### （二）促进人机的深度融合

技术和诉讼的有效融合，不能忽视数字化技术应用中对程序保障的关注，也要注重数字化技术对诉讼程序有用性和效率性的利用价值。在高度理性的程式化机器思维的影响下，通过云计算和大数据技术能从海量判例中提炼出类案判决的共性问题及办案规律，能为法官提供充足的智力支持，有效补足法官在面临新型案件时专业知识上的短板。在这个过程中，法官的分析能力和认知能力能得到较大提升，通过对事实真伪可能性、证明标准的衡量和诉讼利益的分配等主观心证的量化分析，能进一步提升法官对案件的逻辑推理能力，降低标的额计算出错、法律文书格式错误等低级错误的出错率，形成更加科学化、精准化的裁判结果。在对类案参照适用逐渐强化的基础上，可以帮助法官摆脱地域经验桎梏，形成较为规范和公正的思维逻辑，① 也能促使法官严守中立底线，限制法官对自由裁量权的滥用。

脑机接口技术的运用能更直观地展现诉讼参与人的真实想法，使听障、聋哑人士借此也能表达自己内心的真实意思，而无需他人代理表达，有利于法官精准把握争点，更好地化解纠纷。元宇宙诉讼是基于现实世界复制出的平行数字虚拟空间，较传统二维化在线诉讼能更全面展现法官办案流程，实现全程留痕，进一步推动了司法广场化，能强化对司法的外部监督，实现可视化正义。同时，依托强人工智能的"深度学习"技术，多模态的智能系统得以参与人类知识生产，逐步实现对人类脑力劳动的替代，进一步加强了人与互联网的连接。随着生成式人工智能的应用深化，不仅其本身会成为一种媒介，而且与虚拟现实技术结合后将形成全新的多模态智能交互方式，人机共生将"成为生活的一部分"。② 人类对客观事物的感性认识也在潜移默化中赋予了人工智能人性化的智慧，人工智能在学习的过程中会逐步产生自我意识，加速"弱人工智能"向"强人工智能"转化，深化人工智能对案件事实和法律条文内涵的理解。

### （三）推动诉讼服务人性化

司法需要发挥社会功能，在解决纠纷的同时进行服务与促进福利。在所有司法领域中，当数民事司法制度的公共服务属性最为显著。元宇宙诉讼的出现使法院从侧重于物理空间的"场所"演变为侧重于等值功能的"服务"，使法院的诉讼服务职能更加凸显，对法院的诉讼服务质量也提出了更高的要求。③ 借助元宇宙诉讼的科技优势能促使司法进行能动化、服务化转型，从而推动诉讼服务的人性化。线下诉讼中，

---

① 参见卢海燕：《治理能力现代化视阈下民事纠纷解决智能化研究》，《广西社会科学》2020年第3期。

② 参见韩旭至：《生成式人工智能治理的逻辑更新与路径优化——以人机关系为视角》，《行政法学研究》2023年第6期。

③ 参见理查德·萨斯坎德：《线上法院与未来司法》，北京大学出版社2021年版，第95—111页。

基于案件类型的特殊性及为了更好地解决纠纷，法庭的布置及开庭地点的选择会有所不同，如针对家事纠纷，出于降低两造对抗烈度的需要，家事法庭的布置通常并非传统的原被告分处审判席两侧的"对席式"布局，而是原被告和法官共处一圆桌的"同席式"布局，以便更好地实现双方当事人及法官的平等交流。但受限于经费及场地限制，实践中不少法院很难建立专门的家事法庭。在能动司法理念的驱动下，针对偏远山区或长期住院不便行动的当事人，法官也会主动上门就地开庭，为民众提供便民司法服务。但在案多人少、矛盾激化的情况下，实践中大部分法院也难以抽调人手外出开庭。元宇宙的超时空性和虚拟性能实现场景的随时变化，不仅可以对虚拟法庭的背景颜色、诉讼参与人位置布局进行调整，以快速适应不同案件类型的审理需要，诉讼参与人也能随时随地使用数字分身进行异步交流，这极大地提高了对空闲时间的利用率，使当事人不会因参与庭审而影响日常工作。传统在线诉讼采取异步审理模式时，由于技术瓶颈的限制且缺少集中审理的过程，难以实现将庭审过程向社会公众公开；而元宇宙虚拟法庭中的时空流具有可回溯性，在庭审结束后个体还能截取特定时空片段，切入法庭审理过程中，查看具体审理细节。① 这在推动诉讼服务细节化、人性化的同时，也促进了诉讼程序的广场化，也是尊重当事人主体地位、保障当事人诉权的体现。

## 四、元宇宙诉讼的潜在挑战

### （一）数字风险引发的言语行为正当性检视

所谓言语行为的正当性，即要求交往者的言语行为均应符合现有法律规定，至少不应违反法律的禁止性规定。在诉讼程序中体现为交

---

① 参见齐爱民、倪达：《元宇宙虚拟法庭的提出及其法律机制》，《上海政法学院学报（法治论丛）》2023年第2期。

往主体采取的交往行为需符合交往理性，不能采取不正当手段侵犯他人的实体性权利和程序性权利或扰乱诉讼秩序。元宇宙创建的与现实世界平行的高度虚拟化空间，使用户得以生活在虚实共生的社会环境中，但虚拟的数字世界并非无序的绝对自由，区块链去中心化也绝非意味着元宇宙诉讼脱离司法机构的监管。虚拟世界的不当言行也会"外溢"转化为对现实社会个体权利的侵害，法律监管需避免过分压缩元宇宙自发秩序的生成，但更需警惕技术发展过程中的无序扩张。

首先，作为元宇宙标配的 VR 头显、AR 眼镜以及其他数字化穿戴设备，其实意味着更具侵入性的个人数据收集以及无所不在的监控。① 在元宇宙中可以利用深度伪造技术制作更加逼真的数字孪生体，尤其在个人信息被获取之后，包括个人生物特征的伪造也变得轻而易举，安全环境变得更加复杂。随着人工智能技术的发展，"AI 变声""AI 换脸"已成为可能，增加了识别诉讼中主体适格的判断难度。数字孪生技术赋予了人们在虚拟世界另一个身份，也增加了数字身份被伪造的风险。法官依靠传统的肉眼识别已无法确认参与庭审当事人的真实身份，而当事人亦无法确认在虚拟空间中遇到的"法官"是否为他人虚构或假冒的。深度伪造由于采用了深度学习和神经网络技术，伪造的逼真程度会不断提高，如无法解决深度伪造的验证与识别问题，可能会由于可信度不足而大大降低信息流通、交换的效率；② 在数据安全问题上，用户行为的去中心化与司法管理的集中化也存在一定的冲突，元宇宙消息的去中心化强调信息的收集、整理和发布不再局限于某个消息传播核心，在智能化和数字化时代，每一个个体都可能通过手机等移动终端收集、发布各类消息。③ 因此，不排除社会个体侵入不公开审理的元宇宙庭审，对庭审内容进行录音录像后对外传播。同时，大

---

① 参见季卫东：《元宇宙的互动关系与法律》，《东方法学》2022 年第 4 期。
② 参见刘军：《虚实共生：基于安全可信的元宇宙预防性治理》，《东方法学》2023 年第 6 期。
③ 参见李晓：《元宇宙实时多感官社会交互（RMSIs）机制下的公共舆论：呈现场景、传播方式与风险应对》，《学术探索》2024 年第 9 期。

量加密网络技术的广泛应用和数据实时交互处理冲击了传统数据法规的严格约束，区块链技术使诉讼参与人拥有了更大的数据自主权，其分布式记账技术的特点使任何人都可以获取区块链上的司法信息，如果有人对这些信息通过大数据技术进行分析，将使权利人的隐私权受损。①

## （二）技术供给不足引发的陈述真实性忧隐

交往行为的正常展开需要尽可能避免策略行为的干扰，因为策略行动以功利主义作为行动的指引，行动者不把他人作为真正的人看待，而是作为天然的目标看待。② 在诉讼交往中，当事人和法官陈述的真实性，一直是诉讼程序所追求的终极目标，尤其在事实发现领域更是如此。在元宇宙诉讼中，人工智能司法决策、大数据分析、增强现实/虚拟现实场景泛在技术不可避免地会成为司法实践的主要工具，诉讼对技术的需求从技术辅助逐步迈向技术依赖，但须承认的是，要实现对人工智能技术、区块链技术、数字孪生技术等数字化技术的整合并将其完全运用于司法程序中，技术供给不足仍是最大的问题。

当前元宇宙诉讼技术运用领域还较为单一，多运用于庭审、庭前会议等直接性诉讼交往场合，在证据鉴定等专业领域还未能取得突破。线下庭审中，对实物证据的当庭质证多依赖于视觉、听觉和触觉等感官要素体验，元宇宙诉讼虽能使实物证据打破机器对诉讼环境的限制，在元宇宙虚拟世界中全面地展示其物理形态，甚至能让身处异地的诉讼参与人通过数字空间"触摸"到实物证据，但在触感体验上还无法实现与线下诉讼同等的鉴别效果，当事人为获胜诉可能会采取提供虚假证据等策略行为；在区块链证据等新型证据的鉴真问题上，虽然法院能够检验上链后的电子证据的真实性，但若电子证据在上链前被篡

---

① 参见李晓丽：《论区块链技术在民事司法应用中的价值、风险和进路》，《中国应用法学》2021年第3期。
② 参见 Rauno Huttunen & Hannu L. T. Heikkinen, "Between Facts and Norms: Action Research in the Light of Jürgen Habermas's Theory of Communicative Action and Discourse Theory of Justice", *Curriculum Studies*, Vol. 6, No. 3, 1998。

改,那么区块链证据的真实性就无法被鉴别,而当前元宇宙诉讼的技术水平还无法保证区块链证据全程能被"监督"。① 与此同时,司法大数据深度分析和应用在地方人民法院还未全面展开,现阶段人工智能虽有一定的自主性,但远未实现通用的智能,更谈不上形成自主意识。人类意志在本质上是机器所无法模拟的,人工智能的判断是逻辑运算的结果,而人类的意志则表现为非逻辑化的选择。② 目前的智能司法决策系统仍处于弱人工智能阶段,其决策结果仍是通过对司法数据和判例的简单分析和归纳得出,缺乏感性的认知判断和理性的批判反思,存在审理过程剧本化、决策结果公式化的危险。而数据库管理机构分散、国家司法审判信息资源库的数据资源不充足也难以支撑司法决策智慧化,纠纷主体、纠纷内容、裁决规则等裁判的相关要素还未转化为元宇宙诉讼的基础数据,即使已经部分转化的司法数据也无法保证数据源内容的准确性,在已公开的司法判例中难免存在少数错案,如不进行仔细甄别,元宇宙平台的开放性会导致司法决策错误被无限放大,经过智能司法决策不能完全反映法官的真实心证,造成法官说理陈述的不真实,会对司法公信力造成更大的打击。同时元宇宙诉讼的算力支持也不充足,英伟达黄仁勋出场 14 秒的数字分身耗费 8 小时的动作捕捉,34 位设计师和 15 位软件工程师的协作,实现元宇宙至少要从目前最先进水平再提升 1000 倍。③

### (三) 决策智能化导致的表达真诚性减损

随着人工智能技术和算法技术的广泛运用以及智慧司法决策系统的日渐成熟,技术在司法决策中的介入程度也越来越深,技术在诉讼中的辅助地位也逐渐转变为主导地位,如苏州市吴江区人民法院开发

---

① 参见齐爱民、倪达:《元宇宙虚拟法庭的提出及其法律机制》,《上海政法学院学报(法治论丛)》2023 年第 2 期。

② 参见韩旭至:《人工智能法律主体批判》,《安徽大学学报(哲学社会科学版)》2019 年第 4 期。

③ 参见曹建军:《"元宇宙"司法与纠纷解决的智能化》,《政法论丛》2022 年第 2 期。

区人民法庭运用人工智能法官达成 2 天智审 8 个案件并当场出具文书的突破,当庭宣判率达 100%。技术之所以能嵌入诉讼程序中,是因为其自身高效的功利价值与司法实用主义的要求相契合。但由此也引发人们对智能司法决策结果在实体和程序正当性方面的忧虑。虽然人工智能被明确定位为辅助工具,但辅助工具在高度理性化的社会中完全有可能喧宾夺主,成为一种异化的主宰。① 人类虽然还有更强的能力去进行感性的移情式理解,但很难对抗高度理性化的算法。当前我国元宇宙诉讼系统大多由技术开发公司进行研发,但研发企业并不具备充分的法律知识,元宇宙核心算法编写人员缺乏专业的法律知识及法律伦理观念,在进行算法设计与编辑时,容易将个人偏见嵌入其中,导致算法歧视;② 而司法人员缺乏技术专业的相关知识,无法理解算法运行背后的原理,无法对其施加有效的法律监管,又会进一步加剧算法黑箱现象。且人工智能和算法的高效率和精准分析的先天优势会引发人自身的思维惰性,尤其在我国法官长期饱受"案多人少"重压的情况下这种现象将更加突出。出于提高审判效率和避免文书内容出现形式性错误的考虑,法官很容易形成技术依赖思维,被人工智能改造过的司法决策过程会将最重要的感情因素排斥在外,法官自由心证的空间也将被技术逐步挤占,裁判活动目的的异化会使法官的交往行为展现非真诚性,强迫人们接受智能司法决策的裁判结果,而由系统出错导致的错案追责问题也会因主体不明确而变得复杂化。

### (四) 资本对交往环境的冲击

哈贝马斯为交往行为设定的上述言语有效性条件,实际上是对罗尔斯为抽象契约行为设定的四个前提条件——尊重参与者促进自身利益的目的、参与者之间地位平等、拥有表达意见的自由和具有判断的理性——中之理性条件的进一步展开。也就是说,交往活动若要顺利

---

① 参见李晟:《略论人工智能语境下的法律转型》,《法学评论》2018 年第 1 期。
② 参见王利军、李大庆主编:《人工智能法学导论》,法律出版社 2022 年版,第 72 页。

进行，不仅要求交往参与者遵守四个言语有效性条件，还要求我们为理性交往行为提供包括尊重参与者促进自身利益的目的、保证参与者之间地位平等并拥有表达意见的自由的理想交往环境。①

随着元宇宙在司法中运用的深化，资本力量也开始逐步渗透司法，使得司法机关对其技术形成依赖，甚至左右案件结果的公正性和当事人正当诉权的实现，破坏正常的诉讼交往环境。作为一个可以无限容纳整合各种技术的平台，随着技术的创新和影响力的增强，更多用户将被吸引并加入其中；而使用平台的用户越多，平台的经济价值便越高，平台的掌握者在完成这种垄断性的数字圈地运动后，就能实现对元宇宙设备和数据的盈利化。② 元宇宙是一个高度发达的数据信息世界，若任由某个资本企业一家独大，那么这家公司拥有的数据极有可能将超越任何政府和国家，成为数据时代最大的"绝对权力"拥有者，而绝对权力必然导致绝对腐败。③ 当元宇宙技术在诉讼活动中所发挥的效能过于能动时，元宇宙对当事人诉讼利益所造成的损害也将被放大。民营科技公司对技术形成垄断地位后，会以司法数据涉及其商业秘密为由拒绝公开技术运行原理及过程，同时，互联网会无限放大资本的利己本能，资本的逐利性会引发科技公司将司法信息私下贩卖的风险。④ 元宇宙所依托的数字平台也均由民营科技公司开发和维护，系统开发者由此也可能利用掌握的技术获取、监控当事人涉诉信息以谋取不正当利益，不法分子得以隐藏在加密及无法追踪的网络技术应用后盗取个人信息而更难以被发现。数据信息的掌握程度将成为衡量诉讼能力的重要因素，当事人的财力将与其权利范围甚至案件结果挂钩，而各地方财政状况的差异也决定了各地元宇宙诉讼发展程度的巨大差

---

① 参见段厚省：《诉审商谈主义——基于商谈理性的民事诉讼构造观》，北京大学出版社 2013 年版，第 167 页。
② 参见孟茁、胡海波：《资本逻辑下的元宇宙：一个政治经济学分析视角》，《求是学刊》2023 年第 4 期。
③ 参见唐芬：《元宇宙中虚拟主体的法律主体地位肯定论之证成》，《河南理工大学学报（社会科学版）》2024 年第 5 期。
④ 2018 年，江苏省淮安市警方查获广州诺涵科技公司私自贩卖上亿条公民个人信息牟利。

距，从而加剧当事人之间的诉权和数据权的不平等现象，法院如无法为当事人提供良好的交往环境，诉讼参与者无法实现商谈交往地位的平等和充分表达意见的自由，则理性交往行为也就无从实现。

## 五、元宇宙诉讼的建构逻辑

### （一）诉讼交往环境的纯化

科技在诉讼程序中的应用极大地便利了各种诉讼活动的开展，但实现功能等值始终是诉讼交往数字化的前提条件，即信息通信技术只是一种工具，要受到程序公正与效率价值的约束，只能作为达成诉讼目的的手段。与经济、旅游和管理等产业高度追求利益性和高效性不同，诉讼程序更侧重司法正义的维护，因此，效率性和经济性价值不能成为是否适用元宇宙诉讼的唯一判断标准，元宇宙诉讼的适用需坚持技术正义和程序保障的底层逻辑，避免陷入技术崇拜的狂热中。元宇宙诉讼必须以确保诉讼交往环境的纯化作为构建前提，即技术在诉讼中的运用不能成为干扰正常诉讼秩序的手段，不能减损诉讼参与者依据现行民事诉讼法律法规在线下诉讼程序中享有的诉权保障，而应确保线上线下诉讼参与者的程序保障程度等同，这样才能遏制策略行为的产生，实现数字正义。

司法数据透明化与数字化办案流程的可视化是实现司法公正的基础，要充分利用互联网共享性和开放性优势，通过对审判过程和技术标准的公开，提升公众参与度和社会接受程度，从而提高司法公信力，司法公开可以倒逼司法过程规范化，保障当事人的知情权、参与权，实现智慧化司法服务对各类用户的普适包容和机会均等。[①] 对数据源头进行规制，以净化司法数据源，对现行已公开的裁判文书及司法大数

---

[①] 参见张凌寒：《数字正义的时代挑战与司法保障》，《湖北大学学报（哲学社会科学版）》2023年第3期。

据进行初始筛选,确保喂养给辅助审判系统的数据的纯化。同时进一步丰富审判信息资源库及司法链平台数据,确保有充足的司法数据对算法进行喂养,提高自动化决策的客观性和中立性,确保元宇宙诉讼中的人工智能法官无偏见,从源头消除算法歧视,使司法决策结果不因数据或模型偏差影响审判过程和结果的公正。

应加强对人工智能法官决策结果的司法监督,赋予现实法官的最终决策权,还应充分照顾困难群体、特殊群体,针对弱人工智能决策的不足,现实法官应强化自身纠错权,并积极在事后对"人工智能判决"进行释明,通过人类感性表达将人工智能的机械思维进行形象解释,实现真正意义上的数字正义。同时为确保元宇宙诉讼的程序正当性,元宇宙诉讼中当事人的程序选择权应进一步延伸,从法理的本源来说,只要是诉讼参与者在充分知情的前提下自愿选择程序,对其而言就是正当程序。① 在司法决策领域,作为元宇宙诉讼的关键环节,对司法的公平、公开、正义要求远比商业机构的决策更高,算法决策本身无法进行感性的道德衡量,其依赖于技术人员对道德因素进行位阶排序。因此,最高人民法院应成立专门的科技司法伦理审查委员会对人工智能软件进行科技伦理审查,明确其伦理规范,司法人工智能设计理念及内容应符合公序良俗等原则性要求,并将其作为全国元宇宙诉讼司法决策系统的指导性要求,使元宇宙裁判的结果具有可接受性和自洽性。

## (二)元宇宙诉讼适用领域的界分

当前技术实体层面的元宇宙诉讼虽尚未具备完全实现的条件,但其代表了将来新型诉讼方式实现的发展方向。② 元宇宙诉讼的构建内容主要包含统一信息库的建立和诉讼交往手段的改进两方面。元宇宙诉讼应在明晰其功能发挥领域的基础上,根据案件特征和地方法院受理

---

① 参见茆荣华:《全流程网上办案体系的探索与实践》,人民法院出版社2021年版,第30页。

② 参见雷环捷:《元宇宙概念的社会建构透视》,《理论导刊》2023年第12期。

案件数量，对静态层面和动态层面的构建思路进行区分，以实现便民程度最大化。

在信息传递的静态层面上，应充分发挥元宇宙诉讼共享性和开放性的优势，在全国范围内建立统一的元宇宙数据库和案例库，现阶段诉讼平台多样化现状与元宇宙诉讼一体化的构建理念相冲突，元宇宙诉讼的构建应在最高人民法院的统一领导下进行，通过整合各地基层法院的司法案例库和数据库，实现各地法院的数据共享和司法协作。在数智化司法推行上取得重大突破的试点法院，应积极向各地法院开放端口，并积极传播其运用经验，对当前四大司法公开平台进行优化整合，并实现人口户籍、财产状况、工商登记、商标专利登记等涉诉信息集成化，推动法院与社会机构、行政部门信息的互联互通互享。司法公开不能仅限于司法信息，还需扩大至司法数据尤其是元数据，打破法院内部、司法行政机关、科研机构和律师事务所之间的数据壁垒，改变地方法院各自为战的局面，提高数据分析和再利用的价值。在全国范围内建立统一的人工智能系统，统一数据来源、算法模型和操作标准，实现跨地域、跨行业数据的采集利用，实现司法数据和案例信息传递的畅通性和完整性，同时将区块链技术融入司法系统中，让智能辅助更加标准化和规范化。① 同时，为了保障数据安全，防止民营科技巨头进行数据垄断，元宇宙平台软件的研发及日常维护工作应统一交由国有科技企业进行，这样也更便于在国家层面进行内部监管。由科技人员与法官共同参与研发及改进工作，为了探索其在实践中的使用情况和不足，应当完善诉讼平台中的"信息反馈模块"，法官和相关人员可以将使用过程中的技术漏洞以及智慧辅助审判结果是否符合法官预期等信息及时反馈给维护人员，技术人员根据反馈意见及时改进系统，构建循序渐进、高效互通的"运行—反馈—修正"机制，这

---

① 参见叶锋：《人工智能在法官裁判领域的运行机理、实践障碍和前景展望》，《上海法学研究》2019 年第 5 期。

样才能在不同程序阶段全面完善诉讼平台。①

在诉讼交往的动态层面上，应从宏观地域适用和微观诉讼流程适用两个角度具体分析元宇宙诉讼的适用领域。当前各地方法院诉讼平台软件因地区经济发展程度不同而导致采购的设备、软件性能存在较大差异，诉讼数字化程度差距较大。元宇宙诉讼的系统构建需要耗费大量的经济和技术成本，且元宇宙仍处于不断探索和吸纳新型数字化技术的高速发展期，如在短期内盲目全面推广，甚至完全取代在线诉讼和线下诉讼，会造成诉讼方式的混乱和司法经费的浪费。在宏观地域适用上，基于我国幅员辽阔，地区经济发展水平和人口密度不均衡的国情，元宇宙诉讼的适用需根据不同地域在人口稠密程度、交通便利程度及地方法院受理案件数量等因素进行综合判断。在案件受理数量多和人口稠密的发达地区，可以推行元宇宙诉讼，对于人口稀少和案件受理数量相对较少的欠发达地区和偏远地区，现阶段的在线诉讼已能满足其诉讼运转需求的情况下，还不宜大规模适用元宇宙诉讼，以免造成投入资源的浪费。

在微观诉讼流程适用层面，应在统一全国元宇宙诉讼系统法律功能的前提下，根据不同地区和案件类型对元宇宙诉讼进行阶段化、类型化适用。是否适用元宇宙诉讼，应秉持程序正义理念及当事人利益最大化原则进行价值衡量，对于立案、庭审、调解、送达等程序性诉讼流程，其包含了较多以达成理解与共识为目的的言语交往行为，适用元宇宙诉讼能将语言表达和文字描述进行具象化展示，帮助诉讼参与人最大化地追求意思的理解并形成共识性裁判。对于知识产权、建筑工程、人身损害等专业性较强的案件，由于涉及专业知识或案件事实复杂，仅靠书面材料及口述还原完整事实经过难度较大，不利于法官与当事人之间的良性沟通，因此可通过虚拟现实技术将与案件有关的场景进行还原模拟，在虚拟法庭中以立体化构图呈现案件事实和相

---

① 参见刘谢慈、党婷婷：《智慧法院应用人工智能的风险规制》，《南华大学学报（社会科学版）》2022年第4期。

关数据计算结果,并进一步根据诉讼活动内容的差异适用不同元宇宙诉讼,如对于庭审需符合集中审理要求则采取同步元宇宙诉讼方式,而结合调解信息传递碎片化的特征则可适用异步元宇宙诉讼方式。在审理决策和民事执行等诉讼活动中,由于涉及诉讼利益的分配及兑现,因此需要人类高度理性和自主意识的参与,人工智能仅能提供智力辅助,不宜作为主导者广泛参与。最后,应当尊重当事人意愿,当事人的诉讼条件与诉讼能力是当事人参与元宇宙诉讼的基础条件,需考虑当事人对元宇宙诉讼的接受能力,以及虚拟现实设备、年龄、身体情况、网络情况等条件。以当事人同意或当事人主动选择为基本条件,赋予当事人选择线下诉讼或元宇宙诉讼的程序选择权。

## (三) 促成人机的和谐共生

技术对程序的融入使理性交往在元宇宙诉讼中的内涵也得到延伸,不仅包括传统意义上人与人之间的理性论辩,还新增了人机之间的和谐共生内容。从我国智慧司法对人工智能技术的运用情况来看,当前司法领域的人工智能技术整体还处于弱人工智能阶段,而元宇宙诉讼的构建与运行本质上仍依赖于人的作用。随着数字化技术在诉讼程序中的广泛运用,部分地方法院司法人员专业局限性的问题也逐渐凸显,出现了人机不互适的现象,因此需在确立元宇宙诉讼技术标准的基础上明晰人机的职能划分,才能促成人机的和谐共生,实现理性的诉讼交往。

当前元宇宙诉讼建设并没有统一的技术标准,而对元宇宙概念理解的千差万别也导致元宇宙诉讼的构建困难重重。2023 年 9 月 18 日,工信部就《工业和信息化部元宇宙标准化工作组筹建方案(征求意见稿)》(以下简称《方案》)公开征求意见,《方案》旨在凝聚行业共识,通过标准规范技术内容以促进应用创新和发展。[1] 在国家层面统一我国元

---

[1] 参见工业和信息化部科技司:《公开征求对〈工业和信息化部元宇宙标准化工作组筹建方案(征求意见稿)〉》,https://www.miit.gov.cn/jgsj/kjs/jscx/bzgf/art/2023/art_115c3d913ff44ca2976df4894374f348.html,2023 年 11 月 1 日访问。

宇宙术语及参考架构等基础标准,元宇宙诉讼涉及区块链、人工智能及云计算等多技术领域,将通过多种终端运用于类案推荐、自动化司法决策、智慧庭审以及无纸化档案管理等司法业务,在此基础上以标准化厘清元宇宙诉讼技术边界及确立其应用标准,使技术为司法服务,明确司法人员在系统开发和运行中的领导者地位,负责与科技公司进行需求对接,并结合人民群众的具体需求,促进元宇宙产业为司法提供量身定制的技术服务。

在人机互适上,司法人工智能系统应植入法律解析与法律推理的法理思维,法律推理与法律分析相融合是法律人的演绎式思维和归纳式思维的结合,它综合了法典化归纳和判例法经验各自的优点,两者融合的思路是以法律推理的可解释性弥补机器学习的无因性缺陷,以法律分析的经验式思维弥补机器决策的公式化思维,以此可以提高决策的科学性。同时,应明定人机各自的司法职能,案件审理并非标的额的加减与法条简单套用的过程,还需体现人文关怀,在此基础上进行释理说法。应坚持技术的辅助功能定位,建立以"人"为中心的人机协同办案模式,对于送达、归档、执行财产查控等事务性诉讼活动可以全权交由人工智能处理,在案件审理工作上,应将纠纷类型予以分类。如对于道路交通事故责任纠纷、保险纠纷等审判要素化特征较为明显的纠纷可提高人工智能法官的审案参与度,对于离婚纠纷、继承纠纷等人文情感因素较多或标的额较大、法律关系复杂的纠纷则需由现实法官主导审判,尤其是涉及案件事实争议,需要对责任分担和诉讼两造利益进行衡量等实质审理问题,都应交由人类法官审理。①

## (四)完善元宇宙相关诉讼规则

算法赋权制衡和平台算法问责等制度,已成为法律规制数字化技术的实践基点。但技术的先进性和立法的滞后性之间的张力使司法数据应用和算法决策等方面仍存在许多监管死角,有待在立法层面丰富

---

① 参见吴英姿:《迈向"定制的正义":民事诉讼程序简化的未来》,《法治现代化研究》2023年第4期。

数字权利及其救济方案,并完善元宇宙诉讼的特定规则,强化对平台实施主体的责任和诉讼参与者的行为约束。

目前关于元宇宙的相关法律法规有国家互联网信息办公室分别于2019年和2022年发布的《区块链信息服务管理规定》《互联网信息服务算法推荐管理规定》,2021年和2022年最高人民法院相继出台的《关于加强区块链司法应用的意见》《关于规范和加强人工智能司法应用的意见》和《人民法院在线运行规则》,以及各地方法院各自出台有关在线诉讼运行的相关司法文件。但上述文件多为指导性意见,内容较为原则化而缺乏可操作性,仅确认了各种数字化技术运用的合法性,尚未形成位阶较高,能够涵盖整个民事诉讼的法律规定,而针对元宇宙技术群特性可应用于司法领域的法律法规尚未制定。[1] 从立法内容来看,当前我国《民事诉讼法》仍属于"线下法",在调整经过数字化改造后的线上诉讼行为上显得力不从心,因此有必要对《民事诉讼法》条文进行修订,增设线上诉讼行为的相关规定,将"诉讼数权"作为一项诉讼权利规定在《民事诉讼法》中,便于当事人在元宇宙诉讼中诉讼数据遭到窃取、篡改或在虚拟诉讼空间中数字形象遭到恶意伪造或丑化时能快速维权。

在证据规则上,对元宇宙证据的科学合理使用,需要在深刻分析元宇宙技术特性的背景下,构建适用的基本原则和具有操作性的元宇宙证据规则体系。元宇宙证据具有元宇宙证据的适用规则,需要注重数字虚拟社会本质与线下传统真实观的二元场景。在纯粹的现实世界里,不仅应为元宇宙证据建设提供技术基础设施,还需要同时应用法治和规则为元宇宙证据的有序发展提供制度基础。[2] 在元宇宙诉讼中,基于互联互通的需要,应侧重线上虚拟与线下事实的创造性转化,如实物证据无须转换成电子证据,可通过NFT(非同质化代币)的形式上

---

[1] 参见李晓丽:《论区块链技术在民事司法应用中的价值、风险和进路》,《中国应用法学》2021年第3期。

[2] 参见杨继文:《元宇宙证据:证据属性与适用规则》,《江海学刊》2024年第2期。

传至诉讼平台，NFT 的可追溯性使其具有数字确权和证明功能，① 每个上传至链的代币都可以验明真伪。在其去中心化特征的加成下，将证据固证、存证应用的过程转化为代码和算法，利用其分布式数据库和加密存储算法保证完整性，即使证据被恶意破坏也可以进行回溯与修复，以此杜绝虚假证据行为，确保诉讼交往中陈述的真实性。

此外，还应进一步完善法官类案检索规则。类案检索是法官寻求裁判合理性的"证据性"支撑，也是规范法官自由裁量权的具体要求。2020 年最高人民法院颁布了《关于统一法律适用加强类案检索的指导意见（试行）》，明确了应当进行类案检索的情形②，但该规定主要是由于实务界及学界均意识到要对所有案件进行穷尽的案例检索并制作类案检索报告，工作量过大，在检索技术水平较低的环境下不具有现实可行性。③ 大数据技术和人工智能技术对元宇宙诉讼的融入极大地提高了法官检索、分析案例的效率，借助已有的大数据技术，法官穷尽相关类案已成为可能。因此，借助元宇宙诉讼提供的技术支撑契机，可将类案检索的具体情形在原有基础上进一步扩大，并根据案件疑难复杂程度分别作穷尽检索和必要检索要求。在证据规则方面，元宇宙诉讼多维化的立体展示功能使得证人在异地通过虚拟诉讼空间出庭作证成为可能，法官可以通过证人远程作证实现对证人的直接言词审查，并能全方位观察证人的面部表情和肢体反应。因此应确认证人通过元宇宙平台出庭作证的证言法律效力，同时物证和书证等证据的电子化规则也需完善，应确立通过元宇宙平台转化的电子化物证和书证经法院审核后直接被认定为原件的规则，④ 扩大元宇宙在诉讼流程中的适用范

---

① 参见杨继文：《区块链证据规则体现》，《苏州大学学报（哲学社会科学版）》2021 年第 3 期。

② 参见《关于统一法律适用加强类案检索的指导意见（试行）》："二、人民法院办理案件具有下列情形之一，应当进行类案检索：（一）拟提交专业（主审）法官会议或者审判委员会讨论的；（二）缺乏明确裁判规则或者尚未形成统一裁判规则的；（三）院长、庭长根据审判监督管理权限要求进行类案检索的；（四）其他需要进行类案检索的。"

③ 参见北京市三中院课题组：《类案检索报告制作和运用机制研究》，《法律适用》2020 年第 12 期。

④ 参见杨继文：《在线诉讼场景理论的建构》，《法制与社会发展》2023 年第 3 期。

围，最大限度发挥元宇宙诉讼的技术优势。

## 结 语

　　元宇宙诉讼是数字化社会高度发达的司法产物，但技术的效率性和便利性并不必然代表其适用的必然性，作为一种全新的诉讼交往方式，其在带来便利和提升效率的同时，也面临多重张力的困扰。一方面，元宇宙诉讼蕴含着技术的先进性和法理的保守性之间的外部张力；另一方面，其面临平台开放性和诉讼程序相对封闭性之间的内部张力。因此，元宇宙诉讼的适用必须经过充分的司法实践和严格的理论证成。从元宇宙诉讼的技术样态来看，其构成要件包括高度沉浸式的3D诉讼场景体验、交互式的多感官诉讼交往和强人工智能的司法运用，其内容涉及大量的人际交往与人机交互活动。因此，本文以哈贝马斯的交往行为理论对元宇宙诉讼的实践正当性和法理正当性进行了证成，试图以理性交往行为的要求将元宇宙诉讼的发展方向框定在程序正当的场域内，即诉讼程序对元宇宙技术的适用需在遵守有效言语行为四要件的前提下进行，否则元宇宙技术在诉讼中极易异化为泄露诉讼信息、扰乱诉讼秩序和破坏程序法理的工具。元宇宙诉讼的构建在宏观层面应注重对不同案件和不同人群的类型化、地域化适用；在微观层面需在保障诉讼交往环境纯化的基础上，通过填补元宇宙的诉讼规则空白和强化技术供给等手段遏制策略行为的产生，以交往正义推动技术正义。

# 会议实录

# 第三届"数字法学与数字司法"研讨会实录

《数字法学评论》编辑部①

# 开幕式

2024年9月13日上午,第三届"数字法学与数字司法"研讨会在青岛隆重举行。开幕式由山东科技大学文法学院院长孙法柏教授主持。本次会议围绕"人工智能立法的框架与路径""数据权益保护的理论与实践""数字权利与数字主权的规范建构""数字法学与数字司法的理论回应"等四个议题展开讨论。会议伊始,孙法柏院长介绍了出席开幕式的专家领导,并对出席本次会议的各位领导、嘉宾、专家、学者、朋友们表示热烈欢迎和诚挚感谢。

中国法学会副会长、网络与信息法学研究会会长姜伟讲话,他指出数字化是颠覆性的通用技术,给人类社会的生产方式、生活方式、治理方式都带来全方位、深层次的变革。以数字化提高法治效率,赋能法治效果,用数字技术推动法治方式变革,塑造数字政治形态,这是当今世界各国所面临的共同挑战。在数字时代,实现正义的模式,与传统法治相比,已经发生了变革,比如司法审判的场景,从面对面的剧场式庭审,已经转变为屏对屏的网络式庭审,数字化制度不仅便捷了正义的实践路径,而且增强了正义的实践成效。数字法治的法律表达就是数字正义,它以数字化的形态来呈现,可以实现实体正义和程序正义的有机统一。传统法治中的一个重要问题是效率与公正的负

---

① 本文由《数字法学评论》编辑部根据研讨会速记稿整理,并经发言专家审核同意发布。

相关关系,而数字法治借助数字技术,就可以破解这种矛盾,改善实现正义的方式,促进程序正义和实体正义的双重实现,能够创造更高水平的公平正义。由此可见,数字化转型不仅是技术创新,而且推动了制度变革,悄然改变了实现正义的方式。他认为数字化不仅通过数据留痕的技术手段,及时查明事实真相,为伸张正义奠定基础,而且以较低的诉讼成本定分止争、解决诉求。他特别指出,青岛中院探索了在虚拟三维空间构建3D实物证据模型,多角度、全方位的举证质证,解决了知识产权案件实物证据的质证难题,让司法变得更透明、更高效,使人民群众以更方便的方式参与诉讼。人工智能大模型创新法律应用场景,推动法治方式转型升级,为法律职业智能化带来模式变革。他还指出,目前数字司法存在三个方面的问题,即简单拒绝的问题、过度依赖的问题、能力弱化的问题。他强调,要推动科技与法治的良性互动、深度融合,为法治增添更多科技含量和智能元素,不断提升数字司法的安全性、可靠性、可控性、公平性,努力创造中国特色社会主义法治文明,实现更高水平的数字正义,推动构建中国数字法学自主知识体系。

山东科技大学校长曾庆田教授代表主办方致辞,向参加本次研讨会的各位嘉宾、各位同仁表示诚挚的欢迎,向长期以来关心支持学校建设发展的各位领导、各位专家表示衷心的感谢。他指出,当前快速迭代的数字技术已融入社会经济发展的各个领域、各个行业。面对数字时代的新形势、新机遇、新挑战、新问题,利用数字技术赋能法治建设,是促进法治创新发展的重要途径,也是适应数字经济发展和数字社会建设的必然要求。他认为,当前我国在信息技术领域往往是"技术先行,问题再现,立法滞后"。在这些问题的关注、研讨和解决上,此次"数字法学和数字司法"研讨会就会发挥重要作用,而且在信息技术的普及和应用以及法学学科建设方面也具有重要作用。他指出,本次研讨会设置的议题将深入探讨我国人工智能立法面临的基本问题和进路、数据权益保护策略、数字权利和数字主权的规范体系建构、数字法学和数字司法的挑战与回应等诸多重大理论和实践问题，对推动构建中国法学的自主知识体系和"中国式"数字法治建设具有积极作用。曾庆田表示，"数字法学与数字司法"研讨会已经成功举办两届，在法学界产生了广泛的影响，本届研讨会邀请到了诸位致力于数字法学与数字司法研究的杰出专家学者，相信通过这次盛会，定能碰撞出思维的火花，搭建起有效的交流合作平台，不断推进数字法学与数字司法的理论创新，为建设良法善治的法治中国蓄势赋能。

青岛市中级人民法院审判委员会专职委员、二级高级法官曹波代表青岛市中级人民法院致辞。他指出，数字化改革是助推中国式现代化的重要引擎，也是实现审判工作现代化的重要动能。在大数据、人工智能等技术的驱动下，电子数据的处理、网络犯罪的界定、数据隐私的保护等议题已然成为法学研究的热点，而数字司法则是司法体系对科技变革的积极响应。本次研讨会，正是为了进一步深入探讨这一领域的最新发展，共享思维智慧、共商未来之路，具有极其重要的理论和实践意义，也充分体现了敏锐的问题意识与服务国家法治建设大局的使命担当。他还指出，近年来，最高人民法院大力推进数字司法工作，加快推进数字法院建设，是人民法院贯彻新发展理念、适应信息化时代新趋势的具体实践。青岛市各级人民法院紧跟数字时代步伐，在审判执行工作、审判管理和参与社会治理方面等开展了大量的数字技术与司法实践深度融合的创新，数字法院建设取得了明显成效。他最后讲到，本次研讨会正当其时、恰逢其势，既为深化数字法学与数字司法的研究和实践提供了平台，也为青岛审判执行工作提档升级提供了良好契机。面对理论和实践的新问题、新挑战，相信通过大家的深入交流和思想碰撞，必将产生更多富有价值的学术研讨和理论成果，必将对以数字法治助推中国式现代化建设、推进治理体系和治理能力现代化产生重要意义和深远影响。他希望能够以此次研讨会为新起点，携手共进，砥砺前行，共同为推进数字法治建设、赋能中国式现代化发展贡献智慧和力量。

# 第一单元：人工智能立法的框架与路径

本单元由山东科技大学期刊社社长傅游教授主持。她指出，人工智能的三个核心要素是硬件算力、算法和数据，这三者相辅相成，共同推动人工智能技术蓬勃发展。她认为，人工智能也是影响面广的颠覆性技术，带来了改变就业结构、冲击法律与社会伦理、侵犯个人隐私、挑战国际关系准则等问题；人工智能技术在带来人类新的文明的同时，也对现有的法律提出了新的挑战。傅游教授介绍说，本单元以"人工智能立法的框架与路径"为主题，与会专家将就探索中国人工智能立法进路、人工智能治理体系下科技伦理等问题展开讨论。

中国人民大学信息法中心主任张新宝教授作了题为"我国人工智能法立法基本问题思考"的演讲。张教授聚焦于人工智能立法领域亟待解决的核心议题，包括立法目的、立法技术进路以及主要利益关系的调整。首先，他提出这一法律应以发展与安全并重为指导思想，以促进科研应用与防范主要风险为二元的立法目的。在发展方面，构建具有体系性的发展促进制度，明确赋能增效的正面激励规则，以及提供减负支持；在安全方面，构建重点突出的风险防范制度，动态科学研判风险，包括审慎规制风险。其次，在立法技术进路方面，人工智能立法应当以实现体系化的立法为基本方向，以优化立法层次和当前的主要目标，发挥显现国家法治发展能力的立法特色，使用以搭建框架性秩序为准的立法技术，注重理念实施法律问题，实现有效的规范性指引，增强立法的体系性和协调性。最后，在主要利益关系调整方面，人工智能立法应当坚持以人为本的基本立场，建立反歧视、权利保障、数字教育和数字信息活动方面的规则，并建立与人工智能发展相适应的个人信息处理、知识产权保护等方面的协调规则。

中国政法大学数据法治研究院张凌寒教授作了题为"中国人工智能立法需要明确总则式的立法共识"的演讲。张教授深入探讨了中国人工智能立法的必要性、定位和时机问题。首先，针对人工智能是否需要立法的疑问，她指出，尽管有人认为时机尚未成熟，但国际上的趋势和国内的发展表明，立法是必要的，这是确保产业健康发展和社会责任承担的必由之路。其次，关于人工智能立法的定位，张教授认为，它不应仅仅是产业促进或服务应用的法规，而应是一个更高层次的基本法，涵盖科技伦理、公平、透明和以人为本等基本原则。这样的定位有助于确保法律的全面性和前瞻性。再者，对于我国人工智能立法的立法模式，她提出了总则式立法模式的构想，认为这种模式提供了一个灵活且具有指导性的框架，为未来的具体立法指明了方向，同时避免了过多细节的规定。此外，张教授强调了中国在人工智能领域的国际地位，以及通过立法展示中国对人工智能治理理念和方案的重要性。中国作为人工智能产业的大国，需要在全球治理中发挥更大的作用。最后，张教授强调了人工智能立法国际合作的重要性，以及中国在人工智能领域展现负责任大国形象的必要性。她认为，中国在推动人工智能立法的同时，也要致力于与国际社会合作，共同应对人工智能带来的挑战。

北京航空航天大学法学院赵精武副教授作了题为"人工智能治理体系下的科技伦理体系定位与功能嵌入——以自动驾驶应用场景为例"的演讲，就人工智能的科技伦理治理提出了深刻的见解。他指出，随着人工智能技术的迅猛发展，其在就业替代、风险治理等方面引发了广泛的思考和讨论。他介绍了人工智能科技伦理治理的理论基础与常见范式。同时，他指出，人工智能科技伦理治理需要实现四个方面的功能，即引导、协商、识别、反馈。对于科技伦理治理的法治化问题，需要区分"法律规定了科技伦理治理机制"和"科技伦理治理法治化"。他认为，科技伦理治理的基本内涵相对宽泛，并不是所有的治理机制都能够予以制度化。伦理治理嵌入人工智能治理体系的核心问题是，应当如何明确科技伦理治理功能能够与哪些法律、技术、市场治理机制进行衔接。针对这一问题，赵教授提出了人工智能科技伦理治理的制度化嵌入路径。他认为，人工智能科技伦理治理的制度化嵌入的基本前提是风险识别。基于这一前提，他提出了个体化嵌入和衔接式嵌入两种嵌入路径。作为具体应用场景，他举例"萝卜快跑"作为人工智能科技伦理治理嵌入式建构的实例，具体嵌入过程分为三步：第一步，自动驾驶科技伦理风险的分析识别；第二步，自动驾驶科技伦理风险的针对性治理；第三步，自动驾驶科技伦理风险的衔接式治理。

华东政法大学数字法治研究院副院长、副教授，《数字法学评论》副主编韩旭至老师发表了题为"中国人工智能立法的三个迷思、三对关系和三个立场"的演讲，就人工智能立法提出了深入的见解。他强调人工智能领域的立法需要突破三个惯性思维，即法律分类的传统思维、域外借鉴的"比较"思维、科技立法的技术思维。他认为，人工智能立法不应仅局限于传统法律框架，而应考虑其与其他法律的复杂关系；同时，虽然借鉴欧盟等域外立法的经验是必要的，但必须深入理解其背后的风险导向方法；此外，法律应尊重技术逻辑，但不能简单地以技术标准定义人工智能。他还提出，人工智能立法需要处理好三对关系，即发展与安全的关系、法治与德治的关系以及中央与地方的关系。他强调，人工智能的发展应与安全并重，应构建可信赖的人工智能；人工智能需要价值对齐，人工智能立法需要有伦理立场；需要处理好地方人工智能治理先行先试与国家人工智能立法的关系。此外，韩教授提出了人工智能立法领域需要坚持的三个立场，即尊重和促进数字人权、制度安排应基于现实需求、坚持数字正义。他期望人工智能立法能够适时出台，立法后应及时进行评估，并加强《全球数字契约》上的多方面合作。

本单元评议阶段，中国人民大学法学院陈景辉教授对人工智能立法的必要性和方法提出了深刻的见解。对于人工智能立法的必要性，他表示立法通常是为了以政治或公共的方式重新分配权利和义务，而并非所有社会事务都需要立法解决。他认为立法应具有稳定性，频繁地修改会损害公众对法律的信任。他强调，人工智能立法需要考虑的问题是如何落实，包括它将如何融入现有的法律体系和技术；立法不应仅仅是口号，而应有具体的实施程序。

对于张凌寒教授的发言，陈景辉教授认为，将人工智能的危险与核危险相提并论是准确的，因为它们都是人造风险。他认为总则式立法的想法值得再思考，因为这种立法可能需要背后有法典化的观念。

对于赵精武副教授的发言，陈景辉教授认为不必担心人工智能对博士生或硕士生就业的影响，因为教育的"通货膨胀"是正常现象。他还指出，法律中的价值或伦理观念通常不会直接表达，而是以原则的形式存在。

对于韩旭至副教授的发言，陈景辉教授认为对人工智能的看法可能需要重新考虑。他比喻说，对待人工智能的问题应该像西医那样有病才治疗，而不是像中医那样预防性地"补"。

华东政法大学法律学院王静老师探讨了人工智能立法的必要性和方法，提出了一系列富有洞见的问题和建议。王老师认为，人工智能立法的必要性不能简单地通过"链式传导"来回答，而应基于人工智能的独特性及其所引发的具体风险。在立法思路方面，王老师指出根据大陆法系经典立法的经验，应采用从分则到总则的思路。此外，要注重调研，但人工智能技术的复杂性及其所镶嵌于内的制度都很可能导致调研被资本所左右。因此，一定要具有法律人的素养，公允、兼听则明、注重法的社会效果，调研对象有必要覆盖使用者。同时，在人工智能立法上，要注重处理私权力与公权力的关系。人工智能技术的兴起使得技术企业获得了越来越大的私权力，但是企业的本质是追求利润而非承担社会责任。最后，王老师提出，中国的人工智能立法要有将文化与文明结合起来看的眼光。不仅要给出中国人工智能立法的回应，体现文化的自主性，还应具有促进人类文明发展的意识，促进生产力的发展与人类普遍福祉的提升。

# 第二单元：数据权益保护的理论与实践

本单元由中国海洋大学文科处处长董跃教授主持，主题是"数据权益保护的理论与实践"。他首先结合海洋领域立法提出了感想，认为与今天探讨的数据法律规制及人工智能立法有很多共通之处和借鉴之处。他提出，网络、海洋、极地、外空属于战略新疆域，并非传统的主权疆域，因此没有很清晰的权利义务的界限，伴随着人类认知能力的增强和合作能力的发展才慢慢明确。然后，他介绍了本单元的演讲嘉宾和演讲主题。

清华大学法学院申卫星教授作了题为"数据来源者与数据处理者权利义务关系论"的演讲。首先，申教授提出了数据具有共创性。其次，他阐述了数据来源者和数据处理者权利义务关系研究的价值。他认为二者之间的关系是我国数据产权制度构建的逻辑起点，我国数据产权制度应对数据采集生成中贡献各方权益给予恰当保护。他进一步指出了数据来源者和数据处理者权利义务关系的法理基础，即二者之间的权利义务关系建立在法律承认数据初次分配的基础上，申教授探讨了数据来源者与处理者之间关系的特性，即二者是私主体之间的财产权利义务关系，并且随着数据利用的生命周期而不断延展，兼具自治性和强制性。接着，他阐述了数据来源者权利的二阶架构。其中，数据来源者的第一阶权利（对人权）是访问权；第二阶权利（对物权）是使用权和收益权。他还分析了数据处理者权利的三权分置，即数据资源持有权、数据加工使用权以及数据产品经营权。最后，他主要阐述了数据来源者和处理者的义务群，其中包括给付义务、配合义务、安全管理义务以及非竞争义务，这些义务有的是法定义务，有的则是常见类型的意定义务。

对外经贸大学数字经济与法律创新研究中心主任许可副教授作了题为"数据三权政策的司法回应"的主题发言。首先，他阐述了"数据三权"这一非常重要的概念,即数据持有权、数据使用权和数据经营权。其次,他认为,"数据三权"的落地需要从国家政策转化为法律规范,进而成为数据市场规则。在立法尚未开启的背景下,数据保护应该由司法发挥重要作用,也就是将"数据三权"这一国家政策介入司法中,"数据三权"融入司法的法学方法论由此成为急迫的研究议题。为此,他提出将"数据三权"与特定的法律规范相互勾连,力争无裂隙地融入既有法律体系之中,从而透过司法形式主义原则实现其政策意图。一旦"数据三权"被法律接纳,其自然成为法律的一部分,后续相同案件将无须另外填补漏洞,法律的成长性和安定性据此得以平衡。在具体的操作上,首先要"找法",即找到可以嵌入法律之中的重要条款。他提出了两个条款:第一个是《民法典》第127条,另一个是《数据安全法》第17条。他认为"找法"之后是"释法",即通过"数据三权"填充"数据保护"和"数据权益"的内涵,通过法院认定的数据领域"商业道德"厘清"数据三权"的边界。最后,他提出了数据保护的司法回应建议:从行为规制性司法转向权利界定性司法。

腾讯集团专家法律顾问臧雷分享的主题是"关于数据权益的保护和发展",主要分成三部分讲述。第一部分,关于数据的价值。他认为数据是一种生产要素,已经成为共识。除了经济价值,数据还有重大的社会价值,更逐渐成为国家重要的战略性资源,成为国家和国家竞争的重要领域之一。第二部分,他认为数据获取过程存在一些乱象和损害。目前数据侵权现象频发,存在一些未经平台许可获取、使用平台数据的情况,比如未经数据处理方许可直接抓取并使用,或者通过软件或网站嵌套,或者通过群控等方式抓取。这些乱象会造成很多种损害:第一种损害就是对用户体验的损害;第二种损害是对正常公平竞争秩序的损害;第三种损害是打击平台创新积极性,不利于数据产业持续、健康发展,不利于社会总福利进步。第三部分,他提出了关于司法保护的建议:(1)加强对平台数据权益的司法保护,打击数据侵权乱象,例如对于违背平台意愿或未经平台授权非法获取、使用平台数据的行为，严格进行司法规范，保障平台数据权益；（2）加大赔偿力度，例如对恶意数据侵权、重复数据侵权、大规模数据侵权等，提高判赔额度，提升侵权成本，对数据侵权行为形成有力震慑；（3）加强行为保全措施的适用，对于侵害或者即将侵害数据处理者重要数据权益的行为应当依法加大行为保全适用力度，及时制止侵权，有力保障行业发展。

　　本单元评议阶段，《法制与社会发展》副主编、吉林大学法学院苗炎教授首先点评了许可副教授关于"数据三权融入司法的方法论"的论证。他认为，关于司法如何回应"数据三权"政策这一问题，需要从更一般的理论层面考虑。在数据确权及"释法"和"找法"方面，需要考虑的前提性问题是，司法到底能够发挥多大的作用以及如何发挥作用？他指出，在法律对"数据三权分置"尚缺乏明确规定的情况下，对于司法如何应对数据权利保护领域出现的纠纷，应当采取相对谨慎的态度。其次，他点评了申卫星教授关于"数据来源者权利的二阶架构"的分析。他提出，由于不同主体（如国家、法人和非法人组织）掌握数据的能力不同，因此，是否有必要对数据来源者权利的种类和内容等根据权利主体（自然人、法人、非法人组织）的不同作出进一步的区分？

　　上海政法学院人工智能法学院余圣琪老师首先对臧雷老师的演讲进行了总结，并强调了数据的极高价值。她指出，在数据收集过程中存在诸多混乱现象，并期望司法体制能够提供相应的保护，"数据二十条"政策亦应发挥其实际效用。她强调，司法部门作为一线机构，必须直面并解决这一问题。她还补充了许可副教授提到的关于不同司法机关作出截然不同裁决的问题，引发了对司法一致性的进一步思考和探讨。她最后提出，在数字时代，可能需要在现有的法律框架之外寻找解决问题的方向和对策。因此，她建议超越现代法治的界限，探索一个适应数字时代的新框架，以期获得更有效的应对策略。

## 第三单元：数字权利与数字主权的规范建构

第三单元由青岛大学法学院副院长王静教授主持。她以生动的比喻和精练的语言为会议的开场注入了活力。首先，她以"金秋送爽，丹桂飘香"描绘了学术研讨的美好氛围，对主办方和协办方的强强联合表达了感谢，并以热情洋溢的欢迎辞对与会的专家学者表示了热烈的欢迎。然后，她介绍了各单元主题间的逻辑性，指出：第一单元研讨数字法治的必要性；第二单元研讨数据权益保护的理论；第三单元则是"数字权利与数字主权的规范建构"。各单元主题环环相扣，有序展开。

中国政法大学科研处处长、《行政法学研究》副主编王青斌教授在研讨会上深入探讨了数字行政执法中相对人权利保障的问题，提出随着数字技术在政府管理和治理中的广泛应用，相对人权利受侵害的问题逐渐受到关注。王青斌教授首先介绍了数字技术在行政执法中的常见应用场景，如行政处罚、许可审批和投诉举报处理等。这些数字技术的应用提高了行政效率，但同时也可能侵害当事人的实体权利和程序权利，如技术故障可能导致的判断错误，算法问题可能引起的群体差异，以及对隐私权的潜在侵犯。王青斌教授强调，技术虽然可靠，但并非无懈可击，算法错误或技术故障均可能导致对当事人权利的不当侵害，并说明了技术判断可能与实际情况不符。此外，王青斌教授还提到了数字技术在行政处罚中的自动审核和裁量基准问题，以及在许可审批中的自动审批和电子证照普及等应用。针对这些问题，王青斌教授提出了法律层面的应对策略：首先，在立法上应明确划定数字技术在执法中的参与边界，类似于在行政处罚法中对技术审核的要求；其次，必须保障行政相对人在数字技术应用中的程序性权利，确保当事人的陈述权和申辩权等不被忽视；最后，需要对数字技术应用中的算法进行严格审核，以防止权利受到不当侵害。

东南大学人权研究院执行院长龚向和教授在演讲中关注了数字权利的司法保障问题，并通过比较欧盟和中国的实践，揭示了数字权利司法保护的现状与挑战。首先，数字权利作为一个热门概念，其内涵和外延尚未完全确定。但随着科技的发展和权利意识的增强，数字权利的法律界定变得迫切。对于这一问题，龚向和教授提出，数字权利通常被学界理解为一个集合性权利或权利束，包括上网权、数据权、隐私权、被遗忘权、离线权等，还包括传统权利的数字化新样态，以及新兴数字权利。作为参照，龚向和教授着重强调了欧盟在数字权利保护方面的立法先进性，如《通用数据保护条例》（GDPR）和《数据治理法案》（DGA）等，这些法律构成了数字权利司法保护的基础。欧盟法院在解释和实施这些法律框架方面发挥了核心作用，并通过关键裁决，如谷歌诉西班牙案例，确认了被遗忘权等数字权利。欧盟法院还统一了成员国的数字权利司法保护标准，加强了对个人隐私的保护。相比于西方国家，龚向和教授认为中国在数字科技领域的发展同样具有全球影响力，且已建立了初步的法律框架来保护数字权利，如《个人信息保护法》《网络安全法》和《数据安全法》。中国法院在审理数字权利案件时，主要关注数据权、离线权、被遗忘权、删除权、隐私权和劳动权等方面的保护。龚向和教授同时指出，中国在数字权利保护方面也面临一些困境，如受传统法律文化影响，强调国家权力和个人权利的平衡，以及在个人自由和国家安全之间寻求平衡的挑战。此外，龚教授还比较了中国和欧盟在数字权利保护方面的异同，指出两者都强调通过立法保护数字权利，但也存在哲学、文化、政治和司法独立性方面的差异。可以预见，未来两个司法区域将通过立法增加对数字权利的法律认可，司法系统将更多参与数字权利的解释和执行，同时全球范围内将有更多协同努力，以应对技术进步带来的数字权利挑战。

广州大学人权研究院刘志强教授发表演讲。首先，他以"数字司法"与人权保障之间的复杂关系为切入点，提出了对现有法律规范体系进行重构的思考，尤其是对所谓"数字人权"与数字权利如何区别作出了回应。他认为，人权应是数字时代下的一种最低限的基础性权利，不宜把数字时代的一些权利动辄上升为"数字人权"。而大多数数字时代下的权利，仍属于"数字权利"范畴。其次，刘志强教授就"数字司法人权保障规范体系重构"提出了自己独到的洞见。他认为，数字司法需要界定其概念问题。其一，"数字司法"是利用数字技术辅助司法活动。其二，"数字司法"是数字技术本身成为司法裁判的对象。因为这两种界定导致的结果截然不同，需要从事实层面和规范层面才能说清楚"数字司法"对现有司法界的影响。其三，在此基础上，刘志强教授进一步探讨了"数字司法"对人权保障带来的三大挑战：数字时代对"数字司法"带来的法律责任归属、司法公正以及隐私保护问题，并担忧了数字技术在"数字司法"中的应用是否能够实现真正的司法公正。同时，刘志强教授还关注到了隐私权与知情权之间的张力，以及个人数据自主权与公权力、数字科技的冲突。其四，为了应对一系列挑战，刘志强教授提出了三个原则性的构想：基于自由的管制法、基于权利的责任法和基于技术的领域法。他主张应该通过这些法律原则来重构"数字司法"人权保障规范体系，并确保技术不剥夺人的自由，尊重和保障人权，从而建构透明的技术规制机制。最后，刘志强教授将数字时代下的"数字司法"人权保障规范体系分为三种类型：目的意义上的人权保障、实体意义上的人权保障和程序意义上的人权保障。在数字时代下，"数字司法"这三种人权保障类型需要进一步展开和规范，以确保数字司法活动不会侵犯个人的基本权利，并且能够真正实现司法公正和人权保护。

北京理工大学法学院秦雯博士代其导师韩秀桃教授作演讲，探讨了智能科技时代人权保障的新发展，并从国家战略的角度出发，总结了数字时代人权保障的新趋势和特点。秦雯博士指出，人民的幸福生活是人权保障的核心目标，中国坚持以人民为中心的发展思想，加强人权法治保障，推动人权事业进入新的发展阶段。基于此，她围绕四个特点展开讨论。其一，智能向善。她解释了"智能向善"的概念，强调科技伦理的基本价值是向善,科技创新应以人民的福祉为核心,通过智能科技赋能人权保障,促进人民的幸福生活。其二,伦理先行。科技伦理是党的二十届三中全会报告的核心,强调科技向善,增进人类福祉,是推动科技发展的重要保障。中国已经制定了一系列法律规范和伦理治理措施,如《民法典》《个人信息保护法》等,以应对科技发展带来的伦理挑战。其三,数字人权。数字人权作为智能科技时代人权的新形态,需要弥合数字科技带来的鸿沟和不平等问题。中国通过实施国家人权行动计划和数字经济发展规划,推动数字化技术的积极应用,确保全民共享数字经济红利。其四,全球治理。她强调了全球治理与合作的重要性,指出中国应积极参与国际交流和治理,推动全球科技合作与交流,共同推进人类命运共同体建设。秦雯博士得出结论,认为人权是历史的也是时代的,科技发展必须以人为中心,尊重人的人格尊严,确保人类福祉是科技发展的出发点和归宿。

山东科技大学文法学院李伟副教授围绕数字公民权利的伦理根基发表演讲。他以公民权利的发展演进作为论证数字公民权利的历史逻辑基础,认为不同的历史阶段对于公民权利的内涵和外延都产生了深远影响。李伟老师特别强调了数字时代公民权利的新挑战,指出随着信息技术的发展,公民权利的范畴已经扩展到了网络空间。在这一领域,数据隐私权、网络言论自由和数字身份保护等新兴权利形式,与传统公民权利相互补充,共同构成了数字公民权利的基本内容。他指出,尽管数字公民权利同样强调人的价值、公平正义、社会秩序和道德法律的重要性,但在权利的领域、伦理根基的来源等方面呈现出不同的特征。在此基础上,他探讨了数字公民权利的伦理基础及其制度生发路径,提出人本主义、隐私权、知情同意、算法公正等伦理维度在数字公民权利生成中的价值,它们不仅为数字公民权利提供了坚实的伦理基础,也为数字时代的法律规范和政策制定提供了指导。

山东科技大学文法学院孙法柏教授围绕"全球数字契约与数字主权"这一主题,探讨了数字时代国家主权面临的挑战和数字主权问题。

首先，他指出，数字时代虚拟空间与现实空间的界限逐渐模糊，我们生活在一个虚实同构的世界。国家主权与全球互联网治理之间存在复杂的紧张关系，而联合国提出的《全球数字契约》旨在通过国际合作解决全球数字领域的系列问题。围绕这一背景，他深入讨论了数字主权的概念，提出在数字时代，传统的国家主权概念遭遇了挑战。回顾主权的历史演变，可以发现从1648年的《威斯特伐利亚和约》开始，主权在国家始终保持内部的最高性和对外的独立性。然而进入数字时代，当前对数字主权（网络空间主权）范围的界定尚无国际共识，传统的主权界定方法在虚拟世界中难以实施，如IP地址和服务器的控制力不足以划定数字主权的疆域。他提出，数字主权要在超越数据、超越信息的角度上思考，认为数字空间具有虚实性、关系性、效果性的特征。最后，他提出对数字主权的几点思考：互信合作、数字能力、国家自主权和技术控制力。他认为，国家间的合作和能力建设是解决数字主权问题的关键，而技术的发展和控制力将是未来国际关系中主权博弈的重要因素。数字主权的界定和实现需要国际社会的共同努力和相互协调。

华东理工大学法学院肖梦黎老师在评议中对各位老师的发言给予了高度评价，并提出了对数字权利和数字人权的深刻见解。其一，数字权利的成立与证成。她首先探讨了数字权利是否真实存在的问题，认为数字权利在实践和理论上都具有意义。实践上，数字权利已经显现出来，而在理论上，还需要进一步的证成工作。她提出，数字权利可能是民事权利，也可能是公法上的权利，要更加细致地阐明。其二，权利识别与保护的困境。数字人权在实践中遇到的挑战包括权利的识别和保护问题，但是否需要从规范层面上，通过制定新的规范的形式予以回应，还需要进一步讨论；抑或将其视为从传统人权中接续而来的产品。其三，数字权利的理论生成具体应该从何而来。肖梦黎老师分享了自己在理论法学领域的思考，提出了几个理论生成的可能方向，包括从实践困境倒推理论存在、从传统人权理论进行推导，以及从数字社会和数字主权等角度论证新的数字权利。其四，新的社会契约是否已经生成。能否从数字社会的角度出发，考虑形成了新的社会契约，这可能为数字权利的理论推演提供新的空间。其五，重塑主体与客体的关系。在数字空间中主体与客体的关系需进一步探讨，考虑是否可以使用新的理论来解读数字权利，包括福柯的异托邦理论等。

上海师范大学哲学与法政学院杨帆老师认为，尽管就"第四代人权"这一提议尚存争议，但是当前有关数字权利的讨论实际上已经进入下一阶段。研究重点更多聚焦在如何从公私法规范层面给出具体的权利给付路径，推动数字权利从一种价值观念转化为与制定法相融贯的一系列制度规范。这意味着在数字技术应用场景中讨论权利的尊重和保障可能是一种更加务实的选择。以数字信用共治为例，国家权力和社会权力的共存互动对于增进和保障数字权利带来了新的挑战。杨帆老师分析了欧盟《人工智能法案》对社会评分的限制性规定，并质疑这种一刀切的方式是对数字伦理中多元价值冲突的迂回应对，其是否真正有助于增进数字权利还有待观察。最后，杨帆老师提出，在数字技术应用的法律规制中，除了一般情境的执法和司法保障，对于公私协同治理这类例外情境尤应探索个案正义的实现路径。

## 第四单元：数字法学与数字司法的理论回应

本单元由商务印书馆南京分馆总编辑鲁大东主持。在感谢了主办方山东科技大学和马长山教授的邀请之后，鲁大东表示，商务印书馆自1897年创立以来，一直致力于在新的出版领域持续开拓，数字法学就是商务印书馆近年来新开辟的出版领域。除了准备长期出版的《数字法学评论》，商务印书馆还推出了一系列与数字法学相关的、产生一定反响的书籍，并且启动了"科技法学译丛"的出版计划。本单元的主题是"数字法学与数字司法的理论回应"，将重点讨论数字检察、数字司法、数字纪检等问题。

《现代法学》副主编、西南政法大学董彦斌教授的演讲主题是"产业与文明变迁视野下的数字法学"。董彦斌教授深入探讨了数字法学在当前社会中的地位与发展前景。数字法学虽然仍处于起步阶段,但其发展与产业和文明的变迁密切相关。历史上,产业结构的变化对法律制度产生了深远影响,农业文明时期的法律更多反映土地和资源管理的需求,而工业文明则推动了现代法律体系的建立。同样,数字文明的崛起也必将推动数字法学的发展和完善。在探讨数字法学时,产业与文明的变迁视角提供了重要的思考框架,这种纵向比较有助于理解物质与文明发展的内在联系。孟德斯鸠的思想启发了关于产业变迁对法学影响的思考,尽管产业结构对法律制度的影响并非绝对,但其作用不可忽视。数字法学中的"数字权利"概念目前尚存在一定的歧义,学界尚未明确数字权利是与数字技术密切相关的权利,还是在数字时代背景下的广义人权。数字法学未来的发展前景可期,正如工业文明推动了现代法律体系的形成,数字文明也将推动数字法学的建立。孟德斯鸠的自然法理论能为数字法学提供启发,数字法学或可借鉴这种理论,形成数字时代的新"自然法"。数字法学的发展将与数字产业的变化紧密相连,产业的发展将直接影响其规范和激励措施的制定,最终在理论与实践中找到平衡点,成为数字时代的重要法律指引。

京东集团法律合规与知识产权部科技法律合规负责人郑慧媛发言,主要探讨了数字法学在产业变迁和文明发展背景下的司法应对问题,尤其是算法在司法审查中的挑战与应对策略。她首先提到,数字法学作为前沿问题,需在司法实践中引入更广泛的讨论。通过案例分析,展示了算法在司法过程中的实际应用及其带来的问题。第一个案例涉及不正当竞争纠纷,搜索引擎公司因未能提供完整的算法机制和数据,导致败诉。该案例揭示了算法透明度对于举证责任的重要性。第二个案例探讨了电商平台冻结用户佣金的纠纷,法院在此案中认可了平台算法的正当性,但未深入审查算法机制,凸显了算法审查的难点。算法在司法中的应用具有高度技术性和隐蔽性，可能导致结果的不公平，特别是在数据和计算过程中可能存在偏差。算法的公开与商业秘密保护之间存在冲突，可能影响了司法透明度和公正性。为应对这些挑战，郑慧媛建议在司法审查中明确算法的审查必要性，但应控制审查的边界，避免司法过度干预技术领域。同时，郑慧媛认为应完善举证责任分配，确保原告和被告在算法相关案件中的公平性，建议加强专家辅助人员和司法鉴定在数字时代的应用，以提高审查的专业性。此外，保密证据规则的应用也需扩展到更多数字法学相关案件，以纾解商业秘密与司法公正之间的矛盾。郑慧媛呼吁更多研究者关注数字法学领域，并期望这一探讨在未来继续深化和发展。

浙江省绍兴市人民检察院法律政策研究室主任苏文玉发言，总结了数字检察的变化、存在的问题以及未来的发展路径。她指出，数字检察在浙江试点后迅速在全国推广，带来了检察工作与数字化融合的深刻变革，显著提升了社会治理的效率，激发了检察人员的改革热情。然而，数字检察在推进过程中也面临挑战，主要包括理论研究对实践支撑不足、数字思维尚未完全建立、改革成效巩固体系不成熟等问题，特别是对类案监督模式的深入研究仍显不足。为应对这些问题，她提出了三条迭代升级路径：一是深化理论研究，构建数字检察体系和话语体系；二是强化综合集成，打造坚实的数字检察战略基础；三是优化内外贯通，提升数字检察的治理合力。此外，苏文玉还探讨了数字司法的瓶颈，指出当前对大数据和复杂算法的过度依赖可能存在方向性偏差。她通过阐述类案监督模式的实践，强调小数据和简单算法在解决重大问题中的重要性，并提出数字检察未来应朝着数据与知识融合的方向发展，形成一个以知识为核心的互动体系。在这一融合范式下，知识、算法和数据将协同作用，数据由海量转向适量，算法则简化为操作性强的工具，从而更好地服务于法律监督和司法实践。

山东科技大学文法学院王次宝副教授报告的主题是"数字司法背景下当事人的程序主体权利"。他指出，伴随着数字司法的快速升级，数字技术融入民事司法活动的形式、环节与频次逐年提升。数字司法不仅是对传统司法的技术升级，还带来了对平等权、处分权、辩论权等当事人程序主体权利的挑战，尤其是在在线诉讼和智慧法院建设中，可能导致新的不平等和权利侵蚀问题。通过梳理数字司法的现有规范与司法状况可以发现，我国现有对于当事人程序主体权利保障的规定更多是基础性、框架性的，内容过于笼统、难以实操、缺乏配套，实践中对于当事人的平等权、处分权与辩论权等造成了很大冲击。王次宝副教授认为今后我国的完善进路在于厘清数字司法与传统司法的关系，坚守"强化当事人权利"的改革方向，细化保障当事人程序主体权利的具体规则以及加强平台友好性、算法公正性、数据安全性、监督有效性等配套建设。

青岛大学法学院赵杨副教授探讨了数字检察的本质、实践现状、风险以及优化路径。她指出，数字检察是一种利用数字化和智能化技术履行法律监督职能的新形态，主要通过数据归集、整理、挖掘和法律监督模型的开发和使用，以类案监督为核心，贯穿检察机关的各项业务。实践中，数字检察的出现反映了强化法律监督的必要性，填补了传统监督模式的短板，各地各级检察院已围绕法律监督模型展开研发。她认为，数字检察的推进也带来了风险，包括技术至上的倾向、数据安全隐患以及监督越界问题。技术至上可能导致法律监督质量的下降，数据安全隐患则涉及数据处理不精确、自身技术不足以及第三方数据来源的风险。监督越界问题表现在法律监督权的过度扩展，可能侵害公民个人信息权利，并使检察机关的权力范围过于扩大，导致与其他公权力机关之间的权力失衡。为应对这些挑战，赵杨副教授提出了优化路径：强调制度理性，提倡数字正义，保障数据安全，厘清权力边界，坚持比例原则。数字检察改革不仅是对传统法律监督的变革，还通过大数据、人工智能和区块链技术探索新的法律监督模式，推动司法工作的现代化。通过地方检察院的主动探索和最高检的统一协调，数字检察逐步成为现代法律监督体系的重要组成部分。

华东政法大学纪检监察学院薛小涵老师讨论了数字纪检监察的概念、可能性、风险及规制策略。她指出，数字纪检监察有助于发现并解决公职人员行使公权力中的腐败问题。这种数字化模式有助于弥补传统纪检监察在事前预防和查处新型腐败等方面的不足，提升监督效率。然而，数字纪检监察也面临风险，包括规则漏洞以及技术发展的不足等。为应对这些问题，薛小涵老师提出了构建数字纪检监察制度体系、改进技术建设等措施。通过这些措施，力图减少数字化与法治化的内在冲突，推动数字纪检监察的高质量发展。

山东科技大学文法学院孙明泽副教授作为评议人回应了郑慧媛老师、苏文玉主任和王次宝老师的发言，他说演讲者重点围绕数字司法和数字检察中的关键问题展开讨论。对于郑慧媛老师的分享，孙明泽认为郑老师强调了技治主义的证据观，在证据的认定过程中承认技术压缩法官自由心证的合理性。他认为这一观点呼应了诉讼权利保障中的程序性和证据性权利的区分，并提到了质证实质化的概念。针对苏文玉主任的发言，重点回应了数字检察中的类案监督新模式，特别是在未成年人保护和公益诉讼领域的应用，并对苏主任的观点表示赞同，认为数据的关键不在于数量而在于使用方法，小数据也能解决大问题。在类案监督中，小数据的有效应用展示了其在宏观问题解决中的重要性。对于王次宝副教授的发言，回应了其对民事诉讼中处分权、平等权和辩论权的探讨，尤其是在数字司法环境下这些权利面临的挑战。王老师提出的平等权在技术说明和平台设计中的体现，具有重要的借鉴意义，特别是对如何在数字社会中保障当事人权利提供了深刻的启示。

青岛大学法学院许庆永副教授总结评议了对三位老师演讲的感想和观点。他指出，董老师从宏观历史观的角度描述了数字法学的发展进程，强调了其历史需求性；赵杨老师探讨了数字检察的概念和意义，提出数字检察改革应以数据赋能为出发点，但其根基在于数据安全。数字检察过程中需警惕因监督线索来源渠道扩展、司法数据全链条共享及第三方平台数据存储而可能导致的数据泄露风险。此外，数字检察改革中存在法律监督与数据安全的价值冲突，以及由于复合型技术法律人才缺乏而引发的专业性人才需求问题，均值得关注。对于薛小涵老师的演讲，许庆永副教授强调了将数据技术与新时代纪检监察工作有机融合的重要性。在对策方面，他提出了两个主要方向：一是加强纪检监察数据信息体系建设，明确数据采集标准、分类规则和采集规范；二是加强组织体系建设，完善大数据监督应用和组织问责机制。这些措施被认为在推动数字纪检监察工作中具有重要作用。

# 闭幕式

会议闭幕式由《中国法律评论》常务副主编袁方主持。袁主编简要回顾了去年的议题，例如，去年讨论数字法学是否为一个独立的学科，数字权利能不能成为数字人权，还有很多老师在争论要不要确权、怎么确权的问题。她认为，通过一年的研究争论，现在有一些问题已经达成共识，今年的议题更深入，当然也产生了新的分歧。比如说，对于去年研究有了一部人工智能法的草案，今年的争论就围绕着草案的一些理念——重管制还是重保护展开；在已经初步形成的数据产权制度基础上，今年大家的讨论就深入了"三权分置"的具体方案；今年研讨会大家还讨论到了数字对司法的作用以及司法对算法的审查，这些都是特别有意义的议题，也体现了主办方在议题设计上的独具匠心。最后，她再次感谢马长山教授的研究团队，感谢山东科技大学文法学院的周到安排！

山东科技大学文法学院（知识产权学院）赵丽莉教授总结发言，她表示在本次"数字法学与数字司法"研讨会上聆听到了数字法学领域理论和实务界最前沿的发展和信息，四个讨论单元的丰富内容使大家受益匪浅。随后，她汇报了近三年山东科技大学文法学院致力于开展"数字法学"建设的相关情况。最后，她对马老师搭建高端学术平台、对各位专家学者莅临指导并发表精彩演讲、对学生积极参会并进行学术交流表示衷心的感谢。

华东政法大学数字法治研究院院长、《华东政法大学学报》《数字法学评论》主编马长山教授作大会总结。他指出，本次研讨会有三大特点：首先是"火热"，火的是百家争鸣的思想碰撞，热的是对社会热点的激烈探讨；其次是"融合"，议题实现多学科多因素交叉讨论，各行业顶尖专家学者意见相互启发；最后是"未来"，问题不再聚焦过去，而是更多展望未来数字法学建设所引发的思考，在不确定中寻求确定性。随后，他结合自己的研究，阐释了面向"三维世界"的数字法学、数字司法及其未来变革。马长山教授全面总结了此次会议的学术价值和实践意义，对数字法学与数字司法的理论前景表达了充足的信心，鼓励年轻人在中国自主法学知识体系建构中作出更多贡献。

# 稿　约

本刊以弘扬学术探索精神、促进数字法学繁荣、服务国家发展战略为宗旨，积极推动跨界融合研究，探索数字社会发展规律，提炼数字法学理论命题，推动数字法学体系和数字法治体系的理论构建，进而为数字法治建设提供理论引领和智力支持。

本刊秉持"立足特色、追求创新、优势发展"的办刊理念，倡导理论探索和学术争鸣，注重学术水平，扶植学术新秀，努力打造数字法学研究共同体。

基于数字法学的"横断性"和学术研究规律，本刊拟设立如下栏目：

**理论前沿**。关注最新的数字法学热点，发表有关前沿问题的创见成果，促进学术争鸣。

**专题研究**。聚焦数字法治的重大理论和实践问题，推进深度的学术研究。

**域外译评**。翻译、评介域外的最新数字法学成果和理论动态，增进互动交流。

**疑案解析**。精选数字法治的典型或争议案例，进行学术分析和理论提炼。

**观察报告**。针对数字法学或数字法治的重点领域，进行学术分析、评论和展望。

本刊实行双向匿名、三审终审制。为提升本刊的质量和水平，诚邀社会各界予以支持和赐稿，具体说明如下：

1. 稿件应为尚未发表的原创作品，字数在 1.5 万字以上，不设上限。

2. 稿件应聚焦数字法学、数字法治领域的理论和实践问题，注重创新突破,鼓励学术争鸣。

    3. 实行优稿优酬,尊重学术劳动。

    4. 鼓励和扶持青年学者的研究成果。

    5. 注释体例参照《法学引注手册》(2020年版)。

    6. 稿约常年有效,收稿邮箱:digitallawecupl@163.com。

**图书在版编目（CIP）数据**

数字法学评论 . 第 4 辑 / 马长山主编 . -- 北京 : 商务印书馆, 2025. -- ISBN 978-7-100-25413-7

I . D912.170.4-53

中国国家版本馆 CIP 数据核字第 2025669UF0 号

权利保留，侵权必究。

数字法学评论
第 4 辑
马长山　主编

商　务　印　书　馆　出　版
（北京王府井大街 36 号　邮政编码 100710）
商　务　印　书　馆　发　行
江苏凤凰数码印务有限公司印刷
ISBN 978-7-100-25413-7

| 2025 年 8 月第 1 版 | 开本 710×1000　1/16 |
| 2025 年 8 月第 1 次印刷 | 印张 16¾ |

定价：100.00 元